RUDOLF STEINER TASCHENBÜCHER
AUS DEM GESAMTWERK

RUDOLF STEINER

Das Lukas-Evangelium

Ein Zyklus von zehn Vorträgen, gehalten in Basel vom 15. bis 26. September 1909

RUDOLF STEINER VERLAG

Nach vom Vortragenden nicht durchgesehenen Nachschriften
herausgegeben von der Rudolf Steiner Nachlassverwaltung

Ungekürzte Ausgabe nach dem gleichnamigen Band der Rudolf Steiner Gesamtausgabe, Bibliographie-Nr. 114, herausgegeben von R. Friedenthal und P. G. Bellmann
9. Auflage, Dornach 2001

Taschenbuchausgabe
4. Auflage 2014

Umschlaggestaltung: Finken & Bumiller, Stuttgart
Textlayout: Finken & Bumiller, Stuttgart/Verlag
Satz und Produktion: Rudolf Steiner Verlag, Dornach
Printed in Germany by Druckhaus Nomos, Sinzheim
ISBN 978-3-7274-6550-5
www.rudolf-steiner.com

ZUR EINFÜHRUNG

Eines der zentralen Themen innerhalb von Rudolf Steiners Geisteswissenschaft ist die Christologie und darin das Ereignis des Mysteriums von Golgatha. Beginnend mit seiner 1902 erschienenen Schrift «Das Christentum als mystische Tatsache und die Mysterien des Altertums», deren Inhalt er in der kurz zuvor gegründeten Deutschen Sektion der Theosophischen Gesellschaft vorgetragen hatte, vertiefte er im Lauf der folgenden Jahre seine Evangelienforschung. Die Ergebnisse seiner eigenständigen, sich stets weiter entwickelnden Geistesforschung, die – ohne ihr zu widersprechen – nicht auf äußerer historischer Forschung beruht, stellte er in vielen öffentlichen und vor Mitgliedern der Theosophischen – später Anthroposophischen – Gesellschaft gehaltenen Vorträgen dar. Von vielen als lange gesuchte und tief beeindrukkende Erhellung des Wesens des Christentums aufgenommen, fanden sie oft auch skeptische Aufnahme, ja bisweilen vehemente Gegnerschaft.

In den in Basel im September 1909 gehaltenen Vorträgen über das Lukas-Evangelium spricht Rudolf Steiner vornehmlich über das, «worüber eingehend zu sprechen das Johannes-Evangelium keinen Anlass gegeben hat, nämlich über die Ereignisse, die sich zugetragen haben vor der Johannes-Taufe ...». In dreierlei Hinsicht markieren diese Vorträge eine Wende in seiner Evangelienforschung.

Rudolf Steiner spricht hier zum ersten Mal über das Geheimnis der beiden Jesusknaben, was ihm wie selten zuvor oder danach heftigste Reaktionen einbrachte. Auch wer bis zu einem gewissen Grade einen Zugang zur Geisteswissenschaft fand, konnte in die Lage kommen, gerade diese Forschungsergebnisse stark zurückzuweisen. 1911 war für Rudolf Steiner auch der Zeitpunkt gegeben, die Erkenntnis vom Vorhandensein der beiden Jesusknaben *öffentlich* mitzuteilen. Er tat dies in drei Vorträgen in Kopenhagen, die er selbst für das Buch «*Die geistige Führung des Menschen und der Menschheit*» (GA 15) umgearbeitet hatte.

Zum zweiten ist es bedeutsam, daß Rudolf Steiner diese Forschungsergebnisse bereits als zum *Fünften Evangelium*, das er vier Jahre später im Herbst 1913 in Kristiania in größerem Umfang darstellte, gehörig erachtete (siehe den Vortrag vom 14. Oktober 1913 in Kopenhagen, in: «Vorstufen zum Mysterium von Golgotha», GA 152).

Verbunden mit dem Geschehen um die beiden Jesusknaben ist drittens das von Rudolf Steiner geschilderte Ereignis des Zusammentreffens der beiden Strömungen des Buddhismus und des Zarathustrismus, womit eine große geistesgeschichtliche Entwicklungslinie aufgezeigt ist. Diese drei neuen und tiefen Aspekte der Evangelien erweiterten das Verständnis des Christentums, das von Rudolf Steiner seit Beginn als esoterisches begriffen wurde.

In weiteren Vorträgen vertiefte er das hier Dargestellte (siehe Literaturverzeichnis) und erwartete wie auch auf anderen Gebieten, daß anthroposophische Forscher und Forscherinnen die z.T. rätselhaft wirkenden Darstellungen ausarbeiten und im Kontext von Kultur, Religion und Geschichte erläutern. Zum Thema der beiden Jesusknaben seien erwähnt:

Adolf Arenson, «Die Kindheitsgeschichte Jesu. Die beiden Jesusknaben», Stuttgart 1921, Emil Bock, «Kindheit und Jugend Jesu», Stuttgart 1939 (9. Auflage 1994); Emil Bock, «Das Evangelium», Betrachtungen zum neuen Testament, Stuttgart 1995; Hella Krause-Zimmer, «Die zwei Jesusknaben in der bildenden Kunst», Stuttgart 2001; Hella Krause-Zimmer, «Herodes und der Stern von Bethlehem», Stuttgart 1997; Ormond Edwards, «Chronologie des Lebens Jesu und das Zeitgeheimnis der drei Jahre», Stuttgart 1978. Zu Buddha und zum Buddhismus verfasste Herman Beckh, ein ausgewiesener Orientalist und Anthroposoph, verschiedene wichtige Arbeiten; hingewiesen sei hier auf seine

Schriften «Buddha und seine Lehre», 6. Auflage, Stuttgart 1998 und «Der Hingang des Vollendeten», Stuttgart 1925.

Urs Dietler

INHALT

ERSTER VORTRAG

BASEL, 15. SEPTEMBER 1909

Als wir vor einiger Zeit hier versammelt waren, konnten wir die tieferen Strömungen des Christentums besprechen vom Gesichtspunkte des Johannes-Evangeliums aus. Und es traten damals vor unser geistiges Auge jene gewaltigen Bilder und Ideen, welche der Mensch gewinnen kann, wenn er sich in diese einzigartige Urkunde der Menschheit, eben in das Johannes-Evangelium, vertieft. Wir haben damals bei verschiedenen Gelegenheiten hervorheben müssen, wie die tiefsten Tiefen des Christentums zum Vorschein kommen, wenn man seine Betrachtungen anstellt an der Hand dieser Urkunde. Und es könnte heute wohl mancher der damaligen Zuhörer oder der Zuhörer eines anderen Zyklus über das Johannes-Evangelium sich fragen: Ist es nun möglich, die Gesichtspunkte, welche man in gewisser Hinsicht wirklich als die tiefsten bezeichnen muß, und die man an der Hand des Johannes-Evangeliums gewinnen kann, ist es möglich, diese Gesichtspunkte irgendwie zu erweitern oder zu vertiefen durch die Betrachtung der anderen christlichen Urkunden, zum Beispiel der drei anderen Evangelien, durch die Betrachtung des Lukas-Evangeliums, des Matthäus-Evangeliums oder des Markus-Evangeliums? Und wer, man möchte sagen, die theoretische Bequemlichkeit liebt, der wird sich fragen: Ist es denn überhaupt nötig, nachdem uns bewußt geworden ist, wie die tiefsten Tiefen der christlichen Wahrheiten uns entgegentreten aus dem Johannes-Evangelium, ist es da überhaupt noch nötig, über das Wesen des Christentums von den anderen Evangelien aus zu verhandeln, namentlich vom Gesichtspunkte des – wie man ja leicht glauben könnte – weniger tiefen Lukas-Evangeliums aus?

Wer eine solche Frage aufstellte und wer da glaubte, mit einem solchen Gesichtspunkt irgend etwas Wesentliches gesagt zu haben, der würde sich doch einem ganz bedeutsamen Mißverständnis hingeben. Nicht nur, daß das Christentum als solches in seiner Wesenheit unermeßlich ist und daß man es von den verschiedensten Gesichtspunkten aus beleuchten kann, sondern es ist auch das andere richtig – und gerade dieser Zyklus von Vorträgen soll dafür den Beweis liefern –: trotzdem das Johannes-Evangelium eine so unendlich tiefe Urkunde ist, kann man durch die Betrachtung des Lukas-Evangeliums zum Beispiel noch Dinge lernen, die man an der Hand des Johannes-Evangeliums nicht lernen kann. Dasjenige, was wir dazumal im Johannes-Evangelium-Zyklus gewohnt worden sind, die tiefen Ideen des Christentums zu nennen, das ist durchaus noch nicht das Christentum in seiner vollen Tiefe; sondern es gibt eine Möglichkeit, von einem anderen Ausgangspunkt aus in die Tiefen des Christentums einzudringen. Und dieser andere Ausgangspunkt soll eben dadurch gewonnen werden, daß wir diesmal das Lukas-Evangelium vom anthroposophischen, geisteswissenschaftlichen Standpunkt aus in den Mittelpunkt unserer Betrachtungen stellen.

Lassen Sie uns einmal einiges vor unser Auge stellen, um die Behauptung zu verstehen, daß aus dem Lukas-Evangelium noch etwas zu gewinnen sei, wenn man auch die Tiefen des Johannes-Evangeliums ausgeschöpft hat. Wir müssen dabei von dem ausgehen, was uns ja bei der Betrachtung einer jeden Zeile des Johannes-Evangeliums entgegentritt, daß Urkunden, wie die Evangelien es sind, sich gerade für den anthroposophischen Betrachter darstellen als Urkunden, die verfaßt sind von Menschen, die tiefer hineingeschaut haben in das Wesen des Lebens und in das Wesen des Daseins, die als Eingeweihte und als Hellseher in die Tiefen der Welt hineingeschaut haben. Wenn wir so im allgemeinen sprechen, können wir die Ausdrücke «Eingeweihter» und «Hellseher» als gleichbedeutend nebeneinander gebrauchen. Wenn wir aber nunmehr im Verlaufe unserer anthroposophischen Betrachtungen zu tieferen Schichten des Geisteslebens vordringen wollen, dann müssen wir das, was wir anfangs mit Recht nicht unterscheiden, den Hellseher und den Eingeweihten, wir müssen sie als zwei

Kategorien von Menschen unterscheiden, die den Weg gefunden haben in die übersinnlichen Gebiete des Daseins. Es ist in gewisser Beziehung ein Unterschied zwischen einem Eingeweihten und einem Hellseher, obwohl nichts, gar nichts dagegen ist, daß der Eingeweihte zugleich ein Hellsehender ist und der Hellsehende zu gleicher Zeit ein in einem gewissen Grade Eingeweihter. Wenn Sie genau unterscheiden wollen zwischen diesen beiden Kategorien von Menschen, dem Eingeweihten und dem Hellseher, dann müssen Sie sich an die Darstellungen erinnern, die in meiner Auseinandersetzung über «Wie erlangt man Erkenntnisse der höheren Welten?» gegeben sind. Sie müssen daran denken, daß es im wesentlichen drei Stufen gibt, die hinausführen über das gewöhnliche Anschauen der Welt.

Diejenige Erkenntnis, die zunächst dem Menschen zugänglich ist, kann man so charakterisieren, daß der Mensch durch die Sinne die Welt anschaut und durch den Verstand und die anderen Seelenkräfte das Angeschaute sich zu eigen macht. Darüber hinaus gibt es drei andere Stufen des Erkennens der Welt. Die erste ist die der sogenannten imaginativen Erkenntnis, die zweite Stufe ist die der inspirierten Erkenntnis, und die dritte Stufe ist die der intuitiven Erkenntnis, wenn wir das Wort intuitiv in seinem wahren, geisteswissenschaftlichen Sinne erfassen.

Wer besitzt nun die imaginative Erkenntnis? Derjenige, vor dessen geistigem Auge sich das, was hinter der Sinnenwelt ist, in Bildern ausbreitet, in einem gewaltigen Weltentableau von Bildern, die aber durchaus nicht ähnlich sind dem, was man im gewöhnlichen Leben Bilder nennt. Abgesehen von dem Unterschiede, daß es für diese Bilder der imaginativen Erkenntnis nicht gibt, was wir die Gesetze des dreidimensionalen Raumes nennen, gibt es auch noch andere Eigentümlichkeiten dieser imaginativen Bilder, die sich mit nichts in der gewöhnlichen Sinnenwelt so leicht vergleichen lassen.

Wir können zu einer Vorstellung der imaginativen Welt gelangen, wenn wir uns denken, eine Pflanze stehe vor uns, und wir würden in der Lage sein, alles, was dem Sinn des Auges als Farbe wahrnehmbar ist, herauszuziehen aus der Pflanze, so daß es förmlich frei in der Luft schwebt. Würden wir nun nichts anderes tun, als diese an der Pflanze befindliche Farbe herausziehen und frei vor uns schweben lassen, dann hätten wir eine tote Farbengestalt vor uns. Für den hellsichtigen Menschen aber bleibt diese Farbengestalt durchaus nicht ein totes Farbenbild, sondern wenn er das, was in den Dingen Farbe ist, herauszieht aus den Dingen, dann fängt durch seine Vorbereitungen und Übungen dieses Farbenbild an, von dem Geistigen belebt zu werden, geradeso wie es in der sinnlichen Welt durch das Stoffliche der Pflanzen belebt war; und der Mensch hat dann vor sich nicht eine tote Farbengestalt, sondern, frei schwebend, farbiges Licht, in der mannigfaltigsten Weise schillernd und sprühend, aber innerlich belebt. So daß eine jede Farbe der Ausdruck ist der Eigentümlichkeit einer geistig-seelischen Wesenheit, die in der Sinnenwelt nicht wahrnehmbar ist; das heißt, es fängt die Farbe in der sinnlichen Pflanze an, für den Hellseher Ausdruck zu werden für seelisch-geistige Wesenheiten.

Denken Sie sich nun eine Welt, erfüllt von solchen in der mannigfaltigsten Weise spiegelnden Farbengestalten, sich ewig wandelnd, umgestaltend, aber nicht den Blick beschränkt auf das Farbige wie etwa bei einem Gemälde von flimmernden Farbenreflexen, sondern denken Sie sich das alles als Ausdruck von geistig-seelischen Wesenheiten, so daß Sie sich sagen: Wenn hier aufblitzt ein grünes Farbenbild, so ist es mir der Ausdruck dafür, daß ein verständiges Wesen dahinter ist; oder wenn aufblitzt ein hellrötliches Farbenbild, so ist es mir der Ausdruck von etwas, was eine leidenschaftliche Wesenheit ist. Denken Sie sich nun dieses ganze Meer von ineinanderspielenden Farben – ich könnte ebensogut ein anderes Beispiel nehmen und sagen: ein Meer von miteinanderspielenden Tonempfindungen oder Geruchs- oder Geschmacksempfindungen, denn das alles sind Ausdrücke von dahinterstehenden geistig-seelischen Wesenheiten –, dann haben Sie das, was man die imaginative Welt nennt. Es ist nicht etwas, wofür man wie im gewöhnlichen Sprachgebrauch das Wort Imagination verwendet, eine Einbildung, sondern das ist eine reale Welt. Es ist eine andere Art der Auffassung, als es die sinnesgemäße ist.

Innerhalb dieser imaginativen Welt tritt dem Menschen alles das entgegen, was hinter der Sinnenwelt ist und was er mit seinen «sinnlichen Sinnen», wenn wir den Ausdruck gebrauchen wollen, nicht wahrnimmt, also zum Beispiel des Menschen Ätherleib, des Menschen astralischer Leib. Wer als ein hellsichtiger Mensch die Welt also kennenlernt durch diese imaginative Erkenntnis, der lernt höhere Wesenheiten gleichsam von ihrer Außenseite her kennen, so wie Sie in der Sinnenwelt, wenn Sie auf der Straße gehen und die Menschen an Ihnen vorbeigehen, diese von ihrer sinnlichen Außenseite kennenlernen. Sie lernen sie genauer kennen, wenn Sie Gelegenheit haben, mit den Menschen zu sprechen. Da drücken Ihnen die Menschen durch ihre Worte noch etwas anderes aus als das, was Sie sehen, wenn sie Ihnen nur auf der Straße begegnen und sie ansehen. An manchem, an dem Sie vorbeigehen – um nur das eine zu sagen –, können Sie nicht sehen, ob innerlicher Schmerz oder Freude in der Seele ist, ob Gram oder Entzücken die Seele durchglüht. Das alles aber können Sie erfahren, wenn Sie mit einem Menschen sprechen. Das eine Mal kündet er Ihnen durch das, was Sie sehen können ohne sein Zutun, seine Außenseite an, das andere Mal spricht er sich selbst für Sie aus. So ist es auch mit den Wesenheiten der übersinnlichen Welt.

Wer als Hellseher die Wesenheiten der übersinnlichen Welt durch die imaginative Erkenntnis kennenlernt, der lernt gleichsam nur die geistigseelische Außenseite kennen. Aber er hört sie sich selbst aussprechen, wenn er aufsteigt von der imaginativen Erkenntnis zu der Erkenntnis durch Inspiration. Da ist es dann wirklich ein richtiger Verkehr mit diesen Wesenheiten. Da teilen sie ihm aus ihrer eigenen Wesenheit heraus mit, was sie sind und wer sie sind. Daher ist die Inspiration eine höhere Erkenntnisstufe als die bloße Imagination, und man erfährt mehr über die Wesen der geistig-seelischen Welt, wenn man aufsteigt zur Inspiration, als man durch die imaginative Erkenntnis gewinnen kann.

Eine noch höhere Stufe der Erkenntnis ist dann die Intuition, sofern man das Wort Intuition nicht wie im gewöhnlichen Sprachgebrauch anwendet, wo alles Unklare, was einem einfällt, Intuition genannt wird, sondern wenn man den Begriff Intuition in dem wirklich geisteswissenschaftlichen Sinne nimmt. Da ist die Intuition eine Erkenntnis, wo man nicht nur geistig hinhorchen kann auf das, was die Wesenheiten aus sich selbst heraus einem mitteilen, sondern wo man eins wird mit diesen Wesenheiten, wo man in die eigene Wesenheit derselben untertaucht. Das ist eine hohe Stufe der geistigen Erkenntnis. Denn sie erfordert, daß der Mensch zuerst jene Liebesentfaltung zu allen Wesenheiten in sich vollzieht, wo er keinen Unterschied mehr macht zwischen sich und den anderen Wesenheiten in der geistigen Umgebung, wo er seine Wesenheit sozusagen ausgegossen hat in die ganze geistige Umgebung, wo er also wirklich nicht mehr außerhalb der Wesenheiten ist, die mit ihm geistig verkehren, sondern wo er innerhalb dieser Wesenheiten ist, in ihnen steht. Und weil das nur sein kann gegenüber einer geistiggöttlichen Welt, so ist der Ausdruck Intuition, das ist «im Gotte stehen», ganz berechtigt. – So also erscheinen uns zunächst diese drei Stufen der Erkenntnis der übersinnlichen Welt: die Imagination, die Inspiration und die Intuition.

Nun gibt es natürlich die Möglichkeit, sich diese drei Stufen der übersinnlichen Erkenntnis anzueignen. Aber es ist auch möglich, zum Beispiel in irgendeiner Inkarnation nur vorzudringen bis zu der Stufe der Imagination; dann bleiben dem betreffenden Hellseher diejenigen Gebiete der geistigen Welt verborgen, die nur durch die Inspiration und die Intuition zu erreichen sind. Dann ist der Mensch ein «hellsichtiger» Mensch. – In unserer heutigen Zeit ist es im allgemeinen nicht üblich, die Menschen zu den höheren Stufen der übersinnlichen Erkenntnis hinaufzuführen, ohne sie vorher die Stufe der Imagination durchschreiten zu lassen, so daß für unsere gegenwärtigen Verhältnisse kaum die Möglichkeit eintreten kann, daß jemand sozusagen ausläßt die Stufe der Imagination und gleich durchgeführt wird zur Stufe der Inspiration oder der Intuition. Was aber heute keineswegs das Richtige wäre, das konnte in gewissen anderen Zeiten der Menschheitsentwickelung dennoch eintreten und ist auch eingetreten.

Es gab Zeiten in der Menschheitsentwickelung, in denen man die Stufen der übersinnlichen Erkenntnis sozusagen auf verschiedene Individuen verteilt hatte: Imagination auf der einen Seite, Inspiration und Intuition auf der anderen Seite. So daß es zum Beispiel Mysterienstätten gegeben hat, wo Menschen das geistige Auge so offen hatten, daß sie hellseherisch waren für das Gebiet der Imagination, daß ihnen zugänglich war jene symbolische Welt der Bilder. Dadurch, daß diese Menschen, die so weit hellsichtig waren, sich sagten: Für diese Inkarnation verzichte ich darauf, die höheren Stufen, Inspiration und Intuition, zu erreichen –, dadurch haben sie sich geeignet gemacht, genau und deutlich zu sehen innerhalb der Welt des Imaginativen. Sie haben sich sozusagen in ganz besonderem Maße trainiert, in dieser Welt des Imaginativen zu sehen.

Nun aber war eines dazu für sie notwendig. Wer nur in der Welt des Imaginativen sehen will und darauf verzichtet, zu der Welt der Inspiration und der Intuition vorzudringen, der lebt in einer gewissen Weise in einer Welt der Unsicherheit. Diese Welt des flutenden Imaginativen ist sozusagen uferlos, und man schwimmt darinnen, wenn man sich selbst überlassen bleibt, mit seiner Seele hin und her, ohne daß man eigentlich genau Richtung und Ziel kennt. Daher war es in jenen Zeiten und bei den Völkern, bei denen von gewissen Menschen auf die höheren Erkenntnisstufen verzichtet wurde, notwendig, daß sich die hellsichtigen, imaginativen Menschen ganz hingebungsvoll an ihre Führer anschlossen, an diejenigen, welche offen hatten das geistige Anschauungsvermögen für die Inspiration und für die Intuition. Denn erst Inspiration und Intuition geben Sicherheit für die geistige Welt, so daß man genau weiß: Dahin geht der Weg, dort ist ein Ziel. – Dagegen kann man sich, wenn einem die inspirierte Erkenntnis mangelt, nicht sagen: Da geht der Weg, dahin muß ich gehen, um zu einem Ziele zu kommen. – Kann man sich also das nicht selbst sagen, dann muß man sich der kundigen Führung eines Menschen anvertrauen, der einem das sagen kann. Daher wird an so vielen Orten immer mit Recht betont, daß derjenige, der zunächst aufsteigt zur imaginativen Erkenntnis, innig sich anzuschließen hat an den Guru, an den Führer, der ihm Richtung und Ziel gibt in bezug auf das, was er sich nicht selbst geben kann.

Auf der anderen Seite aber war es auch in gewissen Zeiten nützlich – heute wird das nicht mehr getan –, andere Menschen die imaginative Erkenntnis in gewisser Weise überspringen zu lassen und sie gleich hinaufzuführen zur inspirierten Erkenntnis oder womöglich zur intuitiven Erkenntnis. Solche Menschen verzichteten darauf, die imaginativen Bilder der geistigen Welt um sich zu sehen; sie gaben sich nur hin jenen Eindrücken aus der geistigen Welt, die da Ausflüsse des Inneren der geistigen Wesenheiten sind. Sie hörten hin mit Geistesohren, was die Wesenheiten der geistigen Welt sprechen. Es ist so, wie wenn Sie eine Wand hätten zwischen sich und einem anderen Menschen und diesen Menschen nicht selbst sehen; aber Sie hören ihn hinter der Wand sprechen. Diese Möglichkeit ist durchaus vorhanden, daß sozusagen Menschen verzichten auf das Anschauen in der geistigen Welt, um dadurch schneller geführt zu werden zu dem geistigen Hinhorchen auf die Aussagen der geistigen Wesenheiten. Ganz gleichgültig, ob jemand die Bilder der imaginativen Welt sieht oder nicht, wenn er imstande ist, mit Geistesohren zu vernehmen, was die in der übersinnlichen Welt befindlichen Wesenheiten über sich selbst zu sagen haben, dann sagen wir von einem solchen Menschen: Er ist begabt mit dem «inneren Wort» –, im Gegensatz zu dem äußeren Wort, das wir in der physischen Welt von Mensch zu Mensch haben. So also können wir uns die Vorstellung bilden, daß es auch Menschen gibt, welche, ohne die imaginative Welt zu schauen, das innere Wort haben und die Aussprüche der geistigen Wesenheiten vernehmen und sie mitteilen können.

Es gab eine Zeit in der Entwickelung der Menschheit, da war es in den Mysterien so, daß diese zwei Arten von übersinnlichen Erfahrungen der Erkennenden zusammenwirkten. Und weil dadurch, daß ein jeder von ihnen auf die Anschauung des anderen verzichtete, er das, was er vermochte, genauer und deutlicher ausbilden konnte, weil das der Fall war, ergab sich ein schönes, ein wunderschönes Zusammenwirken in gewissen Zeiten innerhalb der Mysterien. Man hatte sozusagen imaginative Hellseher; die hatten sich besonders dazu trainiert, die Welt der Bilder zu schauen. Und man hatte solche, welche die Welt des Imaginativen übersprungen hatten; sie hatten sich besonders dazu trainiert, das innere Wort, was erfahren wird durch die Inspiration, in ihre Seele aufzunehmen. Und so konnte der eine dem anderen mitteilen, was er durch seine besondere Trainierung erfahren hatte. Das war möglich in den Zeiten, wo von Mensch zu Mensch ein Grad von Vertrauen vorhanden war, der heute ausgeschlossen ist – einfach durch unsere Zeitentwickelung. Heute glaubt nicht ein Mensch dem anderen so stark, daß er nur hinhorchen würde auf das, was der andere schildert als die Bilder der imaginativen Welt, und dann hinzufügen würde, was er selbst aus der Inspiration weiß, im treuen Glauben darauf, daß die Schilderungen des andern richtig sind. Heute will jeder Mensch selbst sehen. Das ist die berechtigte Art unserer Zeit. Die wenigsten Menschen würden heute zufrieden sein mit einer einseitigen Ausbildung der Imagination, wie sie in gewissen Zeiten gang und gäbe war. Deshalb ist es auch für die heutige Zeit notwendig, daß der Mensch nach und nach geführt wird durch die drei Stufen der höheren Erkenntnis, ohne die eine oder die andere auszulassen.

Auf allen Stufen der übersinnlichen Erkenntnis treffen wir die großen Geheimnisse an, welche sich an jenes Ereignis knüpfen, das wir das Christus-Ereignis nennen, so daß die imaginative Erkenntnis, die inspirierte Erkenntnis und die intuitive Erkenntnis vieles, unendlich vieles zu sagen haben über dieses Christus-Ereignis.

Wenn wir nun, von diesem Gesichtspunkt ausgehend, einmal unseren Blick auf die vier Evangelien zurückwenden, so dürfen wir sagen, daß das Johannes-Evangelium geschrieben ist vom Standpunkte eines Eingeweihten, der drinnen stand in den Geheimnissen der Welt bis zur Intuition hinauf, der also das Christus-Ereignis für die Anschauung der übersinnlichen Welt bis zur Intuition hinauf schildert. Wer aber genau eingeht auf die Eigentümlichkeiten des Johannes-Evangeliums, der wird – wie wir gerade in diesem Vortragszyklus sehen werden – sich sagen müssen, daß alles das, was uns im Johannes-Evangelium besonders deutlich entgegentritt, vom Standpunkte der Inspiration und der Intuition gesagt ist, und daß alles, was sich aus Bildern der Imagination ergibt, dagegen verblaßt und undeutlich ist. So dürfen wir den Verfasser des Johannes-Evangeliums – wenn wir absehen von dem, was er doch noch von der Imagination hereingenommen hat –, wir dürfen ihn nennen den Botschafter alles dessen in bezug auf das Christus-Ereignis, was sich für den ergibt, der das innere Wort hat bis hinauf zur Intuition. Deshalb spricht der Schreiber des Johannes-Evangeliums im wesentlichen so, daß er uns die Geheimnisse des Christus-Reiches charakterisiert als beeigenschaftet durch das innere Wort oder den Logos. Eine inspiriert-intuitive Erkenntnis liegt dem Johannes-Evangelium zugrunde.

Anders ist das bei den anderen drei Evangelien. Und keiner der anderen Evangelienschreiber hat das, was er eigentlich zu sagen hat, so klar ausgedrückt wie gerade der Schreiber des Lukas-Evangeliums.

Eine kurze, merkwürdige Vorrede geht dem Lukas-Evangelium voran, eine Vorrede, die ungefähr sagt, daß sich mancherlei Menschen vor dem Schreiber des Lukas-Evangeliums schon daran gemacht hatten, allerlei Erzählungen zu sammeln und darzustellen, die im Umlaufe waren über die Ereignisse von Palästina, und daß, um dieses genauer und ordentlicher zu machen, nunmehr der Schreiber des Lukas-Evangeliums es unternimmt, dasjenige darzustellen, was – und nun kommen bedeutungsvolle Worte –

diejenigen mitzuteilen wissen, die von Anfang an – gewöhnlich wird nun übersetzt – «Augenzeugen und Diener des Wortes waren» (Lukas 1, 1-2). Also der Schreiber des Lukas-Evangeliums will mitteilen, was diejenigen zu sagen haben, die Augenzeugen – besser würden wir das Wort «Selbstseher» gebrauchen – und Diener des Wortes waren. Im Sinne des Lukas-Evangeliums sind «Selbstseher» solche Menschen, welche die imaginative Erkenntnis haben, die eindringen können in die Welt der Bilder und dort das Christus-Ereignis wahrnehmen, die besonders dazu trainiert sind, durch solche Imaginationen zu schauen, Selbstseher, die genau und deutlich sehen – deren Mitteilungen legt der Schreiber des Lukas-Evangeliums zugrunde – und die zugleich «Diener des Wortes» waren. Ein bedeutungsvolles Wort! Er sagt nicht «Besitzer» des Wortes, denn das wären Leute, welche die volle inspirierte Erkenntnis haben, sondern «Diener» des Wortes, Diener derjenigen also, denen nicht in demselben Maße wie ihnen durch ihr Selbstschauen die Imaginationen zur Verfügung stehen, sondern denen Kundgebungen der inspirierten Welt zur Verfügung stehen. Ihnen, den Dienern, wird mitgeteilt, was der Inspirierte wahrnimmt; sie können es verkünden, weil es ihnen ihre inspirierten Lehrer gesagt haben. Sie sind Diener, nicht Besitzer des Wortes.

So also geht das Lukas-Evangelium zurück auf die Mitteilungen derjenigen, die Selbstseher, Selbsterfahrer sind in den imaginativen Welten, welche gelernt haben, dasjenige, was sie in der imaginativen Welt schauen, mit den Mitteln auszudrücken, welche der inspirierte Mensch hat, die sich also zu Dienern des Wortes gemacht haben.

Wiederum haben wir hier ein Beispiel, wie genau in den Evangelien gesprochen ist und wie wir die Worte genau wörtlich verstehen müssen. Alles ist exakt und genau in solchen auf Grundlage der Geisteswissenschaft verfaßten Urkunden, und der moderne Mensch hat oft gar keine Ahnung von der Genauigkeit, von der Exaktheit, mit der die Worte in diesen Urkunden gewählt werden.

Nun aber müssen wir – so wie jedesmal, wenn wir vom anthroposophischen Gesichtspunkt aus solche Betrachtungen anstellen – auch diesmal daran erinnern, daß für die Geisteswissenschaft nicht im eigentlichen Sinne die Evangelien Quellen der Erkenntnis sind. Dadurch, daß irgend etwas in den Evangelien steht, würde es für denjenigen, der streng auf dem Boden der Geisteswissenschaft steht, durchaus noch nicht eine Wahrheit sein. Der Geisteswissenschafter schöpft nicht aus geschriebenen Urkunden, sondern der Geisteswissenschafter schöpft aus dem, was die geisteswissenschaftliche Forschung selbst zu seiner Zeit gibt. Was zu unserer Zeit die Wesen der geistigen Welt dem Eingeweihten und dem Hellseher zu sagen haben, das sind die Quellen für die eigentliche Geisteswissenschaft, für die Eingeweihten und für die Hellseher. Und diese Quellen sind in unserer Zeit in gewisser Beziehung dieselben wie in jenen Zeiten, die ich Ihnen eben geschildert habe. Daher kann man auch heute hellsichtige Menschen diejenigen nennen, welche in die imaginative Welt Einsicht haben, und Eingeweihte kann man erst solche nennen, welche sich erheben können zur Stufe der Inspiration und Intuition. So braucht für diese Zeiten der Ausdruck des Hellsehers nicht zusammenzufallen mit dem des Eingeweihten.

Was uns im Johannes-Evangelium begegnet, konnte nur auf der Forschung des Eingeweihten beruhen, der hinaufsteigen konnte bis zur inspirierten und intuitiven Erkenntnis. Was uns in den anderen Evangelien entgegentritt, das konnte beruhen auf Mitteilungen von imaginativen, von hellsichtigen Menschen, die also noch nicht selbst hinaufsteigen konnten in die inspirierte und intuitive Welt. So beruht, wenn wir den heutigen Unterschied streng festhalten, das Johannes-Evangelium auf der Einweihung; die drei übrigen Evangelien, vorzugsweise das Lukas-Evangelium, sogar nach dem Ausspruche des Schreibers selbst, auf der Hellsichtigkeit. Und weil es insbesondere auf der Hellsichtigkeit beruht, weil alles zu Hilfe gerufen wird, was der trainierteste Hellseher zu schauen vermag, bietet sich uns ein genaues Bild für das, was uns im Johannes-Evangelium nur in verblaßten Bildern dargestellt werden kann. Um den Unterschied noch genauer hervorzuheben, möchte ich folgendes sagen.

Nehmen Sie an – was allerdings heute kaum der Fall ist –, daß ein Mensch eingeweiht würde, so daß die Welt der Inspiration und der Intuition für ihn offenstände, daß er aber nicht hellsichtig wäre, daß er also nicht die imaginative Welt erkennen könnte. Ein solcher Mensch begegne einem andern Menschen, der vielleicht gar nicht eingeweiht ist, dem aber durch irgendwelche Umstände die imaginative Welt offensteht, so daß er das ganze Feld der Imaginationen schauen kann. Ein Mensch der letzteren Art könnte dem ersteren sehr viel mitteilen, was der erstere nicht schaut, was dieser erstere vielleicht erst aus der Inspiration heraus erklären kann, was er aber nicht selbst schauen kann, weil ihm die Hellsichtigkeit fehlt. Menschen, die hellsichtig sind, ohne eingeweiht zu sein, sind heute sehr zahlreich; das Umgekehrte ist heute kaum der Fall. Dennoch könnte es sein, daß irgendein eingeweihter Mensch zwar die Gabe der Hellsichtigkeit hat, aber aus irgendwelchen Gründen im einzelnen Falle nicht zum Schauen der Imaginationen kommen kann. Dann könnte ein hellsichtiger Mensch ihm vieles erzählen, was ihm noch unbekannt ist.

Daß die Anthroposophie oder Geisteswissenschaft nicht auf etwas anderem als auf den Quellen der Eingeweihten fußt, daß also weder das Johannes-Evangelium noch die anderen Evangelien Quellen ihrer Erkenntnis sind, muß immer strenge betont werden. Was heute erforscht werden kann ohne eine historische Urkunde, das ist die Quelle für das anthroposophische Erkennen. Dann aber gehen wir an die Urkunden heran und suchen das, was die Geistesforschung heute finden kann, mit den Urkunden zu vergleichen. Was die Geistesforschung heute ohne eine Urkunde finden kann über das Christus-Ereignis – zu jeder Stunde finden kann –, das finden wir in der, großartigsten Weise im Johannes-Evangelium wieder. Und darum ist es eine so wertvolle Schrift, weil es uns zeigt, daß damals, als es geschrieben wurde, einer da war, der so geschrieben hat, wie heute einer, der in die geistige Welt eingeweiht ist, schreiben kann. Sozusagen dieselbe Stimme, die heute wahrgenommen werden kann, kommt zu uns aus den Tiefen der Jahrhunderte.

Ein Ähnliches ist für die anderen Evangelien und auch für das Lukas-Evangelium der Fall. Nicht die Bilder, die uns der Schreiber des Lukas-Evangeliums schildert, sind für uns die Quellen der Erkenntnis der höheren Welten, sondern das ist für uns die Quelle, was uns die Erhebung in die übersinnliche Welt selbst gibt. Und wenn wir von dem Christus-Ereignis sprechen, dann ist für uns die Quelle auch jenes große Tableau der Bilder und Imaginationen, die sich uns ergeben, wenn wir den Blick hinrichten auf das, was im Anfange unserer Zeitrechnung dasteht. Und was sich uns selber darstellt, das vergleichen wir mit den Bildern und Imaginationen, die uns geschildert werden im Lukas-Evangelium. Und dieser Zyklus von Vorträgen soll uns zeigen, wie die imaginativen Bilder, die der heutige Mensch gewinnt, sich ausnehmen gegenüber den Schilderungen, die uns im Lukas-Evangelium entgegentreten.

Es ist wahr, für die geistige Forschung, wenn sie sich auf die Ereignisse der Vergangenheit erstreckt, gibt es nur eine Quelle. Diese Quelle liegt nicht in äußeren Urkunden. Nicht Steine, die wir aus der Erde graben, nicht Dokumente, die in den Archiven aufbewahrt sind, nicht das, was die Geschichtsschreiber geschrieben haben, ob inspiriert oder nicht inspiriert, sind die Quelle der Geisteswissenschaft. Was wir zu lesen vermögen in der unvergänglichen Chronik, in der Akasha-Chronik, das ist für uns die Quelle für die geistige Forschung. Es gibt die Möglichkeit, das, was sich zugetragen hat, ohne äußere Urkunde zu erkennen.

So kann der heutige Mensch zwei Wege wählen, um Kunde zu erhalten von der Vergangenheit. Er kann die äußeren Dokumente nehmen, wenn er etwas erfahren will über die äußeren Ereignisse, die geschichtlichen Urkunden, oder, wenn er über geistige Verhältnisse etwas erfahren will, die religiösen Urkunden. Oder aber er kann fragen: Was wissen diejenigen Menschen zu sagen, die selbst für ihr geistiges Auge geöffnet haben jene unvergängliche Chronik, die wir die Akasha-Chronik nennen, jenes große Tableau, in welchem alles in unvergänglicher Schrift verzeichnet steht, was jemals geschehen ist in der Welt-, Erden-und Menschheitsentwickelung?

Diese Chronik lernt der Mensch, der sich in die übersinnlichen Welten erhebt, allmählich lesen. Das ist nicht eine gewöhnliche Schrift. Denken Sie sich den Lauf der Ereignisse, wie sie sich abgespielt haben, vor Ihr geistiges Auge gestellt. Denken Sie sich den Kaiser Augustus mit allen seinen Taten wie in einem Nebelbild vor Ihren Augen dastehen. Alles, was damals sich zugetragen hat, steht da vor Ihrem geistigen Auge. So steht es vor dem Geistesforscher, und er kann es jede Stunde aufs neue erfahren. Er braucht keine äußeren Zeugnisse. Er braucht nur seinen Blick hinzurichten auf einen bestimmten Punkt des Welten- oder des Menschheitsgeschehens, und es werden sich ihm in einem geistigen Bilde die Ereignisse vor Augen stellen, die geschehen sind. So kann der geistige Blick schweifen durch die Zeiten der Vergangenheit. Was er da erschaut, das wird verzeichnet als Ergebnis der Geistesforschung.

Was geschah damals in den Zeiten, mit denen unsere Zeitrechnung beginnt? Was da geschah, das wird durch den geistigen Blick erschaut und kann verglichen werden mit dem, was uns zum Beispiel das Lukas-Evangelium erzählt. Dann erkennt der Geistesforscher, daß es damals eben solche geistig Schauenden gegeben hat, die ebenso das, was Vergangenheit war, gesehen haben; und wir können vergleichen, wie sich das, was sie uns als ihre Gegenwart mitteilen können, zu dem verhält, was der Rückblick in die Akasha-Chronik von der damaligen Zeit erschauen kann.

Das müssen wir uns immer wiederum vor die Seele stellen, daß wir nicht aus den Urkunden schöpfen, sondern daß wir schöpfen aus der geistigen Forschung selbst und daß wir dasjenige, was aus der Geistesforschung geschöpft wird, in den Urkunden wieder aufsuchen. Dadurch gewinnen die Urkunden einen erhöhten Wert, und wir können über die Wahrheit dessen, was in ihnen steht, aus unserer eigenen Forschung entscheiden. Dadurch wachsen sie vor uns als Ausdruck der Wahrheit, weil wir die Wahrheit selbst erkennen können. Man darf eine solche Sache, wie sie eben geschildert worden ist, nicht aussprechen, ohne zugleich darauf hinzuweisen, daß dieses Lesen in der Akasha-Chronik nicht so leicht ist wie etwa das Anschauen der Ereignisse in der physischen Welt. An einem besonderen Beispiele möchte ich Ihnen anschaulich machen, wo zum Beispiel gewisse Schwierigkeiten liegen beim Lesen der Akasha-Chronik. Ich möchte es Ihnen anschaulich machen an dem Menschen selber.

Wir wissen aus der elementaren Anthroposophie, daß der Mensch aus dem physischen Leib, dem Ätherleib, dem astralischen Leib und dem Ich besteht. In dem Augenblick, wo man den Menschen nicht mehr bloß auf dem physischen Plan beobachtet, sondern hinaufsteigt in die geistige Welt, da beginnen die Schwierigkeiten. Wenn Sie einen Menschen physisch vor sich haben, da haben Sie eine Einheit vor sich; da haben Sie seinen physischen Leib, da haben Sie seinen Ätherleib, seinen astralischen Leib und sein Ich. Wenn man den Menschen während des Tagwachens beobachtet, hat man das alles in einer Einheit vor sich. In dem Augenblick, wo man den Menschen nicht während des Tagwachens beobachtet, sondern wo man, um ihn zu beobachten, hinaufsteigen muß in die höheren Welten, wo dieses Hinaufsteigen eine Notwendigkeit wird, da beginnen sogleich die Schwierigkeiten. Wenn wir zum Beispiel in der Nacht, wenn wir den ganzen Menschen sehen wollen, in die Welt der Imaginationen hinaufsteigen, um zum Beispiel den astralischen Leib zu sehen – denn der ist außerhalb des physischen Leibes –, dann haben wir das Wesen des Menschen in zwei voneinander getrennte Glieder geteilt.

Was ich jetzt schildere, wird zwar in den seltensten Fällen eintreten, weil die Beobachtung des Menschen doch noch verhältnismäßig leicht ist; aber Sie können sich daran ein Bild machen von den Schwierigkeiten. Denken Sie sich, jemand betritt einen Raum, wo eine Anzahl von Menschen schlafen. Da sieht er in den Betten liegen die physischen Leiber und die Ätherleiber, wenn er die Fähigkeit der Hellsichtigkeit hat; dann sieht er, wenn er sich hellsichtig erhebt, die astralischen Leiber. Aber diese Welt des Astralischen ist eine Welt der Durchgängigkeit. Da oben in der astralischen Welt gehen die astralischen Leiber durcheinander durch. Und wenn es auch für den geschulten Hellseher nicht leicht eintreten wird, so könnte es doch eintreten, daß, wenn er hinschaut auf einen ganzen Trupp von Menschen, die da schlafen, er da leicht verwechseln kann, welcher Astralleib zu einem physischen Leib da unten gehört. Ich sagte, es geschehe nicht leicht, daß das vorkommt, weil dieses Schauen verhältnismäßig zu den niedersten Graden gehört und weil der Mensch, der dazu kommt, gut vorbereitet wird, wie man in solchem Falle zu unterscheiden hat. Aber wenn man in den höheren Welten nicht den Menschen betrachtet, sondern andere geistige Wesenheiten, dann beginnen die Schwierigkeiten schon ganz große zu werden. Ja, sie sind schon ganz große für den Menschen, wenn man ihn nicht als gegenwärtigen Menschen, sondern in seiner ganzen Wesenheit betrachtet, wie er durch die Inkarnationen durchgeht.

Wenn Sie also einen Menschen, der jetzt lebt, so betrachten, daß Sie sich fragen: Wo war dessen Ich in der vorhergehenden Inkarnation? – so müssen Sie durch die devachanische Welt durchgehen zu seiner vorherigen Inkarnation. Sie müssen feststellen können, welches Ich immer zu den vorhergehenden Inkarnationen dieses betreffenden Menschen gehört hat. Da müssen Sie schon in komplizierter Weise zusammenhalten können das kontinuierliche Ich und die verschiedenen Stufen hier unten auf der Erde. Da ist schon sehr leicht ein Fehler möglich, und da kann sehr leicht ein Irrtum begangen werden, wenn der Aufenthalt eines Ich in den früheren Leibern gesucht wird. Wenn man also hinaufkommt in die höheren Welten, ist es nicht so leicht, alles, was zu einem Menschen, was zu einer Persönlichkeit gehört, zusammenzuhalten mit dem, was in der Akasha-Chronik verzeichnet ist als seine früheren Inkarnationen.

Nehmen Sie einmal an, jemand stellte sich die folgende Aufgabe. Er hätte einen Menschen vor sich, sagen wir Hans Müller. Er fragt als hellsichtiger oder eingeweihter Mensch: Welches sind die physischen Vorfahren dieses Hans Müller? Nehmen wir an, alle äußeren physischen Urkunden seien verlorengegangen, man könnte sich nur auf die Akasha-Chronik verlassen. Er hätte also da die physischen Vorfahren aufzusuchen, er müßte Vater, Mutter, Großvater und so weiter aus der Akasha-Chronik festzustellen suchen, um zu sehen, wie sich der physische Leib entwickelt hat in der physischen Abstammungslinie. Dann aber könnte weiter die Frage entstehen: Welches waren die früheren Inkarnationen dieses Menschen? Da muß er einen ganz andern Weg gehen, als er geht, um zu den physischen Vorfahren des Menschen zu kommen. Da wird er vielleicht viele, viele Zeiten zurückverfolgen müssen, wenn er zu den früheren Inkarnationen des Ich kommen will. Da haben Sie schon zwei Strömungen. Weder ist der physische Leib, wie er vor uns steht, ein ganz neues Geschöpf, denn er stammt in der physischen Vererbungslinie von den Ahnen ab, noch ist das Ich ein ganz neues Geschöpf, denn es gliedert sich an die früheren Inkarnationen an.

Was aber für den physischen Leib und für das Ich gilt, das gilt auch für die dazwischenstehenden Glieder, den Ätherleib, den astralischen Leib. Die meisten von Ihnen werden wissen, daß auch der Ätherleib nicht ein durchaus neues Geschöpf ist, sondern daß er auch irgendeinen Weg durch die verschiedensten Formen durchgegangen sein kann. Ich habe Ihnen gesagt, wie der Ätherleib des Zarathustra wiedererschienen ist in dem Ätherleibe des Moses, – das ist derselbe Ätherleib. Würde man nun die physischen Vorfahren des Moses untersuchen, so bekäme man die eine Linie. Würde man die Vorfahren des Ätherleibes des Moses untersuchen, so bekäme man eine andere Linie: da kämen Sie zu dem Ätherleibe des Zarathustra hinauf und zu anderen Ätherleibern.

Geradeso wie man für den physischen Leib ganz andere Strömungen zu verfolgen hat als für den Ätherleib, so ist es auch beim astralischen Leib. Wir können von jedem Gliede der menschlichen Natur aus in die verschiedensten Strömungen kommen. So können wir sagen: Der Ätherleib ist die ätherische Wiederverkörperung eines Ätherleibes, der in einer ganz anderen Individualität war, durchaus nicht in derselben, in der das Ich vorher verkörpert war. Und ebenso können wir das für den astralischen Leib sagen.

Wenn wir in die höheren Welten hinaufkommen, um einen Menschen zu untersuchen auf seine früheren Glieder hin, so gehen da die einzelnen Strömungen alle auseinander. Die eine führt uns nach der, die andere nach jener Richtung, und wir kommen da zu sehr komplizierten Vorgängen in der geistigen Welt. Wenn nun jemand einen Menschen vom Gesichtspunkte der Geistesforschung aus vollständig verstehen will, so darf er ihn nicht bloß schildern als einen Nachkommen seiner Ahnen, nicht bloß, daß er seinen Ätherleib herleitet von diesem oder jenem Wesen, oder seinen astralischen Leib von diesem oder jenem Wesen, sondern er muß vollständig schildern, wie alle diese vier Glieder ihren Weg gemacht haben, bis sie sich jetzt in dieser Wesenheit zusammengeschlossen haben. Das kann man nicht auf einmal machen. Man kann zum Beispiel den Weg, den der Ätherleib zurückgelegt hat, verfolgen und kann da zu wichtigen Aufschlüssen kommen. Es kann dann ein anderer Mensch den Weg des astralischen Leibes verfolgen. Der eine kann auf den Ätherleib, der andere auf den astralischen Leib mehr Gewicht legen und demgemäß seine Schilderungen abfassen. Für denjenigen, der alles das nicht beobachtet, was die hellsichtigen Menschen über eine Wesenheit sagen, für den wird es ganz gleich sein, ob der eine dieses oder der andere jenes sagt; ihm wird es scheinen, als ob nur immer dasselbe geschildert wird. Für ihn wird derjenige, der nur die physische Persönlichkeit schildert, dasselbe sagen wie derjenige, der den Ätherleib schildert; er wird immer glauben, daß er die Wesenheit des Hans Müller schildert.

Das alles kann Ihnen aber jetzt ein Bild geben von der ganzen Kompliziertheit der Verhältnisse, die uns entgegentreten, wenn wir vom Gesichtspunkte der hellseherischen, der Eingeweihten-Forschung das Wesen irgendeiner Erscheinung der Welt – sei es des Menschen oder irgendeiner anderen Wesenheit – schildern wollen. Was ich jetzt gesagt habe, mußte ich sagen; denn Sie sehen daraus, daß dann nur die umfänglichste, nach allen Seiten sich ausbreitende Forschung in der Akasha-Chronik irgendeine Wesenheit uns klar vor das geistige Auge führen kann.

Diejenige Wesenheit, die da vor uns steht, auch in dem Sinne, wie das Johannes-Evangelium sie uns schildert, die da vor uns steht mit dem Ich – gleichgültig ob vor oder nach der Johannes-Taufe, ob wir sie ansprechen als Jesus von Nazareth vor der Taufe oder als den Christus nach der Johannes-Taufe –, sie steht vor uns mit einem Ich, mit einem astralischen Leib, mit einem Ätherleib und mit einem physischen Leib. Wir können sie nur vollständig schildern vom Standpunkte der Akasha-Chronik, wenn wir die Wege verfolgen, welche diese vier Glieder der damaligen Christus Jesus-Wesenheit in der Menschheitsentwickelung durchgemacht haben. Nur dann können wir sie richtig verstehen. Hier handelt es sich um das vollständige Verstehen der Mitteilungen über das Christus-Ereignis vom Standpunkte der heutigen Geistesforschung, wo Licht verbreitet werden muß über das, was sich scheinbar widerspricht in den vier Evangelien.

Ich habe schon öfters darauf hingewiesen, warum die heutige, rein materialistische Forschung den hohen Wert, den Wahrheitswert des Johannes-Evangeliums nicht einsehen kann: Weil sie nicht verstehen kann, daß ein höherer Eingeweihter anders, tiefer sieht als die anderen. Zwischen den anderen drei Evangelien, den synoptischen, versuchen diejenigen, denen das Johannes-Evangelium nicht recht ist, eine Art von Einklang zu bilden. Einen Einklang zu bilden wird aber, wenn man nur die äußeren materiellen Geschehnisse zugrunde legt, schwer halten. Denn das, was für uns in dem morgigen Vortrage von besonderer Wichtigkeit sein wird, zu betrachten das Leben des Jesus von Nazareth vor der Johannes-Taufe, das wird uns geschildert von zwei Evangelisten, von dem Schreiber des Matthäus-Evangeliums und von dem Lukas-Evangelium-Schreiber; und für eine äußere materialistische Betrachtungsweise gibt es hier Verschiedenheiten, die in nichts nachgeben dem, was zwischen den drei anderen Evangelien und dem Johannes-Evangelium als Verschiedenheit angenommen werden muß.

Nehmen wir einmal die Tatsachen. Der Schreiber des Matthäus-Evangeliums schildert, daß vorherverkündet wird die Geburt des Schöpfers des Christentums, daß diese Geburt erfolgt, daß Magier kommen aus dem Morgenlande, die den Stern wahrgenommen haben, daß der Stern sie geführt hat an die Stätte, wo der Erlöser geboren wird. Er schildert ferner, daß Herodes dadurch aufmerksam gemacht wird und daß, um zu entgehen der Maßnahme des Herodes, die in dem bethlehemitischen Kindermord besteht, das Elternpaar des Erlösers mit dem Kinde nach Ägypten flieht. Als Herodes tot ist, wird Joseph, dem Vater des Jesus, angezeigt, daß er wieder zurückkehren kann, und er kehrt nun aus Furcht vor dem Nachfolger des Herodes nicht zurück nach Bethlehem, sondern er geht nach Nazareth. – Ich will heute noch absehen von der Ankündigung des Täufers. Ich will aber schon darauf aufmerksam machen, daß, wenn wir das Lukas-Evangelium und das Matthäus-Evangelium miteinander vergleichen, in den beiden Evangelien die Vorverkündigung des Jesus von Nazareth ganz verschieden erfolgt: das eine Mal erfolgt sie dem Joseph, das andere Mal der Maria.

Wir sehen dann aus dem Lukas-Evangelium, wie die Eltern des Jesus von Nazareth ursprünglich in Nazareth wohnen und dann bei einer Gelegenheit nach Bethlehem gehen, nämlich zur Zählung. Während sie dort sind, wird der Jesus geboren. Dann erfolgt nach acht Tagen die Beschneidung – nichts von einer Flucht nach Ägypten –; und nach einiger Zeit, die nicht weit danach liegt, wird das Kind dargestellt im Tempel. Wir sehen, daß das Opfer dargebracht wird, das üblich ist, und daß danach die Eltern mit dem Kinde nach Nazareth zurückziehen und dort leben. Und dann wird uns ein merkwürdiger Zug erzählt, der Zug, wie der zwölfjährige Jesus bei einem Besuch, den seine Eltern in Jerusalem gemacht haben, im Tempel zurückbleibt, wie sie ihn suchen, wie sie ihn dann wiederfinden im Tempel zwischen denen, welche die Schrift auslegen, wie er ihnen da entgegentritt als ein Kundiger in der Schriftauslegung, wie er sich verständig und weise im Kreise der Schriftgelehrten ausnimmt. Dann wird erzählt, wie sie das Kind wiederum mit nach Hause nehmen, wie es heranwächst; und wir hören nichts Besonderes mehr von ihm bis zur Johannes-Taufe.

Da haben wir zwei Geschichten des Jesus von Nazareth vor der Aufnahme des Christus. Wer sie vereinigen will, der muß sich vor allen Dingen fragen, wie er die Erzählung, daß unmittelbar nach der Geburt des Jesus die Eltern, Joseph und Maria, veranlaßt werden, mit dem Kinde nach Ägypten zu fliehen, und dann wieder zurückkehren, wie er das vereinigen kann nach der gewöhnlichen materialistischen Anschauung mit der Darstellung im Tempel nach Lukas.

Da werden wir sehen, daß das, was uns für die physische Auffassung scheinbar als ein vollständiger Widerspruch erscheint, im Lichte der Geistesforschung uns als Wahrheit entgegentreten wird. Beides ist wahr, trotzdem es als scheinbarer Widerspruch in der physischen Welt dargestellt wird. Gerade die drei synoptischen Evangelien, das Matthäus-, das Markus- und das Lukas-Evangelium, sollten die Menschen hinzwingen zu einer geistigen Auffassung der Tatsachen der Menschheitsgeschehnisse. Denn die Menschen sollten einsehen, daß man nichts damit erreicht, wenn man solchen Urkunden gegenüber nicht über scheinbare Widersprüche nachdenkt oder wenn man von «Dichtungen» spricht, wo man durch Realitäten nicht durchkommt.

So wird sich uns gerade diesmal Gelegenheit bieten, darüber zu sprechen, worüber eingehend zu sprechen das Johannes-Evangelium keinen Anlaß gegeben hat, nämlich über die Ereignisse, die sich zugetragen haben vor der Johannes-Taufe, vor dem Eindringen der Christus-Wesenheit in die drei Leiber des Jesus von Nazareth. Und manches wichtige Rätsel von dem Wesen des Christentums wird sich uns gerade dadurch lösen, daß wir – aus der Akasha-Chronik erforscht – hören werden, wie das Wesen des Jesus von Nazareth war, bevor der Christus seine drei Leiber eingenommen hat.

Wir werden morgen damit beginnen, das Wesen und das Leben des Jesus von Nazareth aus der Akasha-Chronik heraus zu prüfen, um uns dann zu fragen: Wie stellt sich das, was wir aus dieser Quelle heraus wissen können über die wahre Wesenheit des Jesus von Nazareth, zu dem, was uns geschildert wird im Lukas-Evangelium als herrührend von denen, die damals «Selbstseher» waren oder «Diener des Wortes», des Logos?

ZWEITER VORTRAG

BASEL, 16. SEPTEMBER 1909

Das Johannes-Evangelium war durch die verschiedenen Zeiten der Entwickelung des Christentums hindurch diejenige Urkunde, welche stets den tiefsten Eindruck auf alle diejenigen gemacht hat, welche eine besondere Vertiefung, eine innere Versenkung in die christlichen Weltenströmungen suchten. Daher war dieses Johannes-Evangelium die Urkunde aller christlichen Mystiker, die nachzuleben versuchten, was im Johannes-Evangelium in der Persönlichkeit und Wesenheit des Christus Jesus dargestellt wird.

In einer etwas anderen Weise hat sich die christliche Menschheit durch die verschiedenen Jahrhunderte hindurch zu dem Lukas-Evangelium gestellt. Das entspricht, von einem anderen Gesichtspunkt aus gesehen, im Grunde genommen durchaus dem, was wir gestern schon über den Unterschied des Johannes-Evangeliums und des Lukas-Evangeliums andeuten konnten. War das Johannes-Evangelium in gewisser Beziehung eine Urkunde für Mystiker, so war das Lukas-Evangelium immer eine Art Erbauungsbuch für die Allgemeinheit, für solche, die sich, man könnte in einer gewissen Weise sagen, aus der Einfalt und der Einfachheit ihres Herzens heraus in die Sphäre des christlichen Empfindens erheben konnten. Als ein Erbauungsbuch geht das Lukas-Evangelium durch der Zeiten Wende. Für alle die, welche bedrückt waren mit Leiden und Schmerzen, war es immer ein Quell inneren Trostes. Denn in diesem Evangelium wird ja so viel verkündet von dem großen Tröster, von dem großen Wohltäter der Menschheit, von dem Heiland der Beladenen und der Bedrückten. Ein Buch, zu dem insbesondere diejenigen den Sinn hinwendeten, welche sich durchdringen wollten mit der christlichen Liebe, war das Lukas-Evangelium, denn mehr als in irgendeiner anderen christlichen Urkunde wird die Gewalt und das Eindringliche der Liebe in diesem Lukas-Evangelium entfaltet. Und die, welche in irgendeiner

Weise sich bewußt waren – und im Grunde genommen kann das ja für alle Menschen gelten –, irgendwelche Fehler auf ihr Herz geladen zu haben, sie fanden von jeher Erbauung und Trost und Erhebung der beladenen Seele, wenn sie zum Lukas-Evangelium und seiner Verkündigung hinblickten und sich sagen konnten: Der Christus Jesus ist nicht bloß erschienen für die Gerechten, sondern auch für die Sünder; mit Sündern und Zöllnern hat er bei Tisch gesessen. – Gehört zum Johannes-Evangelium eine hohe Vorbereitung, um es auf sich wirken zu lassen, so darf man vom Lukas-Evangelium sagen, daß kein Gemüt so niedrig, so unreif ist, daß es nicht all die Wärme, die aus dem Lukas-Evangelium herausströmt, in vollem Maße auf sich wirken lassen könnte.

So war das Lukas-Evangelium von jeher ein Buch für die Allgemeinheit, an dem sich auch das kindlichste Gemüt erbauen konnte. Alles, was an der menschlichen Seele von der frühesten Lebenszeit an bis in die höchsten Altersstufen hinauf kindlich bleibt, das hat sich immer hingezogen gefühlt zu dem Lukas-Evangelium. Und vor allem, was von den christlichen Wahrheiten bildhaft dargestellt worden ist, was die Kunst von den christlichen Wahrheiten zu ihrem Vorwurf genommen hat – es ist zwar vieles auch aus den anderen Evangelien erflossen –, was aber aus der Kunst, aus der Malerei von jeher am eindringlichsten zu den menschlichen Herzen gesprochen hat, das finden wir im Lukas-Evangelium angegeben und von da aus in die Kunst fließend. Alle die tiefen Beziehungen zwischen dem Christus Jesus und Johannes dem Täufer, die so vielfach bildnerische Darstellung gefunden haben, haben ihren Quell in diesem unvergänglichen Buche, in dem Lukas-Evangelium.

Wer von diesem Gesichtspunkte aus diese Urkunde auf sich wirken läßt, der wird finden, daß sie von Anfang bis zu Ende gleichsam hineingetaucht ist in das Prinzip der Liebe, des Mitleides, der Einfalt, ja bis zu einem gewissen Grade der Kindlichkeit. Und wo kommt diese Kindlichkeit denn noch in einer so warmen Weise zum Ausdruck als gerade in der Kindheitsgeschichte des

Jesus von Nazareth, die uns der Schreiber des Lukas-Evangeliums gibt! Warum das so war, das wird uns auch klar werden können, wenn wir allmählich immer tiefer in dieses merkwürdige Buch eindringen.

Es wird heute notwendig sein, daß mancherlei gesagt wird, was vielleicht denen, die andere Vorträge von mir über diesen Gegenstand oder andere Zyklen gehört haben, zunächst als ein Widerspruch erscheinen wird. Aber warten Sie nur auf die Ausführungen der nächsten Tage, dann wird Ihnen das schon im Einklange erscheinen mit dem, was Sie bisher über den Christus Jesus und über Jesus von Nazareth von mir gehört haben. Man kann nicht auf einmal den ganzen komplizierten Umfang der Wahrheit geben, und es wird heute notwendig sein, auf eine Seite der christlichen Wahrheiten hinzuweisen, welche im scheinbaren Widerspruche stehen wird mit demjenigen Teile der Wahrheit, den ich bisher da oder dort vor Ihnen aussprechen konnte. – Es soll der Weg so gewählt werden, daß die einzelnen Wahrheitsströme entwickelt werden und daß dann gezeigt wird, wie sie vollständig in Harmonie und im Einklange sind. Natürlich konnte ich in den verschiedenen Zyklen, namentlich, da bisher der Ausgangspunkt – und zwar absichtlich – vom Johannes-Evangelium aus genommen wurde, nur auf einen Teil der Wahrheit hinweisen. Dieser Teil bleibt darum doch Wahrheit; das werden wir in den nächsten Tagen noch sehen. Heute obliegt es uns, einen den meisten von Ihnen ungewohnten Teil der christlichen Wahrheiten zu betrachten.

Im Lukas-Evangelium besagt uns eine wunderbare Stelle, daß den Hirten auf dem Felde verkündet wird durch einen Engel, der ihnen sichtbar wird, daß ihnen der «Heiland der Welt» geboren worden ist. Und dann wird erwähnt, daß zu diesem Engel, nachdem er die Verkündigung gesagt hat, hinzutreten «himmlische Heerscharen» (Lukas 2, 13). Stellen Sie sich also das Bild vor, daß diese Hirten hinaufblicken und ihnen so etwas erscheint wie «der Himmel offen» und die Wesenheiten der geistigen Welt in mächtigen Bildern sich vor ihnen ausbreitend. Was wird den Hirten verkündet?

Was ihnen verkündet wird, das wird in monumentale Worte gekleidet, in Worte, die durch die ganze Menschheitsentwickelung gesprochen wurden und die zum Weihnachtsspruche der christlichen Entwickelung geworden sind. Die Worte tönen den Hirten entgegen, die, richtig übersetzt, etwa so lauten würden:

«Es offenbaren sich die göttlichen Wesenheiten aus den Höhen, auf daß Friede herrsche unten auf der Erde bei den Menschen, die durchdrungen sind von einem guten Willen.» (Lukas 2, 14.)

«Ehre», wie es gewöhnlich wiedergegeben wird, ist eine ganz falsche Übersetzung. Wie ich es jetzt gesagt habe, sollte es heißen. Und der Gegensatz sollte scharf betont werden, daß dasjenige, was die Hirten sehen, die Offenbarung der geistigen Wesenheiten aus den Höhen ist und daß sie in diesem Augenblicke geschieht, damit einziehe Friede in die menschlichen Herzen, die durchdrungen sind von einem guten Willen.

Im Grunde genommen liegt, wie wir sehen werden, vieles von den Geheimnissen des Christentums in diesen Worten, wenn man sie richtig versteht. Aber es wird einiges dazu gehören, um Licht in diese paradigmatischen Worte zu bringen. Was vor allem hinzugehört, ist, daß wir versuchen, jene Berichte zu betrachten, die des Menschen hellsichtiger Sinn aus der Akasha-Chronik empfängt. Darauf kommt es an, zunächst hinzuschauen mit dem geöffneten Auge des Geistes auf dasjenige Zeitalter, in dem der Christus Jesus für die Menschheit auftritt, und uns nun zu fragen: Wie stellt sich das dar, was damals geistig in die Erdenentwickelung eingetreten ist, wenn wir es verfolgen in seinem ganzen geschichtlichen Werden, wenn wir fragen: Woher ist es gekommen?

Damals floß in die Menschheitsentwickelung etwas ein, was wie ein Zusammenströmen geistiger Ströme von den verschiedensten Richtungen her sich darstellte. In den mannigfaltigsten Gegenden der Erde sind die verschiedensten Weltanschauungen im Laufe der Zeiten aufgetaucht. Alles, was aufgetaucht ist in den verschiedenen Gegenden der Erde, strömte damals in Palästina zusammen und drückte sich aus in irgendeiner Weise in diesen

Ereignissen von Palästina, so daß wir uns fragen können: Wohin gehen die Strömungen, die wir wie in einen Mittelpunkt zusammenfließen sehen in den palästinensischen Ereignissen?

Wir haben gestern schon darauf hingedeutet, daß durch das Lukas-Evangelium dasjenige gegeben wird, was wir imaginative Erkenntnis nennen, und daß diese imaginative Erkenntnis in Bildern gewonnen wird. Ein Bild wird vor uns hingestellt in dem soeben Angegebenen, ein Bild, wie über den Hirten erscheint die Offenbarung der geistigen Wesenheiten aus der Höhe, das Bild eines geistigen Wesens, eines Engels, und dann einer Schar von Engeln. Da müssen wir die Frage aufwerfen: Wie sieht der hellsichtige und zugleich in die Geheimnisse des Daseins eingeweihte Mensch dieses Bild an, das er sich jederzeit wieder herstellen kann, wenn er in die Akasha-Chronik zurückschaut? Was ist das, was sich da den Hirten darstellte? Was ist enthalten in dieser Engelschar, und woher kommt sie?

Eine der großen geistigen Strömungen, die durch die Menschheitsentwickelung geflossen sind, jene Strömung, die allmählich immer höher und höher gestiegen ist, so daß sie zur Zeit der palästinensischen Ereignisse nur mehr aus den geistigen Höhen herunterscheinen konnte auf die Erde, die ist es, die sich in diesem Bilde zeigt. Wenn wir ausgehen – und zwar jetzt durch die Entzifferung der Akasha-Chronik – von dieser Engelschar, welche den Hirten erschien, so werden wir zurückgeführt zu einer der größten geistigen Strömungen der Menschheitsentwickelung, die sich, man könnte sagen, zuletzt vor der Erscheinung des Christus Jesus auf der Erde, mehrere Jahrhunderte vorher, als Buddhismus ausgebreitet hat. Zu dem, was die «Erleuchtung» des großen Buddha war, so sonderbar es Ihnen klingen wird, wird derjenige geführt, welcher von jener Offenbarung, die den Hirten wird, durch die Akasha-Chronik den Weg zurückverfolgt in die vorhergehenden Zeiten der Menschheit. Was in Indien den Menschen aufgeleuchtet hat, was dort als die Religion des Mitleides und der Liebe, als eine große Weltanschauung einstmals Geister und Herzen bewegt hat und was noch heute für einen großen Teil der Menschheit geistige Nahrung ist, das erschien wieder in der Offenbarung der Hirten. Denn auch das sollte einströmen in die palästinensische Offenbarung. Was uns im Lukas-Evangelium zuerst erzählt wird, das können wir nur verstehen, wenn wir – wiederum vom Gesichtspunkte der geisteswissenschaftlichen Forschung aus – einen Blick auf das werfen, was der Buddha der Menschheit war und was die Buddha-Offenbarung eigentlich im Verlaufe der Menschheitsentwickelung bewirkte. Da müssen wir uns folgendes klarmachen.

Als fünf bis sechs Jahrhunderte vor unserer Zeitrechnung der Buddha im Fernen Osten erstand, da erschien in ihm eine Individualität, die oft und oft wiederverkörpert erschienen war und die durch ihre vielen Verkörperungen hindurch bis zu einer hohen menschlichen Entwickelungsstufe hinaufgeschritten ist. Der Buddha konnte derjenige, der er war, nur deshalb werden, weil er in seinen früheren Inkarnationen im höchsten Sinne des Wortes schon eine hohe, hohe Entwickelungsstufe erlangt hatte. Jene Entwickelungsstufe einer Wesenheit im Weltenall, die der Buddha erlangt hatte, bezeichnet man mit einem orientalischen Ausdruck als einen «Bodhisattva». Es ist – wenigstens vor einem Teile von Ihnen – das Wesen der Bodhisattvas von verschiedenen Seiten her schon erörtert worden. In dem Zyklus «Geistige Hierarchien und ihre Widerspiegelung in der physischen Welt», Düsseldorf, April 1909, zeigte ich, wie sich die Bodhisattvas zu der ganzen kosmischen Entwickelung verhalten; in München in dem Zyklus «Der Orient im Lichte des Okzidents», August 1909, konnte ich von einem anderen Gesichtspunkte aus darauf hinweisen. Heute soll wiederum von einer anderen Seite her das Wesen der Bodhisattvas betrachtet werden. Sie werden schon nach und nach den Einklang zwischen diesen einzelnen Wahrheiten finden.

Derjenige, der ein Buddha wurde, mußte zuerst ein Bodhisattva sein. Bodhisattva ist also die vorhergehende Stufe der individuellen Entwickelung zum Buddha hin. Nun wollen wir einmal vom Standpunkte der Menschheitsentwickelung aus uns das Wesen der Bodhisattvas vor Augen führen. Wir verstehen es nur, wenn wir, vom Gesichtspunkte der Geisteswissenschaft aus sie durchdringend, die Menschheitsentwickelung betrachten.

Was die Menschen zu irgendeiner Zeit können, was sie an Fähigkeiten entwickeln, das war nicht immer da. Es ist nur eine kurzsichtige Betrachtungsweise, die nicht über ihre eigene Epoche hinausschauen kann, welche da glaubt, daß dieselben Fähigkeiten, welche die Menschen heute haben, schon in Urzeiten vorhanden waren. Die menschlichen Fähigkeiten, das, was die Menschen verrichten, wissen, tun können, das ändert sich von Epoche zu Epoche. Heute sind die menschlichen Fähigkeiten so entwickelt, daß der Mensch gewissermaßen durch seine eigene Vernunft dieses oder jenes erkennen kann, daß er mit Recht sagt: Diese oder jene Wahrheit sehe ich ein durch meinen Verstand, durch meine Vernunft; ich kann erkennen, was sittlich und unsittlich ist, was in einer gewissen Beziehung logisch oder unlogisch ist. Aber man würde fehlgehen, wenn man glauben würde, daß diese Fähigkeiten, das Logische vom Unlogischen oder das Sittliche vom Unsittlichen zu unterscheiden, immer an der menschlichen Natur gehaftet haben. Sie sind erst gekommen, haben sich nach und nach entwickelt. Was der Mensch heute durch seine eigenen Fähigkeiten vermag, das mußte er – wie ein Kind von Vater und Mutter oder vom Lehrer – sich einmal sagen lassen von Wesenheiten, welche zwar auch verkörpert unter den Menschen waren, welche aber durch ihre geistigen Fähigkeiten höher entwickelt waren und in den Mysterien Umgang pflegen konnten mit geistigen Wesenheiten, die über ihnen sind, mit göttlich-geistigen Wesenheiten.

Solche Individualitäten, die zwar im physischen Leibe verkörpert waren, die aber Umgang pflegen konnten mit höheren Individualitäten, die nicht physisch verkörpert sind, gab es immer. Bevor die Menschen zum Beispiel die Gabe des logischen Denkens erlangt haben, wodurch sie selbst heute logisch denken können, mußten sie hinhorchen auf gewisse Lehrer. Diese Lehrer konnten auch nicht durch gewisse Fähigkeiten, die man im physischen

Leibe entwickelt, logisch denken, sondern nur dadurch, daß sie in den Mysterien Umgang hatten mit göttlich-geistigen Wesenheiten, die in höheren Regionen sind. Solche Lehrer, die das Logische, das Sittliche lehrten aus ihren Offenbarungen, die sie aus höheren Welten heraus empfingen, gab es, bevor die Menschen selber durch ihre Natur auf der Erde imstande waren, logisch zu denken oder das Sittliche zu finden. Eine gewisse Kategorie solcher Wesen, die zwar im physischen Leibe verkörpert sind, aber Umgang haben mit göttlich-geistigen Wesenheiten, damit sie das heruntertragen, was sie von jenen lernen, und es dem Menschen mitteilen können, das sind die Bodhisattvas. Sie sind also in einem Menschenleib verkörperte Wesenheiten, die heranreichen mit ihren Fähigkeiten bis zu einem Verkehr mit den göttlich-geistigen Wesenheiten.

Und bevor der Buddha ein «Buddha» wurde, war er eben ein Bodhisattva, das heißt eine Individualität, die in den Mysterien Umgang haben konnte mit den höheren, göttlich-geistigen Wesenheiten. Eine solche Wesenheit, wie es der Bodhisattva ist, hat in fernen Urzeiten der Erdenentwickelung einmal eine bestimmte Mission, eine bestimmte Aufgabe in der höheren Welt erhalten, und sie bleibt dann bei dieser Mission.

Wenn wir das auf den Buddha anwenden, so müssen wir sagen: Er hatte als Bodhisattva eine bestimmte Aufgabe. Als die Erde noch in früheren Entwickelungszuständen war, noch vor der atlantischen und lemurischen Zeit, da hatte dasjenige Wesen, das im sechsten Jahrhundert vor unserer Zeitrechnung als Buddha verkörpert war, eine bestimmte Aufgabe erhalten. Bei dieser Aufgabe ist es geblieben. Durch alle Zeiten hindurch hatte es von Epoche zu Epoche zu wirken und immer so viel der Erdenentwickelung mitzuteilen, als dieselbe vermöge ihrer Wesenheit aufnehmen konnte. Für eine jede solche Wesenheit – also für jeden Bodhisattva – gibt es daher eine Zeit, wo er sozusagen mit seiner in Urzeiten empfangenen Mission an einen bestimmten Punkt kommt, wo das, was er von oben in die Menschheit hat einfließen lassen können, zu der eigenen menschlichen Fähigkeit hat werden können. Denn was heute menschliche Fähigkeit ist, das war früher Fähigkeit göttlich-geistiger Wesenheiten, und die Bodhisattvas trugen sie aus den geistigen Höhen herunter zu den Menschen. Ein solcher geistiger Missionar kommt also an einen Punkt, wo er sich sagen kann: Ich habe meine Mission vollbracht; der Menschheit ist jetzt gegeben, wozu sie vorbereitet worden ist durch viele, viele Zeiten hindurch. An einem solchen Punkt angelangt, kann der Bodhisattva zum Buddha werden. Das heißt, es kommt für ihn ein Zeitpunkt, da er als die Wesenheit mit der Mission, die wir eben charakterisiert haben, sich nicht mehr in einem physischen Menschenleibe zu verkörpern braucht, wo er sich zum letzten Male in einem solchen physischen Menschenleib noch verkörpert und dann nicht mehr als ein solcher Missionar sich zu verkörpern braucht. Ein solcher Zeitpunkt war für den Buddha gekommen. Was er früher zu tun hatte, führte ihn immer wieder und wieder auf die Erde herunter. Aber in der Zeit, als er zum Buddha erleuchtet worden war, trat für ihn als Bodhisattva eine letzte Verkörperung ein. Er gelangte in einen Menschenleib hinein, der die Fähigkeiten in einem höchsten Maße ausgebildet hatte, die früher von oben gelehrt werden mußten und die nun nach und nach eigene menschliche Fähigkeiten werden sollten.

Wenn ein solcher Bodhisattva es durch seine frühere Entwikkelung dahin gebracht hat, einen Menschenleib so vollkommen zu machen, daß er Fähigkeiten entwickeln kann für die Eigenschaften, die mit der Mission des Bodhisattva zusammenhängen, dann braucht er sich nicht mehr zu verkörpern. Dann schwebt er, die Angelegenheiten der Menschen fördernd und leitend, in geistigen Regionen und wirkt von dort in die Menschheit hinein. Und die Menschen haben dann die Aufgabe, das, was ihnen früher von Himmelshöhen heruntergeströmt ist, weiter auszubilden und sich zu sagen: Wir müssen uns jetzt so entwickeln, daß wir jene Fähigkeiten ausbilden, welche wir zum ersten Male in vollstem Maß erreicht sehen in derjenigen Inkarnation, die durch die

Fähigkeiten des Bodhisattva erreicht worden ist und die im Buddha aufgetreten ist. Und wie die Wesenheit, die durch Epochen hindurch als Bodhisattva gewirkt hat, sich ausnimmt als Mensch, auch als voller einzelner Mensch, wo alles in die menschliche Natur hineingenommen ist, was früher aus Himmelshöhen hineinströmte, das noch an einem einzelnen Menschen zu zeigen, was der Bodhisattva vermag, das heißt «Buddha» sein. Das hat der Buddha noch gezeigt. Hätte der Bodhisattva sich früher von seiner Mission zurückgezogen, dann hätten die Menschen nicht mehr der Wohltat teilhaftig werden können, daß ihnen diese Fähigkeiten zufließen aus den Höhen. Nachdem aber die Entwikkelung so weit fortgeschritten war, daß diese Fähigkeiten in einem einzelnen menschlichen Exemplar auf der Erde vorhanden sein konnten, da war auch die Keimanlage dazu geschaffen, daß die Menschen sie in der Zukunft bei sich selbst ausbilden konnten. So zieht sich die Individualität, die sich vorher als Bodhisattva entwickelt hat und die, solange sie Bodhisattva war, nicht ganz in die menschliche Gestalt hineingegangen ist, sondern hineinragte in die Himmelshöhen, so zieht sich die Individualität des Bodhisattva einmal völlig in einen Menschen hinein, so daß sie voll erfaßt wird von dieser Inkarnation. Dann aber zieht sie sich auch wieder zurück. Denn jetzt ist – mit dieser Inkarnation als Buddha – der Menschheit ein gewisses Quantum von Offenbarungen gegeben, die sich innerhalb der Menschheit selber nun weiter ausbilden sollen. Daher darf sich das Bodhisattva-Wesen, nachdem es Buddha geworden ist, von der Erde zurückziehen in gewisse geistige Höhen, darf dort verweilen und die Angelegenheiten der Menschheit von dort aus weiterlenken, wo es nur noch einem gewissen hellseherischen Vermögen möglich ist, es zu sehen.

Welche Aufgabe hatte denn jene wunderbare, jene gewaltige, große Individualität, die man im gewöhnlichen Leben den Buddha nennt? Wenn wir die Aufgabe, die Mission dieses Buddha wirklich einsehen wollen im Sinne der wahren Esoterik, so müssen wir uns folgendes sagen. Das ganze Erkenntnisvermögen der

Menschheit hat sich nach und nach entwickelt. Wir haben immer wieder darauf aufmerksam gemacht, wie in der atlantischen Zeit ein großer Teil der Menschheit hellseherisch hineinblicken konnte in die geistigen Welten, und wir haben gesagt, daß gewisse Reste des alten Hellsehens noch in der nachatlantischen Zeit vorhanden waren. Würden wir von der atlantischen Zeit hinabsteigen in die altindische, in die urpersische, in die ägyptisch-chaldäische Zeit, ja bis in die griechisch-lateinische Zeit noch hinein, so würden wir zahlreiche Menschen finden, viel mehr als die heutige Menschheit sich träumen läßt, die Erbstücke dieses alten Hellsehens hatten, denen der astralische Plan offen war, die hineinsahen in die verborgenen Tiefen des Daseins. Den ätherischen Leib des Menschen zu sehen, war selbst noch in der griechisch-lateinischen Zeit für einen großen Teil der Menschen etwas ganz Gewöhnliches, namentlich aber den Kopfteil des Menschen umgeben von jener ätherischen Wolke, die sich freilich nach und nach ganz in dem Innern des Kopfteiles verborgen hat.

Aber die Menschheit mußte zu jener Erkenntnis aufsteigen, welche nach und nach die vollkommene Sinneserkenntnis wurde, zu jener Erkenntnis, die durch die äußeren Sinne und durch diejenigen geistigen Fähigkeiten erworben wird, welche auf die äußeren Sinne gerichtet sind. Der Mensch mußte allmählich sozusagen völlig heraussteigen aus der geistigen Welt und eintreten in die bloße Sinnesbetrachtung, in das vernünftige, logische Denken. Allmählich mußte sich der Mensch zu dieser nichthellseherischen Erkenntnis aufschwingen, weil er durch sie hindurchgehen mußte, um in der Zukunft wiederum die hellsichtige Erkenntnis zu erlangen, aber dann vereinigt mit dem, was er sich als Sinnes- und Verstandeserkenntnis erworben hat.

In dieser Zeit leben wir in der Gegenwart. Wir blicken auf eine Vergangenheit hin, in welcher die Menschheit hellsichtig war, und wir blicken in eine Zukunft hinein, wo die Menschen wiederum hellsichtig sein werden. In unserer Zwischenzeit aber sind die Menschen in der Mehrzahl auf das angewiesen, was sie mit den Sinnen wahrnehmen und mit dem Verstande und der Vernunft begreifen. Zwar gibt es auch eine gewisse Höhe der Sinnesanschauung und der Verstandes- und Vernunfterkenntnis. Überall aber gibt es Grade in der Erkenntnis. Der eine wandelt in der betreffenden Inkarnation seines Erdendaseins so, daß er nur weniges einsieht von dem, was Moral ist, daß er nur wenig Mitleid entfaltet zu den Mitmenschen: wir nennen ihn einen Menschen auf einer niederen moralischen Stufe. Oder ein anderer wandelt so durch das Leben, daß seine intellektuellen Kräfte wenig ausgebildet sind: wir nennen ihn einen Menschen auf einer niederen intellektuellen Stufe. Wir wissen aber, daß diese intellektuellen Erkenntniskräfte hinaufgehen können bis zu einer hohen Stufe. Von dem Menschen, der wenig moralisch und intellektuell ist, bis zu dem Menschen, den wir im Sinne Fichtes ein «moralisches Genie» nennen und der sich bis zur höchsten moralischen Phantasie entwickelt, haben wir alle möglichen Zwischenstufen; und wir wissen, daß wir uns zu dieser Höhe der menschlichen Vollkommenheit für die Gegenwart hinaufentwickeln können, ohne hellseherische Kräfte zu haben, nur durch die Veredelung derjenigen Kräfte, welche dem gewöhnlichen Menschen zur Verfügung stehen. Diese Stufen mußten von der Menschheit erst erreicht werden im Laufe der Erdenentwickelung. Was heute der Mensch schon bis zu einem gewissen Grade durch die eigene Intelligenz erkennt, und auch, was er durch die eigene moralische Kraft erreicht, nämlich daß man mit den Leiden und Schmerzen des anderen Menschen Mitleid haben soll, das hätte der Mensch der Urzeit nicht durch sich selbst erringen können. Man kann heute sagen, daß sich der gesunde moralische Sinn des Menschen schon zu dieser Einsicht auch ohne Hellsichtigkeit erhebt, und die Menschen werden sich immer mehr zu der Einsicht erheben können, daß Mitleid die höchste Tugend ist und daß die Menschheit ohne Liebe nicht weiter vorwärtskommen könnte. Man kann sagen: Dies kann heute der menschliche moralische Sinn erkennen, und er wird sich noch immer mehr und mehr steigern. Aber man muß zurückblicken in Zeiten, in welchen der moralische Sinn so war, daß er das nicht hat selbst einsehen können.

Es gab Zeiten, in welchen die Menschen nimmermehr hätten selbst einsehen können, daß Mitleid und Liebe zu der höchsten Entwickelung der menschlichen Seele gehören könnten. Daher mußten sich verkörpern in Menschengestalten solche geistige Wesenheiten, zu denen auch zum Beispiel die Bodhisattvas gehören, die aus höheren Welten herunter die Offenbarungen empfingen von der wirkenden Kraft des Mitleides, von der wirkenden Kraft der Liebe, und welche den Menschen zu sagen vermochten, wie sie sich zu verhalten hatten in Mitleid und Liebe, weil die Menschen noch nicht reif waren, um aus ihren eigenen Kräften heraus das einzusehen. Was die Menschen heute aus eigener Kraft heraus als die hohe Tugend des Mitleides und der Liebe erkennen, wozu der moralische Sinn sich erhebt, das mußte durch Epochen und Epochen aus Himmelshöhen gelehrt werden. Und der Lehrer der Liebe und des Mitleides in jenen Zeiten, als die Menschen selber noch nicht die Einsicht in die Natur des Mitleides und der Liebe hatten, war derjenige Bodhisattva, der sich dann in dem Gautama Buddha zum letzten Male verkörperte.

So war der Buddha vorher der Bodhisattva, welcher der Lehrer von Liebe und Mitleid und von alledem war, was damit zusammenhängt. Er war es durch jene charakterisierten Epochen hindurch, in denen die Menschen von Natur aus noch in einer gewissen Weise hellsichtig waren. Er verkörperte sich als Bodhisattva in solchen hellsichtigen Menschenleibern. Und als er sich dann als der Buddha verkörperte und in diese früheren Verkörperungen hellsichtig hineinblickte – von Inkarnation zu Inkarnation –, da konnte er sagen, wie sich das Innere der Seele fühlte, wenn sie hineinschaute in die Tiefen des Daseins, die hinter dem Sinnenschein verborgen sind. Diese Fähigkeit hatte er in den früheren Verkörperungen, und mit dieser Fähigkeit wurde er geboren innerhalb des Geschlechtes der Sakya, aus dem der Vater des Gautama,

Suddhodana, stammte. Damals, als Gautama Buddha geboren wurde, war er noch der Bodhisattva. Das heißt, er erschien als das Wesen, zu dem er sich in seinen vorhergehenden Inkarnationen hinaufentwickelt hatte. Derjenige also, den man gewöhnlich den Buddha nennt, wurde geboren durch seinen Vater Suddhodana und seine Mutter Mayadevi als der Bodhisattva. Aber da er eben als Bodhisattva geboren wurde, hatte er als Kind in hohem Grade die Fähigkeit der Hellsichtigkeit. Hineinzuschauen vermochte er in die Tiefen des Daseins.

Seien wir uns klar, daß das Hineinschauen in die Tiefen des Daseins im Verlaufe der Menschheitsentwickelung allmählich ganz besondere Formen angenommen hat. Die Mission der Menschheitsentwickelung auf der Erde war es, allmählich die Gabe des alten dumpfen Hellsehens zurücktreten zu lassen; und was als Erbstück des alten Hellsehens zurückgeblieben war, das waren daher nicht die besten Teile dieses alten Hellsehens. Diese besten Teile sind zuerst verlorengegangen. Was zurückgeblieben war, das war vielfach ein niederes Hineinschauen in die astrale Welt, das war gerade ein Erblicken jener dämonischen Gewalten, die den Menschen in seinen Trieben und Leidenschaften hinunterziehen in eine niedere Sphäre. Wir können ja durch die Einweihung hineinblicken in die geistige Welt und die Kräfte und Wesenheiten sehen, die mit den schönsten Gedanken und Empfindungen der Menschheit zusammenhängen; aber wir sehen auch diejenigen geistigen Mächte, welche hinter der wüsten Leidenschaft, hinter der wilden Sinnlichkeit und dem verzehrenden Egoismus stehen. Was im weiten Umkreise für die Menschen erhalten geblieben war – nicht bei den Eingeweihten, sondern bei der großen Mehrzahl der Menschen –, das war gerade das Schauen dieser wilden dämonischen Gewalten, die hinter den niederen menschlichen Leidenschaften stehen. Wer überhaupt hineinsieht in die geistige Welt, der kann das alles natürlich selbst auch schauen. Das hängt von der Entwickelung der menschlichen Fähigkeiten ab. Der Mensch kann nicht das eine ohne das andere erreichen.

Der Buddha mußte sich als Bodhisattva natürlich in einem menschlichen Leibe verkörpern, der so organisiert war, wie menschliche Leiber damals organisiert waren, in einem Leibe, der ihm die Fähigkeit gab, tief hineinzuschauen in die astralen Untergründe des Daseins. Als Kind schon war er fähig, alles das an astralen Gewalten zu schauen, was der wilden, stürmischen Leidenschaft, was der verzehrenden, gierigen Sinnlichkeit zugrunde liegt. Man hatte ihn davor bewahrt, die Außenwelt in ihrer physischen Verderbtheit und in ihren Qualen und Schmerzen zu schauen. Im Palaste abgeschlossen, vor allem behütet, wurde er verzogen und verzärtelt, weil man aus den herrschenden Vorurteilen heraus ihm das seinem Stande gemäß schuldig zu sein glaubte. Aber durch dieses Abgeschlossensein kam um so mehr die innere Schaukraft bei ihm zum Vorschein. Und während er sorgfältig behütet wurde und alles von ihm ferngehalten wurde, was an Krankheit und Schmerzen erinnert, hatte er in seiner Abgeschlossenheit sein geistiges Auge offen für die astralischen Bilder. Ihn umgaukelten da die astralischen Bilder alles dessen, was den Menschen an wilden Leidenschaften niederziehen kann.

Wer mit dem geistigen Auge, wer mit wirklicher Esoterik die, wenn auch exoterisch, aufbewahrt gebliebene Biographie des Buddha zu lesen vermag, der wird das selbst ahnen, wenn ihm mitgeteilt wird, was jetzt gesagt worden ist. Denn das muß betont werden: Man kann vieles aus den exoterischen Berichten nicht verstehen, wenn man nicht in die esoterischen Untergründe eindringen kann. Und was man am wenigsten aus den exoterischen Berichten verstehen kann, das ist das Buddha-Leben. Es muß einem eigentlich sonderbar erscheinen, wenn die Orientalisten und andere, die sich mit dem Buddha-Leben befassen, darin beschrieben finden, daß der Buddha in seinem Palaste umgeben war mit «vierzigtausend Tänzerinnen und vierundachtzigtausend Frauen». Das verzeichnen heute schon die Bücher, die man für ein paar Pfennige kaufen kann; aber man merkt, daß die Schreiber nicht sonderlich erstaunt sind über einen Harem von vierzigtausend Tänzerinnen und vierundachtzigtausend Frauen. Was heißt das? Die Leute wissen nicht, daß damit auf etwas hingewiesen wird, was der Buddha in vollem Maße, wie es nur auf ein menschliches Herz ausgeschüttet werden kann, durch das astralische Schauen erlebte: wie er von Kindheit an zwar nicht erlebte, was draußen an Leiden und Schmerzen in der physischen Menschenwelt vorging, denn davor war er zunächst behütet, wie er aber das alles als geistige Wirksamkeiten in der geistigen Welt schaute. Er schaute es, weil er hineingeboren war in einen Leib, wie er aus der dama-ligen Zeit geboren werden konnte, und er war von Anfang an gefeit und gekräftigt und erhoben über alles, was da an den furchtbarsten Gaukelbildern ihn umgab, weil er in seinen früheren Inkarnationen sich bis zur Höhe des Bodhisattva erhoben hatte. Weil er aber als die Individualität des Bodhisattva in dieser menschlichen Inkarnation lebte, drängte es ihn hinaus, um dasjenige zu sehen, worauf ihn jedes einzelne Bild dieser astralischen Welt, wie sie ihn im Palaste umgab, hinwies. Jedes einzelne Bild drängte ihn gleichsam hinaus, die Welt zu sehen, sozusagen sein Gefängnis zu verlassen. Das war die treibende Kraft in seiner Seele. Denn in ihm lebte als Bodhisattva eine hohe Geisteskraft. Gerade diejenige Geisteskraft lebte in ihm, welche mit der Mission zusammenhängt, der Menschheit zu lehren die ganze Kraft von Mitleid und Liebe und alledem, was damit zusammenhängt. Dazu mußte er selbst diese Menschheit in der Welt kennenlernen, er mußte sie in der Welt sehen, in welcher sie eben aus dem moralischen Sinn heraus die Lehre von Mitleid und von der Liebe erleben kann. Er mußte die Menschheit in der physischen Welt kennenlernen. Er mußte hinaufsteigen vom Bodhisattva zum Buddha, ein Mensch unter Menschen. Das konnte er nur, wenn er sich von alledem abwendete, was ihm an Fähigkeiten aus den früheren Inkarnationen geblieben war, wenn er hinausging auf den physischen Plan, um dort mit den Menschen so zu leben, daß er innerhalb dieser Menschheit ein Musterbeispiel, ein Ideal, ein Vorbild eben darstellte für die Entwickelung dieser charakterisierten besonderen Eigenschaften.

Um in diesem Sinne von einem Bodhisattva zu einem Buddha zu werden, sind natürlich mancherlei Entwickelungs-Zwischenstufen nötig. Das macht sich nicht von heute auf morgen. Heraus drängte es ihn aus dem Königspalast. Und der Bericht sagt uns, daß er draußen, als er einmal gleichsam «ausbrach» aus seinem Palastgefängnis, einen alten Mann fand, einen Greis. Er war bisher nur umgeben worden von den Bildern der Jugend, er hatte glauben sollen, daß es nur die strotzende Kraft der Jugend gibt. Nun hatte er das, was sich auf dem physischen Plan als Alter darstellt, in dem Greise kennengelernt. Und weiter lernte er jetzt einen kranken Menschen kennen, und dann lernte er einen Leichnam kennen, das heißt also den Tod auf dem physischen Plan. Das alles trat jetzt, wo er den physischen Plan wirklich ins Auge fassen konnte, vor seiner Seele auf.

Sehr bezeichnend für das, was der Buddha eigentlich ist, wird jetzt in dieser Legende, die hier wiederum wahrer ist als irgendeine äußere Wissenschaft, gesagt: Als er hinausfuhr aus dem königlichen Palast, da wurde er von einem Pferde gefahren, das sich so darüber grämte, daß er jetzt alles verlassen wollte, in das er hineingeboren war, daß es aus Gram darüber starb und daß es dann versetzt wurde als eine geistige Wesenheit in die geistige Welt hinauf. – In diesem Bilde drückt sich eine tiefe Wahrheit aus. Es würde heute zu weit führen, wenn ich ausführlich auseinandersetzen wollte, warum gerade das Pferd verwendet wird für eine menschliche Geisteskraft. Ich erinnere nur an *Plato,* der von einem Pferde spricht, das er an einem Zügel hält, als er ein Bild gebrauchen will für gewisse menschliche Fähigkeiten, die noch von oben gegeben sind, die nicht aus dem eigenen Innern des Menschen entwickelt worden sind. Als der Buddha aus dem Königspalast heraustritt, da läßt er die Fähigkeiten, die sich nicht aus dem Innern der Seele selber entwickelt haben, hinter sich. Sie läßt er in den geistigen Welten, aus denen heraus sie ihn immer geleitet haben. Das wird in dem Pferd angedeutet, das aus Gram stirbt, als er es verläßt, und das dann in die geistige Welt versetzt wird.

Aber nach und nach nur kann der Buddha das werden, was er in seiner letzten Inkarnation auf der Erde werden sollte. Er muß ja erst auf dem physischen Plan kennenlernen, was er als Bodhisattva nur aus der geistigen Anschauung kennengelernt hat. Da lernt er zuerst zwei Lehrer kennen. Der eine ist ein Vertreter jener altindischen Weltanschauung, die man als die Sankhya-Philosophie bezeichnet, und der andere ist ein Vertreter der Yoga-Philosophie. Diese beiden lernt der Buddha kennen und vertieft sich in das, was sie ihm darzubieten vermögen. Er lebt darinnen. Denn wenn man selbst ein noch so hohes Wesen ist, so muß man sich doch in das Äußere, was die Menschheit sich erobert hat, erst hineinfinden. Wenn es ein Bodhisattva auch schneller lernen kann, er muß es doch erst lernen. Der Bodhisattva, der etwa fünf oder sechs Jahrhunderte vor unserer Zeitrechnung gelebt hat, müßte doch, wenn er heute geboren würde – so, wie die Kinder in der Schule lernen –, erst das nachholen, was sich mittlerweile auf der Erde zugetragen hat, während er in Himmelshöhen gelebt hat. So mußte der Buddha auch dasjenige, was sich seit seiner letzten Inkarnation zugetragen hatte, kennenlernen.

Und er lernte die Sankhya-Philosophie von dem einen der Lehrer, die Yoga-Philosophie von dem anderen der Lehrer kennen. Da konnte er zuerst einen Blick gewinnen in die Weltanschauungen, die für viele damals die Lebensrätsel lösten, und konnte lernen, wie es einer Seele war, wenn sie diese Weltanschauungen auf sich wirken ließ.

In der Sankhya-Philosophie hatte er eine fein-logische philosophische Anschauung über die Welt aufnehmen können. Aber je mehr er sich in sie hineinlebte, desto weniger genügte sie ihm. Sie war zuletzt wie ein Gespinst, entbehrte des lebendigen Lebens. Er spürte, daß er die Quellen für das, was er in dieser Inkarnation zu tun hatte, anderswo her nehmen mußte als aus dieser traditionellen Sankhya-Philosophie.

Das andere war die Yoga-Philosophie des Patanjali, die durch gewisse innere Seelenvorgänge die Verbindung mit dem Göttlichen suchte. So vertiefte er sich auch in die Yoga-Philosophie, nahm sie auf, machte sie zu einem Teil seines Wesens. Aber auch sie ließ ihn unbefriedigt, denn er sah ein, sie ist etwas, was sich von alten Zeiten her fortgepflanzt hat; aber die Menschen mußten zu anderen Fähigkeiten kommen, sie mußten in sich zu einer moralischen Entwickelung kommen. Nachdem Buddha die Yoga-Philosophie in der eigenen Seele geprüft hatte, sah er, daß sie nicht die Quelle für seine Mission damals sein konnte.

Darauf kam er in die Umgebung von fünf Einsiedlern. Sie hatten auf dem Wege strengster Selbstzucht unter Kasteiungen und Entbehrungen zu den Geheimnissen des Daseins vorzudringen gesucht. Auch diesen Weg versuchte der Buddha, aber auch von ihm sagte er sich, daß er ihm die Quelle für seine Mission in dieser Zeit nicht sein konnte. Er machte eine Zeitlang alle die Entbehrungen und Kasteiungen durch, wie es die Mönche taten. Er hungerte wie sie, um die Gier vom menschlichen Leben zu entfernen und dadurch tiefere Kräfte heraufzurufen, die gerade dann heraufdringen, wenn der Leib durch Fasten geschwächt ist, und die dann aus den Tiefen des menschlichen Leiblichen rasch hineinführen können in die geistige Welt. Aber gerade weil der Buddha seine Entwickelungsstufe erlangt hatte, sah er das Vergebliche dieses Kasteiens, des Fastens und des Hungerns ein. Er hatte ja, weil er der Bodhisattva war, durch seine Entwickelung in den früheren Inkarnationen diesen menschlichen Leib der damaligen Zeit bis zu der höchsten Höhe der Entwickelung bringen können, bis zu der ein Mensch damals kommen konnte. Daher konnte auch der Buddha das erleben, was ein Mensch erleben muß, wenn er gerade diesen Weg in die geistigen Höhen durchmacht.

Wer bis zu einem gewissen Grade der Sankhya- oder der Yoga-Philosophie hinaufdringt, ohne das entwickelt zu haben, was der Buddha vorher durchgemacht hatte, wer hinaufdringen will in die reinen Höhen des göttlichen Geistes durch das logische Denken, ohne zuerst den moralischen Sinn im Sinne des Buddha erlangt zu haben, der steht dann vor jener Versuchung, die der Buddha in einer probeweisen Versuchung durchgemacht hat und die uns als die Versuchung durch den Dämon Mara angedeutet wird. Da kommt der Mensch dahin, wo alle Teufel des Hochmutes, der Eitelkeit, des Ehrgeizes ihn durchsetzen. Das lernte der Buddha kennen. Die Gestalt des Mara, der Eitelkeit und des Ehrgeizes, stand vor ihm. Aber weil er auf dieser hohen Stufe eines Bodhisattva war, so erkannte er ihn und war gefeit gegen ihn. Und er wußte sich zu sagen: Wenn sich die Menschen auf dem alten Wege weiterentwickeln, ohne den neuen Einschlag in der Lehre der Liebe und des Mitleides, ohne diesen selbsttätigen moralischen Sinn zu erhalten, dann müssen sie, da sie nicht alle Bodhisattvas sind, diesem Dämon Mara verfallen, der alle Kräfte des Hochmutes und der Eitelkeit in die Seelen senkt. Das ist das, was der Buddha in sich selber erlebte, als er bis in die letzten Konsequenzen die Sankhya- und die Yoga-Philosophie durchmachte.

Dann aber, als er bei den Mönchen war, hatte er ein anderes Erlebnis. Da erlebte er, daß der Dämon eine andere Gestalt annahm, die dadurch charakterisiert ist, daß er dem Menschen allen äußeren physischen Besitz, sozusagen die «Reiche der Welt und ihre Herrlichkeiten» zeigt, um den Menschen abzulenken von dem, was die geistige Welt ist. Gerade daß man auf dem Wege der Kasteiung dieser Versuchung verfällt, das erlebte der Buddha, als ihm der Dämon Mara entgegentrat und ihm sagte: «Lasse dich nicht verführen, alles zu verlassen, was du als Königssohn gehabt hast, gehe zurück in den Königspalast!» Ein anderer wäre dem unterlegen, was sich ihm da zeigte, aber der Buddha war so weit, daß er den Versucher durchschauen konnte. Erleben konnte er, was über die Menschheit kommen würde, wenn sie so weiterleben würde wie bisher und nur auf dem Wege des Fastens und Hungerns den Weg zum Geistigen hinauf durchmachen wollte. Er selbst war dagegen gefeit und konnte daher auch jetzt die große Gefahr vor die Menschen hinstellen, die kommen würde, wenn die Menschen ohne die große Grundlage des selbsttätigen moralischen Sinnes nur durch Fasten und äußere Mittel in die geistige Welt eindringen wollten.

So war der Buddha als Bodhisattva noch vorgedrungen bis zu jenen zwei Grenzpunkten der menschlichen Entwickelung, die der Mensch eben, weil er nicht ein Bodhisattva ist, am besten ganz vermeiden soll. Übersetzen wir uns das in eine gewöhnliche Menschensprache, so können wir sagen: Das höchste Wissen ist herrlich, das höchste Wissen ist schön, aber nähere dich diesem Wissen mit reinem Herzen, mit edlem Sinn, mit einem geläuterten Gemüt, sonst wird der Teufel des Hochmutes, der Eitelkeit und des Ehrgeizes über dich kommen. – Und die andere Lehre ist: Suche nicht auf irgendeinem äußeren Wege, durch Kasteiungen oder Fasten in die geistige Welt hineinzukommen, bevor du deinen sittlichen Sinn in der entsprechenden Weise gereinigt hast, sonst wird der Versucher von der andern Seite an dich herantreten. – Das sind die beiden Lehren, die uns von dem Buddha in unsere Zeit hereinleuchten. So sagt uns der Buddha, als er noch Bodhisattva war, dasjenige, was im eminenten Sinne zu seiner Mission gehört. Denn diesen moralischen Sinn der Menschheit zu bringen, als die Menschen noch nicht fähig waren, ihn aus ihrem Herzen heraus zu entwickeln, das war immer seine Mission. Daher verließ er, als er die Gefahr des Asketentums für die Menschheit kennengelernt hatte, die fünf Einsiedler und ging dahin, wo er in einem für unsere heutige Zeit gemäßen inneren Versenken in diejenigen Fähigkeiten der menschlichen Natur, die ausgebildet werden können ohne die alte Hellsichtigkeit, ohne das, was als ein Erbstück von früher überkommen ist, das Höchste leisten konnte, was die Menschheit gerade durch diese Fähigkeiten jemals wird leisten können.

Unter dem Bodhibaume, im neunundzwanzigsten Jahre seines Lebens, nachdem der Buddha den Weg einseitiger Askese verlassen hatte, gingen ihm dann in siebentägiger Betrachtung die großen Wahrheiten auf, die dem Menschen aufgehen, wenn er in stiller, innerer Versenkung dasjenige zu finden sucht, was ihm die jetzigen menschlichen Fähigkeiten geben können. Da gingen ihm auf die großen Lehren, die er gelehrt hat in den sogenannten vier

Wahrheiten, und jene große Lehre des Mitleides und der Liebe, die er gelehrt hat in dem achtgliedrigen Pfade. Diese Lehren des Buddha werden uns noch zu beschäftigen haben. Wir wollen uns heute damit begnügen, daß diese Lehren eine Umschreibung des moralischen Sinnes der reinsten Lehre vom Mitleid und von der Liebe sind. Damals sind sie aufgetreten, als unter dem Bodhibaume der Bodhisattva Indiens vom Bodhisattva zum Buddha wurde. Damals sind die Lehren vom Mitleid und der Liebe zum ersten Male in der Menschheit als eigene menschliche Fähigkeit aufgegangen, und seit jener Zeit sind die Menschen imstande, aus sich selbst heraus die Lehre vom Mitleid und der Liebe zu entwikkeln. Das ist das Wesentliche. Deshalb sagte der Buddha zu seinen intimen Schülern noch kurze Zeit vor seinem Tode: Trauert nicht darum, daß der Meister euch verläßt. Ich lasse euch etwas zurück. Ich lasse euch zurück das Gesetz der Weisheit und das Gesetz der Disziplin; die sollen euch künftig den Meister ersetzen. – Das heißt nichts anderes als: Bisher hat euch der Bodhisattva gelehrt, was darinnen ausgedrückt ist; jetzt darf er, nachdem er seine Inkarnation auf der Erde erreicht hat, sich zurückziehen. Denn die Menschheit wird das, was ihr früher von einem Bodhisattva gelehrt worden ist, in das eigene Herz gesenkt haben und wird es aus dem eigenen Herzen heraus entwickeln können als die Religion vom Mitleid und der Liebe. – Das hat sich zugetragen, als in siebentägiger innerer Betrachtung der Bodhisattva zu dem Buddha wurde im alten Indien. Das war es auch, was er in den verschiedensten Formen seinen Zöglingen, die um ihn herum waren, lehren konnte. In welche Formen er das gegossen hat, das wird uns noch beschäftigen.

Wir mußten heute zurückschauen auf das, was sechs Jahrhunderte vor unserer Zeitrechnung sich zugetragen hat, weil wir, wenn wir nicht an der Hand der Akasha-Chronik die Entwickelung von den Ereignissen in Palästina bis zu der Predigt von Benares zurückverfolgen würden, den Weg des Christentums nicht verstehen würden, vor allem nicht denjenigen verstehen würden, der diesen Weg so eminent geschildert hat: den Schreiber des Lukas-Evangeliums. Seitdem der Bodhisattva zum Buddha geworden ist, brauchte er nicht mehr auf die Erde zurückzukehren; seitdem war er eine geistige Wesenheit, die in den geistigen Welten schwebt und von dort aus in alles einzugreifen hatte, was auf der Erde geschah. Und als das wichtigste Ereignis auf der Erde vorbereitet wurde und die Hirten auf dem Felde waren, da erschien ihnen eine Individualität aus den geistigen Höhen und verkündete ihnen das, was eben im Lukas-Evangelium geschildert wird: Und hinzu traten zu dem Engel «himmlische Heerscharen». Wer war das?

Was hier den Hirten im Bilde entgegentrat, das war der verklärte Buddha, der Bodhisattva der alten Zeiten, dasjenige Wesen in seiner geistigen Gestalt, das durch Jahrtausende und Jahrtausende den Menschen die Botschaft der Liebe und des Mitleides gebracht hatte. Jetzt, nachdem es seine letzte Inkarnation auf der Erde hinter sich hatte, schwebte es in geistigen Höhen und erschien in Himmelshöhen den Hirten neben dem Engel, der ihnen das Ereignis von Palästina vorherverkündete.

So lehrt uns die geistige Forschung. Sie zeigt uns schwebend über den Hirten den verklärten Bodhisattva aus den alten Zeiten. Ja, es war so gekommen – das lehrt uns die Akasha-Forschung –, daß in Palästina in der «Stadt Davids» von einem Elternpaare, das aus der priesterlichen Linie des Hauses David stammte, ein Kind geboren wurde. Dieses Kind – ich erwähne das ausdrücklich –, das da von einem Elternpaar geboren wurde, das, wenigstens dem Vater nach, aus der priesterlichen Linie des Hauses David stammte, dieses Kind war dazu ausersehen, daß es überleuchtet und durchkraftet wurde von seiner Geburt an von dem, was von dem Buddha ausstrahlen konnte, nachdem er in Geisteshöhen erhoben worden war. So blicken wir mit den Hirten hin auf die Krippe, wo der Jesus von Nazareth, wie man ihn gewöhnlich nennt, geboren worden ist; wir blicken hin und sehen über dem Kindlein den Glorienschein von Anfang an und wissen, daß in diesem Bilde sich ausdrückt die Kraft des Bodhisattva, der der Buddha geworden ist, die Kraft, welche vordem den Menschen zugeströmt ist und welche jetzt von den geistigen Höhen aus auf die Menschheit wirkte und die größte Tat entfaltete, als sie das bethlehemitische Kindlein überstrahlte, damit es sich in der entsprechenden Weise einreihen konnte in die Menschheitsentwickelung.

Damals, als diese Individualität, die jetzt aus geistigen Höhen ihre Kraft herunterstrahlte auf dieses Kind des davidischen Elternpaares, im alten Indien geboren wurde, das heißt, als der Buddha als Bodhisattva geboren wurde, erschaute ein Weiser die ganze Gewalt dessen, was wir heute geschildert haben. Und was er zuerst in den geistigen Welten erschaut hatte, das veranlaßte den Weisen – Asita hieß er –, in den Palast des Königs hineinzugehen und das Bodhisattva-Kindlein aufzusuchen. Als er das Kindlein sah, sagte er seine gewaltige Mission als Buddha voraus. Asita sagte damals zur Bestürzung des Vaters voraus, daß das Kindlein nicht regieren werde über das Reich seines Vaters, sondern daß es ein Buddha werden würde. Dann aber fing er an zu weinen; und als er gefragt wurde, ob denn dem Kindlein ein Unglück bevorstünde, antwortete Asita: «Nein! Ich weine, weil ich so alt bin, daß ich den Tag nicht mehr erleben kann, da dieser Heiland, der Bodhisattva, als Buddha auf der Erde wandeln wird!» Asita hat das Buddha-Werden des Bodhisattva damals nicht mehr erlebt, sein Weinen war also von seinem damaligen Standpunkte aus nur zu berechtigt. – Jener Asita, der damals den Bodhisattva nur als Kindlein im Palaste des Suddhodana gesehen hatte, er wurde wiedergeboren als jene Persönlichkeit, die uns im Lukas-Evangelium bei der «Darstellung im Tempel» als der Simeon geschildert wird (Lukas 2, 25-35). Simeon, so heißt es im Lukas-Evangelium, war «vom Geiste beseelt», als ihm das Kindlein gebracht wurde. Das war derselbe, der als Asita einst geweint hatte, weil er in seiner damaligen Inkarnation nicht mehr das Buddha-Werden des Bodhisattva erleben konnte. Jetzt war es ihm beschieden, die weitere Entwickelungsstufe dieser Individualität zu erleben. Und nachdem er dazumal «mit dem Geiste begabt» war, konnte er bei der Darstellung des Kindleins im Tempel den Glorienschein des verklärten Bodhisattva sehen über dem Jesuskindlein aus dem davidischen Geschlecht. Da sagte er sich: Jetzt brauchst du nicht mehr zu weinen; was du damals nicht gesehen hast, jetzt siehst du es, jetzt siehst du deinen Heiland verklärt über diesem Kindlein: «Herr, laß deinen Diener in Frieden sterben.»

DRITTER VORTRAG

BASEL, 17. SEPTEMBER 1909

Wer das Lukas-Evangelium auf sich wirken läßt, der wird alles, was in demselben liegt, allerdings zunächst nur fühlen, nur empfinden können. Er wird aber dann eine Ahnung bekommen, daß wirklich große, gewaltige geistige Welten aus diesem Lukas-Evangelium ihm entgegenströmen. Und nach dem, was wir gestern gehört haben, wird es uns erklärlich erscheinen, daß dieses so ist. Denn wir haben gesehen, daß uns die geistige Forschung zeigt, wie die buddhistische Weltanschauung mit allem, was sie der Menschheit zu geben hatte, eingeflossen ist in das Lukas-Evangelium. Man kann wohl sagen: Es ist Buddhismus, der aus dem Lukas-Evangelium auf den Menschen herausströmt. Aber dieser Buddhismus strömt doch in einer ganz eigenartigen Form aus dieser Urkunde heraus. Er strömt so heraus, daß er, wie wir auch schon angedeutet haben, in der Form, wie er darinnen ist, für das einfältigste, naivste Gemüt verständlich ist.

Wie wir schon aus den gestrigen Auseinandersetzungen entnehmen konnten und wie es uns heute noch besonders klar werden wird, ist der Buddhismus als solcher, wie er als Lehre des großen Buddha in die Welt getreten ist, eine Weltanschauung, die nur derjenige verstehen kann, der sich bis zu gewissen hohen Ideen, bis zu den reinen Ätherhöhen des Geistes hinaufschwingt. Und um den Buddhismus selbst zu verstehen, dazu gehört viel Vorbereitung. Im Lukas-Evangelium ist die eigentliche geistige Substanz so enthalten, daß sie in einer gewissen Weise auf jedes Gemüt wirken kann, das überhaupt verstehen gelernt hat, die notwendigsten menschlichen Vorstellungen und Begriffe in sein Herz einfließen zu lassen. Warum dies so ist, das wird uns erklärlich werden, wenn wir das Geheimnis des Lukas-Evangeliums ergründen werden. Aber nicht nur, daß uns die geistigen Errungenschaften des Buddhismus aus dem Lukas-Evangelium entgegenströmen, sondern sie strömen uns in einer noch erhöhteren Form entgegen, wie hinaufgehoben auf eine noch höhere Stufe, als sie damals hatten, da sie fast sechshundert Jahre vor unserer Zeitrechnung im fernen Indien der Menschheit geschenkt worden sind. Nur an ein paar Beispielen soll uns einmal vor die Seele treten, worin diese Erhöhung des Buddhismus besteht.

Wir haben gestern den Buddhismus die reinste Lehre des Mitleides und der Liebe genannt. Und in der Tat, von dem Punkte der Welt aus, wo Buddha gewirkt hat, strömt ein Evangelium der Liebe und des Mitleides auf alle Wesen der Erde aus. Das Evangelium der Liebe, das Evangelium des Mitleides, es erscheint uns in dem echten, wahren Buddhisten lebend, wenn sein warmes Herz mitempfindet mit allem Leid, das ihm in der Außenwelt bei allem, was lebt, entgegentritt. Da tritt uns zunächst die buddhistische Liebe, das buddhistische Mitleid im vollsten Sinne des Wortes entgegen. Aber wir sehen, daß uns aus dem Lukas-Evangelium etwas entgegenströmt, was noch mehr ist als dies umfassende Mitleid, als diese umfassende Liebe. Wir könnten das, was uns da entgegenströmt, etwa bezeichnen als die Umsetzung des Mitleides und der Liebe in die der Seele notwendige Tat. Mitleid im eminentesten Sinne des Wortes will der Buddhist; zugreifende Liebe entfalten will der, welcher im Sinne des Lukas-Evangeliums lebt. Mit dem Kranken den Schmerz mitempfinden kann der Buddhist; die Aufforderung, tätig zuzugreifen und zur Heilung zu bewirken, was er vermag, findet der Mensch aus dem Lukas-Evangelium heraus. Alles zu verstehen, was die Menschenseele belebt, das findet der Mensch aus dem Buddhismus heraus; nicht zu richten, mehr zu tun als uns selbst getan wird, das geht als eine merkwürdige Forderung aus dem Lukas-Evangelium hervor. Mehr zu geben, als man empfängt! Die Liebe, umgewandelt in Tat, das ist etwas, was uns wie eine Erhöhung noch erscheinen muß, trotzdem wir im Lukas-Evangelium den reinsten, den echtesten Buddhismus haben.

Um diese Seite des Christentums, des durch das Christentum noch höher heraufgehobenen Buddhismus, zu schildern, dazu bedurfte es des Herzens eben gerade des Schreibers des Lukas-Evangeliums. Den Christus Jesus als den Leibes- und Seelenarzt zu begreifen, war dem Schreiber des Lukas-Evangeliums am ehesten möglich. Dazu fand er die tief zum Herzen sprechenden Töne, weil er selbst als Arzt gewirkt hat und vom Standpunkt des Leibes- und Seelenarztes aufgezeichnet und betont hat, was er über den Christus Jesus zu sagen hatte. Das wird uns immer mehr und mehr entgegentreten, wenn wir in die Tiefen des Lukas-Evangeliums untertauchen.

Aber noch etwas anderes fällt uns auf, wenn wir insbesondere den Blick darauf richten, wie dieses Lukas-Evangelium nach der bereits gegebenen Anschauung selbst auf das kindlichste Gemüt wirkt. Das fällt uns auf, daß die hohe buddhistische Lehre, die nur gereifte Intelligenz, gereiftes menschliches Seelenvermögen zu begreifen vermag, uns im Lukas-Evangelium wie verjüngt erscheint, wie aus einem Jungborn neu geboren. Wie eine Frucht am Menschheitsbaume erscheint uns der Buddhismus. Wenn wir ihn wiederschauen im Lukas-Evangelium, so erscheint er uns als die jugendliche Blüte, als eine Verjüngung dessen, was vorher da war. Daher müssen wir also fragen: Wie ist diese Verjüngung des Buddhismus zustande gekommen? Das aber werden wir erst einsehen, wenn wir einen genauen Blick auf die Lehren des großen Buddha selber richten und zunächst einmal mit unserer anthroposophischen Vorbereitung vor unser geistiges Auge führen, was des Buddha Seele bewegt hat.

Halten wir zunächst daran fest, daß der Buddha aus dem Bodhisattva geworden ist, das heißt aus einer hohen Wesenheit, die hineinschauen konnte in die Geheimnisse des Daseins. Dadurch, daß der Buddha ein Bodhisattva war, war er ein Teilnehmer alles dessen, was in der Menschheitsentwickelung vorging durch die alten Zeiten hindurch. Als die Menschheit in der nachatlantischen Zeit auftauchte, um die erste nachatlantische Kulturentwickelung zu begründen und sie später fortzusetzen, da war der Buddha als Bodhisattva schon dabei und vermittelte für die Menschen aus den geistigen Welten herunter das, was gestern angedeutet worden ist. Auch in den atlantischen Zeiten war er schon dabei, sogar in den lemurischen Zeiten schon. Und weil er auf eine so hohe Stufe der Entwickelung gekommen war, konnte er sich auch während seines Bodhisattva-Daseins in den neunundzwanzig Jahren seit seiner letzten Geburt, bevor er der Buddha wurde, nach und nach an alles erinnern, an alle die Gemeinschaften, die er früher durchgemacht hatte, bevor er sich in Indien zum letzten Male verkörpert hatte. Er konnte zurückschauen auf sein Mitwirken in der Menschheit, auf sein Dasein in den göttlich-geistigen Welten, um aus deren Mitte herunterzutragen, was er den Menschen zu bringen hatte. Schon gestern wurde angedeutet, daß auch eine so hohe Individualität, wenn auch kurz, noch einmal das durchzumachen hat, was sie schon einmal gelernt hat. So schildert uns auch der Buddha, wie er während seiner Bodhisattva-Zeit allmählich hinaufdrang, bis sich seine geistige Anschauung, seine geistige Erleuchtung immer vollkommener und vollkommener gestaltete.

Es wird uns gesagt, wie er seinen Bekennern das schilderte. So sagte er ihnen, um den Weg zu schildern, welchen seine Seele durchgemacht hatte, um sich nach und nach wieder an das zu erinnern, was sie durch die Vorzeiten hindurch erlebt hatte: Es gab eine Zeit für mich, ihr Mönche, da erschien es mir aus der geistigen Welt wie ein allumfassender Lichtglanz; aber ich konnte darin noch nichts unterscheiden, keine Gestalten, keine Bilder; meine Erleuchtung war noch nicht rein genug. Dann fing ich an, nicht nur das Licht, sondern innerhalb des Lichtes einzelne Bilder und einzelne Gestalten zu schauen, aber ich konnte noch nicht unterscheiden, was diese Gestalten und Bilder bedeuteten; meine Erleuchtung war noch nicht rein genug. Dann fing ich an zu erkennen, daß sich in diesen Bildern und Gestalten geistige Wesenheiten ausdrückten, aber ich konnte noch nicht unterscheiden, welchen Reichen der geistigen Welt diese Wesenheiten angehörten; meine Erleuchtung war noch nicht rein genug. Dann lernte ich erkennen, welchen verschiedenen Reichen der geistigen Welt diese einzelnen geistigen Wesenheiten angehörten, aber ich konnte noch nicht unterscheiden, durch welche Taten sie sich ihren Platz in den geistigen Reichen erobert hatten und welches ihre Gemütszustände waren; denn meine Erleuchtung war nicht rein genug. Dann kam für mich die Zeit, da konnte ich unterscheiden, welche Taten diese geistigen Wesenheiten in diese Reiche versetzt hatten und welches ihre Gemütszustände waren; aber ich konnte noch nicht unterscheiden, mit welchen geistigen Wesenheiten ich selbst in früheren Zeiten zusammengelebt hatte und wie ich selber mit ihnen zu tun hatte, denn meine Erleuchtung war noch nicht rein genug. Dann kam die Zeit, wo ich wissen konnte, ich war mit diesen und jenen Wesenheiten in dieser und jener Epoche zusammen und hatte dieses oder jenes mit ihnen zu tun; ich wußte, wie meine Vorleben waren: jetzt war meine Erleuchtung rein.

Damit hatte der Buddha seinen Bekennern angedeutet, wie er sich allmählich hinaufgearbeitet hatte zu einem Erkennen, das er zwar früher schon hatte, das man sich aber in jeder Inkarnation nach den Bedingungen der Zeitepoche neu erwerben muß, das er sich aber nunmehr wieder so hatte erwerben müssen, wie es seinem völligen Herabsteigen in einen physischen Menschenleib entsprach. Wenn wir dies nachempfinden, bekommen wir eine Ahnung davon, welche Bedeutung und welche Größe jene bedeutsame Individualität hatte, die sich in dem Königssohne aus dem Sakya-Geschlecht damals verkörpert hatte. Was der Buddha auf diese Weise wiedererkennen konnte, und wohinein er schauen konnte, von dem wußte er aber auch: Das ist eine Welt, welche die Menschen mit ihrem gewöhnlichen Anschauen der unmittelbaren Gegenwart und nächsten Zukunft wieder verlassen mußten. Nur Eingeweihte, zu denen ja der Buddha selber gehörte, können hineinschauen in die geistige Welt; aber für die normale Menschheit war dazu die Möglichkeit verlorengegangen. Die Erbstücke alter hellseherischer Anschauung waren immer geringer geworden. Da Buddha nicht bloß von dem zu sprechen hatte, was der Eingeweihte zu sagen hat, sondern da er vor allem die Mission hatte, den Menschen zu erzählen von den Kräften, die aus der eigenen menschlichen Seele herausfließen sollen, so konnte er nicht nur hinweisen auf die Ergebnisse seiner Erleuchtung, sondern er sagte sich: Ich muß sprechen von dem, wozu die Menschen kommen können, zwar durch eine höhere, aber doch durch eine Entwikkelung ihrer eigenen inneren Wesenheit, durch Entwickelung dessen, was in dieser Zeitepoche ist. Nach und nach werden die Menschen im Laufe der Erdenentwickelung aus ihrer Seele, aus ihrem Herzen heraus den Inhalt der Lehre des Buddha erkennen als etwas, was ihnen ihre eigene Vernunft, ihr eigenes Gemüt sagt. Aber es wird noch viel, viel Zeit hinfließen müssen, bevor alle Menschen reif werden, um sozusagen aus der eigenen Seele das hervorzuholen, was der Buddha zuerst wie eine rein menschliche Erkenntnis ausgesprochen hat. Denn es ist etwas anderes, in späteren Zeiten gewisse Fähigkeiten zu entwickeln, und etwas anderes, sie zuerst hervorzuholen aus den tiefen Schächten des menschlichen Gemüts.

Nehmen Sie dazu ein anderes Beispiel. Heute eignet sich die Regeln des logischen Denkens der jugendliche Mensch an. Logisch zu denken gehört heute zu den allgemeinen menschlichen Fähigkeiten, die der Mensch aus seinem Inneren heraus entwickelt. Damit aber diese Fähigkeit zuerst aus einer menschlichen Brust kam, dazu gehörte der große Geist des griechischen Denkers *Aristoteles.* Es ist etwas anderes, zuerst etwas herauszuholen aus den Schächten des menschlichen Gemütes, und es herauszuholen, nachdem es sich eine Zeitlang in der Menschheit entwickelt hatte.

Nun gehört das, was der Buddha den Menschen zu sagen hatte, zu den größten Lehren auf lange Epochen hin. Daher gehört auch das große Gemüt eines Bodhisattva, eines so hoch Erleuchteten dazu, um es zuerst in einem Menschen gegenwärtig werden zu lassen. Nur wer im höchsten Sinne erleuchtet war, konnte zuerst in seiner Seele erstehen lassen, was nach und nach Allgemeingut der Menschheit werden sollte: die hohe Lehre des Mitleides und der Liebe und alles dessen, was damit zusammenhängt. Was der Buddha zu sagen hatte, das mußte er in Worte kleiden, die der damaligen Menschheit, namentlich seinen Heimatgenossen, geläufig waren. Wir haben schon darauf hingedeutet, wie im alten Indien zur Zeit des Buddha die Sankhya- und die Yoga-Philosophie gelehrt wurden. Sie hatten die geläufigen Ausdrücke und Begriffe geliefert; sie waren gang und gäbe. Solche gangbaren Ausdrücke mußte derjenige benutzen, der etwas Neues zu geben hatte; in solche gangbare Begriffe mußte der Buddha kleiden, was in seiner Seele lebte. Allerdings bekamen dann solche Vorstellungen und Begriffe durch ihn eine ganz neue Gestalt, aber er mußte sich ihrer bedienen, denn alle Entwickelung muß so verlaufen, daß das Zukünftige sich auf das Vergangene gründet. So kleidete der Buddha seine hehre Weisheit in die gangbaren Ausdrücke der damals gebräuchlichen indischen Lehre.

Aber wir müssen uns doch eine Anschauung von dem verschaffen, was Buddha damals als seine Lehre, welche die innerste Lehre der Menschheit werden sollte, unter dem Bodhibaume in der Zeit der siebentägigen Erleuchtung erlebte. Versuchen wir einmal, wenn auch nur mit annähernden Gedanken, vor unsere Seele hinzustellen, was als der Gedankenausdruck der tiefsten Seelenerlebnisse durch das Gemüt des Buddha ging, als er unter dem Bodhibaume erleuchtet war. Da konnte er sich etwa das Folgende sagen: Es gab alte Zeiten in der Menschheitsentwickelung, in welchen viele Menschen dumpf, dämmerhaft hellsichtig waren, und es gab noch ältere Zeiten, in denen alle Menschen hellsichtig waren. Was heißt es denn, dumpf, dämmerhaft hellsichtig sein? Was heißt es überhaupt, hellsichtig sein? Hellsichtig sein heißt, sich der Organe seines ätherischen Leibes bedienen können. Wenn man sich nur der Organe seines astralischen Leibes bedienen kann, so kann man zwar innerlich fühlen und empfinden, innerlich erleben die tiefsten Geheimnisse, aber man kann sie nicht schauen. Erst wenn das, was im astralischen Leibe erlebt wird, sich sozusagen seinen Abdruck verschafft im Ätherleibe, kann Hellsichtigkeit eintreten. Auch das alte dumpfe

Hellsehen der Menschheit war dadurch zustande gekommen, daß der noch nicht vollständig in den physischen Leib hineingedrungene Ätherleib Organe hatte, derer sich die alte Menschheit noch bedienen konnte. Was also hat die Menschheit im Laufe der Zeit verloren? Sie hat verloren die Fähigkeit, sich der Organe des Ätherleibes bedienen zu können. Sie mußte sich nach und nach damit begnügen, sich nur der äußeren Organe des physischen Leibes zu bedienen und das, was der physische Leib vermittelt, dann im astralischen Leibe als Gedanken, Empfindungen, als Gefühle, als Vorstellungen zu erleben. Das alles ging damals als Ausdruck dessen, was er erlebte, durch des Buddha große Seele. Er sagte sich: Also haben die Menschen die Fähigkeit verloren, sich der Organe ihres Ätherleibes zu bedienen. Sie erleben in ihren astralischen Leibern das, was sie von der Außenwelt erfahren durch die Werkzeuge ihres physischen Leibes.

Nun konnte sich der Buddha eine bedeutsame Frage stellen: Wenn das Auge die rote Farbe empfindet, wenn das Ohr irgendeinen Ton hört, wenn der Geschmackssinn irgendeine Geschmacksempfindung hat, dann treten unter normalen Verhältnissen diese Empfindungen an den Menschen heran und werden seine Vorstellungen, werden innerlich im Astralleibe erlebt. Sie könnten, wenn sie nur so erlebt würden, dasjenige, was man Schmerz und Leid nennt, nicht als eine Beigabe im normalen Zustande haben. Wenn der Mensch sich einfach den Eindrücken der Außenwelt überließe, wie diese auf seine Sinne wirkt, wie sie ihm erscheint in ihren Farben und Lichtern, in ihren Tönen und so weiter, so würde er durch die Welt wandeln, ohne daß er von diesen Eindrücken Schmerz und Leid empfinden könnte. Nur unter gewissen Bedingungen kann der Mensch Schmerz und Leid empfinden.

Nach diesen Bedingungen, unter welchen der Mensch Schmerz und Leid, Sorgen und Kümmernisse erlebt, forschte daher der große Buddha. Wann werden die Eindrücke der Außenwelt zu schmerzvollen? Und warum werden sie es unter gewissen Verhältnissen?

Da sagte er sich: Wenn wir in die alten Zeiten zurückblicken, so finden wir, wie auf den Menschen, als er in früheren Inkarnationen auf der Erde hinwandelte, von zwei Seiten her Wesenheiten in das Innere der menschlichen Natur, in den astralischen Leib, hereinwirkten. Da haben im Laufe der Inkarnationen durch die lemurische und atlantische Zeit hindurch in die menschliche Natur diejenigen Wesenheiten hereingewirkt, die wir die luziferischen Wesenheiten nennen, so daß der Mensch im Laufe der Zeiten in seinen astralischen Leib aufgenommen hat die Eindrükke und Einflüsse der luziferischen Wesenheiten. Von der atlantischen Zeit an wirkten dann noch diejenigen Wesenheiten auf den Menschen ein, welche unter der Führung des Ahriman standen. So hat der Mensch in seinen früheren Inkarnationen die Einflüsse der beiden Mächte auf sich erfahren, die wir als die luziferischen und die ahrimanischen Wesenheiten bezeichnen. Hätten diese Wesenheiten nicht auf den Menschen gewirkt, so hätte sich der Mensch nicht die Freiheit, nicht die Gabe der Unterscheidung zwischen Gut und Böse und nicht die freie Willensbestimmung erwerben können. Von einem höheren Gesichtspunkte aus angesehen, ist es auch gut, daß diese Einflüsse so auf den Menschen gewirkt haben; aber in gewisser Beziehung haben sie auch den Menschen aus den göttlich-geistigen Höhen wieder weiter in das sinnliche Dasein heruntergeführt, als er sonst heruntergestiegen wäre. Dadurch hat der Mensch – so konnte sich der große Buddha sagen – gewisse Einflüsse in sich, die heute in ihm sind und die Erbstücke der Einwirkung Luzifers auf der einen Seite und Ahrimans auf der anderen Seite sind. Die sind ihm aus den früheren Inkarnationen geblieben, die trägt er in sich.

Als der Mensch noch vermöge seiner alten dumpfen Hellsichtigkeit in die geistige Welt hineinblicken konnte, da sah er die Einflüsse Luzifers und Ahrimans und konnte genau unterscheiden: hierher kommt ein Einfluß Luzifers, hierher kommt ein Einfluß Ahrimans. Und indem er hineinblickte in die astralische Welt und die luziferischen und ahrimanischen schädlichen Einflüsse wahrnahm, konnte er sich darüber Rechenschaft geben und sich vor ihnen schützen. Er wußte auch, wie er mit diesen Wesenheiten in Berührung gekommen ist. Es gab eine Zeit – so sagte sich Buddha –, in welcher die Menschen gewußt haben, woher diese Einflüsse kommen, die sie seit alten Zeiten von Inkarnation zu Inkarnation in sich tragen. Aber mit dem alten Hellsehen ist das Wissen von diesen Mächten verlorengegangen, und da die Menschen die Hellsichtigkeit verloren hatten, so ist auch das Nichtwissen von dem eingetreten, was auf ihre Seele von Inkarnation zu Inkarnation eingewirkt hat. An die Stelle des früheren hellseherischen Wissens ist das Nichtwissen getreten. Dunkelheit breitet sich über den Menschen aus. Er kann nicht erkennen, woher diese Einflüsse von Luzifer und Ahriman kommen, aber er trägt sie in sich. Er trägt etwas in sich, worüber er nichts weiß. Es wäre natürlich einfältig, die Realität und Wirksamkeit dessen abzuleugnen, was da ist, auch wenn man nichts davon weiß. Im Menschen wirken die Einflüsse, die sich in ihn hineinbegeben haben von Inkarnation zu Inkarnation. Sie sind da und wirken das ganze Leben hindurch; nur weiß der Mensch nichts davon. – So sagte sich der große Buddha.

Wie wirken diese Einflüsse in dem Menschen? Wenn der Mensch sie auch nicht erkennen kann, er fühlt sie, er spürt sie; es ist eine Kraft in ihm, die der Ausdruck dessen ist, was also von Inkarnation zu Inkarnation sich fortgelebt hat und hinaufgestiegen ist bis zum gegenwärtigen Dasein. Was die Kräfte darstellen, deren eigene Natur der Mensch nicht erkennen kann, das ist die Begierde nach äußerem Leben, die Begierde, in der Welt wahrzunehmen, der Durst nach Leben, das Verlangen nach Leben. So wirken die alten luziferischen und die ahrimanischen Einflüsse im Menschen als der Durst nach Dasein, als die Begierde nach Dasein. Und dieser Durst nach Dasein geht von Inkarnation zu Inkarnation weiter. – Das ist es, was der große Buddha sagte; nur stellte er für seine intimeren Schüler genauer dar, worum es sich handelte.

Wie er darstellte, was er so empfand, das kann man nur verstehen, wenn man eine gewisse Vorbereitung durch die Theosophie schon durchgemacht hat. Wir wissen ja: Wenn der Mensch stirbt, in dem Moment, da der Tod eintritt, verlassen sein Ich, sein astralischer Leib und sein Ätherleib den physischen Leib. Dann hat der Mensch eine Zeit hindurch jenes große Erinnerungstableau an das letzte Leben, das ihm wie in einem gewaltigen Bilde entgegentritt. Dann wissen wir, daß das Hauptglied des Ätherleibes wie ein zweiter Leichnam abgeworfen wird und daß etwas zurückbleibt wie ein Extrakt, wie eine Essenz des Ätherleibes. Diesen Extrakt nimmt der Mensch mit durch die Kamaloka- und Devachanzeit und bringt ihn wieder zurück in das nächste Dasein. Während aber der Mensch in Kamaloka ist, schreibt sich in diesen Lebensextrakt alles ein, was der Mensch an Taten erlebt hat, alles, was in bezug auf das menschliche Karma wirkt, wofür er einen Ausgleich zu schaffen hat. Das alles verbindet sich in einer gewissen Weise mit diesem Extrakt aus dem Ätherleibe, der sich von einer Inkarnation zu der anderen hinzieht. Alles, was der Mensch aus einer Inkarnation in die andere trägt, ist in diesem Extrakt des Ätherleibes darinnen, und das bringt sich der Mensch wieder mit, wenn er wieder durch die Geburt ins Dasein tritt. – Die orientalische Literatur ist gewohnt geworden, das, was wir Ätherleib nennen, als Linga sharira zu bezeichnen. So ist es also ein Extrakt aus Linga sharira, was der Mensch von Inkarnation zu Inkarnation mitnimmt.

Nun konnte Buddha sagen: Seht einmal hin auf den Menschen, der geboren ist. Er bringt sich mit in seinem Linga sharira das, was sich aus den früheren Inkarnationen abgeladen hat; da ist es eingeschrieben. In diesem Linga sharira sitzt alles das, wovon der Mensch in dem gegenwärtigen Menschheitszyklus nichts weiß, worüber sich die Dunkelheit des Nichtwissens breitet, was sich aber geltend macht, indem der Mensch ins Dasein hereintritt, als der Durst nach Dasein, als die Begierde zum Leben. In dem, was man Begierde zum Leben nennt, sah der Buddha alles das, was aus früheren Inkarnationen stammt und was den Menschen treibt zu der Sucht, die Welt zu genießen, nicht nur als ein Wanderer durch die Farben- und Tonwelt und durch die Welt der anderen Eindrücke hinzuwandern, sondern diese Welt zu begehren. Das ist es, was aus den früheren Inkarnationen her als eine Tendenz, als eine Kraft in dem Menschen ist. Diese Kraft bezeichnen die Schüler des Buddha als Samskara. So also sagte der Buddha zu seinen intimen Schülern: Was für den gegenwärtigen Menschen charakteristisch ist, das ist das Nichtwissen über etwas Wichtiges, was in ihm selber vorhanden ist. Dieses Nichtwissen verwandelt das, was dem Menschen sonst entgegentreten würde als von den luziferischen und ahrimanischen Wesenheiten herrührend und zu dem er sich sonst in ein Verhältnis setzen könnte, in den Durst nach Dasein, in alle die in ihm schlummernden Kräfte, die dunkel im Menschen wühlen aus früheren Inkarnationen herüber. Das bezeichnete man unter dem Einfluß des großen Buddha als das Samskara. Und es bildet sich aus diesem Samskara heraus, was nun im Menschen sein gegenwärtiges Denken ist und was bewirkt, daß der Mensch in dem gegenwärtigen Menschheitszyklus nicht ohne weiteres objektiv denken kann.

Merken Sie wohl, was für einen feinen Unterschied der Buddha seinen Schülern klarmachte: den Unterschied zwischen dem objektiven Denken, das nur die Sache im Auge hat, und demjenigen Denken, welches unter dem Einfluß der Kräfte steht, die aus dem Linga sharira stammen. Denken Sie darüber nach, wieviel Sie sich über die Dinge als Ihre Meinungen aneignen; fragen Sie sich aber, wieviel Sie sich von diesen Meinungen deshalb aneignen, weil sie Ihnen gefallen, und wieviel deshalb, weil Sie die Dinge objektiv betrachten! Alles, was man als Wahrheit sich aneignet, nicht weil man objektiv über eine Sache denkt, sondern weil man die alten Neigungen aus früheren Inkarnationen mitgebracht hat, das alles bildet für Buddha ein «inneres Denkorgan». Dieses Denkorgan ist die Gesamtheit dessen, was der Mensch denkt, weil er in früheren Inkarnationen diese oder jene Erlebnisse hatte, welche als Rückstände in seinem Linga sharira geblieben sind. Also eine Art von innerem Denkorgan, das durch die Gesamtheit des Samskara gebildet wird, sah der Buddha im Innern des Menschen. Und nun sagte er: Erst diese Denksubstanz bildet aus dem gegenwärtigen Menschen das, was man seine gegenwärtige Individualität nennt, – im Buddhismus «Name und Form» oder Namarupa. Es ist dasselbe, was von einer andern philosophischen Richtung Ahamkara genannt wird.

So etwa sagte der Buddha zu seinen Schülern: Als die Menschen in uralten Zeiten noch Hellsichtigkeit hatten und hineinschauten in die Welt, die hinter dem physischen Dasein liegt, da sahen sie in einer gewissen Weise alle dasselbe, denn die objektive Welt ist für alle gleich. Als aber das Nichtwissen sich über die Welt als Dunkelheit breitete, da brachte sich ein jeder individuelle Anlagen mit, die ihn von dem anderen unterschieden. Das machte ihn zu einem Wesen, das man am besten bezeichnet als ein Wesen mit dieser oder jener «Form» der Seele; jeder hatte einen bestimmten «Namen», der ihn von dem anderen unterschied, ein Ahamkara.

Dasjenige nun, was also erzeugt ist im Innern des Menschen unter der Wirkung dessen, was er sich aus den früheren Inkarnationen mitgebracht hat, was «Name und Form», was die Individualität gebildet hat, das bildet in ihm nun von innen heraus Manas und die fünf Sinnesorgane, die sogenannten sechs Organe. – Wohlgemerkt, der Buddha sagte nicht: Das Auge ist bloß von dem Innern heraus gebildet –, sondern er sagte: Dem Auge ist etwas eingegliedert, was im Linga sharira war und mitgebracht ist aus den früheren Daseinsstufen. Daher sieht das Auge nicht rein; es würde anders in die Welt des äußeren Daseins sehen, wenn es nicht innerlich durchdrungen wäre von dem, was aus den früheren Daseinsstufen geblieben ist. Daher hört das Ohr nicht rein, sondern getrübt, abgetönt durch das, was aus früheren Daseinsstufen geblieben ist. Und das bewirkt, daß sich hineinmischt in alles das Verlangen, dieses oder jenes zu sehen, dieses oder jenes zu hören, in dieser oder jener Weise zu schmecken oder wahrzunehmen. So schleicht sich in alles, was dem Menschen in dem gegenwärtigen Zyklus entgegentritt, dasjenige hinein, was von früheren Inkarnationen geblieben ist als das «Verlangen».

Würde sich dieses Verlangen aus den früheren Inkarnationen nicht hineinschleichen – so etwa sagte der Buddha –, so würde der Mensch hinausschauen in die Welt gleichsam wie ein göttliches Wesen, würde die Welt auf sich wirken lassen und nie mehr verlangen, nie mehr begehren als das, was ihm wird. Er würde mit seinem Wissen nicht mehr hinausgehen über das, was ihm beschert ist durch die göttlichen Mächte; er würde keinen Unterschied machen zwischen sich und der äußeren Welt und würde sich wie ein Glied der äußeren Welt empfinden. Denn nur dadurch empfindet sich der Mensch als etwas, was von der übrigen Welt getrennt ist, weil er mehr haben will, anderes haben will, als ihm die übrige Welt an Genüssen freiwillig bietet. Dadurch tritt das Bewußtsein ihm in die Seele, daß er etwas anderes ist als die Welt. Würde er zufrieden sein mit dem, was in der Welt ist, so würde er sich nicht von ihr unterscheiden. Er würde sein eigenes Dasein sich fortsetzen fühlen in der äußeren Welt. Er würde nie kennen, was man Berührung mit der äußeren Welt nennt; er wäre nicht von ihr getrennt, könnte sich also auch nicht mit ihr berühren. Dadurch, daß diese «sechs Organe» gebildet wurden, entstand allmählich die «Berührung mit der Außenwelt» und durch die Berührung erst dasjenige, was man in unserem Leben die Empfindung nennt, und durch die Empfindung das «Haften an der Außenwelt». Dadurch aber, daß der Mensch an der Außenwelt zu haften sucht, entsteht Schmerz, Leid, Sorge, Kümmernis.

Das war es, was der Buddha seinen Schülern von dem inneren Menschen sagte, von einem inneren Menschen, der die Ursache davon ist, daß Schmerz und Leid, Kümmernis und Sorge in der Welt der Menschen ist. Es war eine feinsinnige, eine hohe Theorie, aber eine Theorie, die unmittelbar aus dem Leben hervorquoll, denn ein «Erleuchteter» hatte sie empfunden als eine tiefste Wahrheit über die gegenwärtige Menschheit. Dem, der durch Jahrtausende und aber Jahrtausende als Bodhisattva die Menschheit nach der Lehre des Mitleides und der Liebe geführt hatte, ihm war jetzt, als er zum Buddha geworden war, die eigentliche Natur des Leides in der gegenwärtigen Menschheit aus den Ursachen heraus aufgegangen. Daher konnte er sehen, warum die Menschen leiden, und so setzte er es seinen intimen Schülern auseinander.

Und als er so weit war, den Kern des Menschenseins für den gegenwärtigen Menschheitszyklus zu erleben, faßte er das alles zusammen in jener berühmten Predigt, durch welche er seine Wirksamkeit als Buddha eingeleitet hat, in der Predigt von Benares. Da lehrte er in einer populären Weise, was er seinen Schülern vorher in intimerer Weise mitgeteilt hatte: Wer die Ursachen dieses Menschendaseins erkennt, der weiß, daß das Leben, so wie es ist, Leiden enthalten muß, Schmerzen enthalten muß. Die erste Lehre, die ich euch zu geben habe, ist die Lehre von dem Leiden in der Welt. Die zweite Lehre ist die von den Ursachen des Leidens. Worinnen liegen diese Ursachen des Leidens? Sie liegen darinnen, daß sich in den Menschen hineinschleicht das Verlangen, der Durst nach Dasein aus dem, was ihm aus den früheren Inkarnationen geblieben ist. Durst nach Dasein ist die Ursache des Leidens. Die dritte Lehre ist diese: Wie wird das Leiden aus der Welt geschafft? Natürlich wird es dadurch aus der Welt geschafft, daß die Ursache aus der Welt geschafft wird, daß der Durst nach Dasein zum Verlöschen gebracht wird, wie er aus dem Nichtwissen hervorgeht. Denn die Menschen sind aus dem früheren hellsichtigen Wissen zu einem Nichtwissen übergegangen, und dieses Nichtwissen verdeckt ihnen die geistige Welt. Das Nichtwissen ist schuld an dem Durst nach Dasein. Und der Durst nach Dasein ist wiederum die Ursache von Leiden und Schmerzen, von Sorgen und Kümmernissen. Der Durst nach Dasein muß aus der Welt verschwinden, wenn Schmerz und Leid, Kümmernis und Sorge aus der Welt verschwinden sollen. Das alte Wissen ist aus der Welt geschwunden, die Menschen können sich nicht mehr der Organe ihres Ätherleibes bedienen. Aber ein neues Wissen ist dem Menschen möglich, dasjenige Wissen, welches sich der Mensch aneignet, wenn er sich ganz und gar in das versenkt, was ihm sein astralischer Leib geben kann durch seine tiefsten Kräfte, mit Hilfe dessen, was die äußeren Sinnesorgane in der äußeren physischen Welt zu beobachten gestatten. Was aber durch diese Beobachtung im Astralleib in seinen tiefsten Kräften angeregt wird, sich also durch Inanspruchnahme des physischen Leibes, nicht aber aus dieser Inanspruchnahme entwickelt, das allein kann dem Menschen zunächst helfen und ihm ein Wissen geben; denn dieses Wissen ist ihm zunächst beschert. – So etwa sagte der Buddha in seiner großen Weltantrittsrede.

Also, wollte er sagen, ich muß der Menschheit dasjenige Wissen vermitteln, das erreichbar ist durch die höchste Entfaltung der Kräfte des astralischen Leibes. Daher mußte der Buddha lehren, was der Mensch erlangen kann durch die gewaltige Vertiefung und Versenkung in die Kräfte des astralischen Leibes. Dadurch erlangt er ein Wissen, das ihm jetzt geziemt, das ihm jetzt ermöglicht ist, aber zugleich ein Wissen, das nichts zu tun hat mit den Einflüssen aus früheren Inkarnationen. Ein solches Wissen wollte der Buddha den Menschen geben, welches nichts zu tun hat mit dem, was dunkel und dem Nichtwissen preisgegeben in der Menschenseele als Samskara schlummert, ein Wissen, das man sich aneignen kann, wenn man alle Kräfte, die im astralischen Leibe sind, in einer Inkarnation wachruft.

Das ist die Ursache des Leidens in der Welt – sagte Buddha –, daß aus den früheren Inkarnationen etwas zurückgeblieben ist, über das der Mensch nichts weiß. Was er aus den früheren Inkarnationen hat, das ist die Ursache, weshalb sich bei ihm Nichtwissen über die Welt ausbreitet; das ist die Ursache beim Menschen für Leid und Schmerz, für Kümmernis und Sorge. Aber wenn er sich bewußt wird, was in seinem astralischen Leibe für Kräfte liegen, in die er hineindringen kann, dann kann er sich, wenn er will, ein Wissen aneignen, das unabhängig geblieben ist von allem Früheren, ein eigenes Wissen.

Dieses Wissen wollte der große Buddha den Menschen übermitteln. Und er übermittelte es ihnen in dem sogenannten achtgliedrigen Pfad. Darin will er diejenigen Kräfte angeben, welche der Mensch ausbilden soll, damit er im gegenwärtigen Menschheitszyklus zu einem solchen Wissen kommt, das unbeeinflußt ist von den immer wiederkehrenden Wiedergeburten. So hat der Buddha selbst durch die Kraft, die er erlangt hat, seine Seele erhoben zu dem, was man durch die intensivsten Kräfte des astralischen Leibes erlangen kann; und er wollte in dem achtgliedrigen Pfad der Menschheit den Weg vorzeichnen, wie sie zu einem von dem Samskara unbeeinflußten Wissen kommen kann. Er definierte es so:

Der Mensch kommt zu einem solchen Wissen über die Welt, wenn er sich eine richtige Meinung über die Dinge aneignet, eine Meinung, die nichts zu tun hat mit Sympathie oder Antipathie oder damit, daß er für sie eingenommen ist, sondern indem er versucht – rein nach dem, was sich ihm außen darbietet –, nach Kräften über ein jedes Ding die richtige Meinung zu gewinnen. Das ist das erste, die «richtige Meinung» über eine Sache.

Als zweites ist notwendig, daß man unabhängig werde von dem, was aus den früheren Inkarnationen zurückgeblieben ist, daß wir uns bestreben, nach unserer richtigen Meinung auch zu urteilen, nicht nach irgendwelchen anderen Einflüssen, sondern nur nach dem, was unsere richtige Meinung von einer Sache ist. Also das «richtige Urteilen» ist das zweite, um was es sich handelt.

Das dritte ist, daß wir uns bestreben, wenn wir uns der Welt mitteilen, das auch richtig auszudrücken, was wir mitteilen wollen, was wir richtig meinen und richtig geurteilt haben, daß wir in unsere Worte nichts anderes hineinlegen, als was unsere Meinung ist, und zwar nicht nur in unsere Worte, sondern in alle Äußerungen der menschlichen Wesenheit. Das ist das «richtige Wort» im Sinne Buddhas.

Als viertes ist notwendig, daß wir uns bestreben, nicht nach unseren Sympathien und Antipathien, nicht nach dem, was dunkel in uns wühlt als Samskara, unsere Taten auszuführen, sondern daß wir dasjenige zur Tat werden lassen, was wir als unsere richtige Meinung, als unser richtiges Urteilen und als richtiges Wort erfaßt haben. Das ist also die richtige Tat, die «richtige Handlungsweise».

Das fünfte, was der Mensch braucht, um sich frei zu machen von dem, was in ihm lebt, das ist, den richtigen Stand, die richtige Lage in der Welt zu gewinnen. Was Buddha damit meinte, können wir uns am besten klarmachen, wenn wir uns sagen: Es gibt so viele Menschen, die mit ihrer Aufgabe in der Welt unzufrieden sind, die meinen, sie könnten besser an diesem oder jenem Platze stehen. Aber der Mensch sollte die Möglichkeit gewinnen, aus der Lage, in die er hineingeboren ist oder in die ihn das Schicksal hineingebracht hat, das Beste herauszuholen, was er herausholen kann, also den besten Standort gewinnen. Wer nicht Befriedigung fühlt in seiner Lage, in der er ist, der wird auch nicht aus dieser Lage die Kraft herausziehen können, die ihn zum richtigen Wirken in der Welt bringt. Das nennt Buddha den «richtigen Standort» gewinnen.

Das sechste ist, daß wir immer mehr und mehr dafür sorgen, daß dasjenige, was wir uns so aneignen durch richtige Meinung, richtiges Urteilen und so weiter, in uns zur Gewohnheit werde. Werden wir in die Welt hineingeboren, so haben wir gewisse Gewohnheiten. Das Kind zeigt diese oder jene Neigung oder Gewohnheit. Der Mensch aber sollte sich bestreben, nicht die Gewohnheiten zu behalten, die aus Samskara ihm kommen, sondern sich jene Gewohnheiten anzueignen, die aus der richtigen Meinung, dem richtigen Urteil, dem richtigen Wort und so weiter ihm nach und nach ganz zu eigen werden. Das sind die «richtigen Gewohnheiten», die wir uns aneignen sollen.

Das siebente ist, daß wir dadurch Ordnung in unser Leben bringen, daß wir nicht immer das Gestern vergessen, wenn wir heute handeln sollen. Wenn wir jedesmal alle unsere Geschicklichkeiten neu lernen müßten, dann würden wir nie etwas zustande bringen. Der Mensch muß versuchen, über alle Dinge seines Daseins ein Gedenken, ein Gedächtnis zu entwickeln. Er muß immer das verwerten, was er schon gelernt hat, muß die Gegenwart an die Vergangenheit anknüpfen. Also das «richtige Gedächtnis» – so ist es im buddhistischen Sinne gesprochen – hat sich der Mensch auf dem achtgliedrigen Pfade anzueignen.

Und das achte ist das, was der Mensch dadurch gewinnt, daß er ohne Vorliebe für diese oder jene Meinung, ohne daß er mitsprechen läßt, was ihm von früheren Inkarnationen geblieben ist, sich rein den Dingen hingibt, sich in sie versenkt und nur die Dinge zu sich sprechen läßt. Das ist die «richtige Beschaulichkeit».

Das ist der achtgliedrige Pfad, von dem Buddha seinen Bekennern sagte, daß seine Beachtung dahin führt, allmählich jenen leidbringenden Durst nach Dasein verlöschen zu lassen und der Seele etwas zu bringen, was sie befreit von alledem, was aus den verflossenen Leben kommt und sie zum Sklaven macht. Damit haben wir zugleich etwas von dem ganzen Geist und Ursprung des Buddhismus aufnehmen können. Damit wissen wir aber auch, was es für eine Bedeutung hatte, daß aus dem alten Bodhisattva ein Buddha geworden ist. Wir wissen, daß der alte Bodhisattva alles, was mit seiner Mission zusammenhängt, immer in die Menschheit hat einfließen lassen. Die Menschheit war in den alten Zeiten, bevor der Buddha in die Welt eingetreten ist, nicht imstande, irgendwie auch nur die inneren Kräfte so zu verwenden, daß ein richtiges Wort, ein richtiges Urteil von selbst eingetreten wäre. Dazu mußten Einflüsse von den geistigen Welten auf den Menschen herunterfließen. Die ließ der alte Bodhisattva herunterfließen. Daher war es ein Ereignis einziger Art, als dieser Bodhisattva zum Buddha wurde, der jetzt lehrte, was er in früheren Zeiten in die Menschheit hatte einfließen lassen, das heißt, daß er jetzt einen Leib in die Welt hineinstellte, der aus sich selbst heraus solche Kräfte in sich entwickeln konnte, die fruher nur von oben herunterfließen konnten. Als einen ersten Leib dieser Art hat sich der Buddha diesen Leib als Gautama Buddha in die Welt hineingestellt. Damit ist alles, was er früher herunterfließen ließ, einmal dagewesen in der Welt. So etwas aber hat eine große und weittragende Bedeutung für die ganze Erdenentwickelung, wenn das, was von Epoche zu Epoche in die Erde heruntergeflossen ist, einmal in einem Menschen da war, einmal leibhaftig in einem Menschen auf der Erde gewandelt ist. Denn jetzt bildet es eine Kraft, die auf alle Menschen übergehen kann. Und in dem Leibe des Gautama Buddha liegen die Ursachen für alle Zeiten, daß die Menschen bis in alle Zukunft hinein die Kräfte des achtgliedrigen Pfades in sich entwickeln können, so daß der achtgliedrige Pfad Eigentum eines jeden Menschen werden kann. Daß der Buddha da war, das gab den Menschen die Möglichkeit, richtig zu denken, und was nach dieser Richtung geschehen wird, bis die ganze Menschheit sich den achtgliedrigen Pfad angeeignet haben wird, das wird dem Buddha-Dasein verdankt. Was der Buddha in sich hatte, das hat er den Menschen zur geistigen Nahrung hingegeben.

Solche Dinge sieht gemeinhin heute noch keine äußere Wissenschaft. Aber solche großen Dinge aus dem Entwickelungsgange der Menschheit sagen uns oftmals die kindlichsten Märchen und Sagen. Das mußte ich ja schon verschiedentlich betonen, daß weiser und wissenschaftlicher als unsere objektive Wissenschaft oftmals die Märchen und Sagen sind. Die Tiefe der menschlichen Seele empfand immer etwas ganz Besonderes als Wahrheit bei einer solchen Wesenheit wie der eines Bodhisattva. Daß zuerst etwas herunterströmt, was dann nach und nach Eigentum der Menschenseele wird und was dann aus der Menschenseele gleichsam widerstrahlt in den Weltenraum hinaus, das empfanden die Menschen als etwas ganz Besonderes. Und diejenigen, welche das mehr oder weniger dunkel empfinden konnten, sagten sich: Wie die Strahlen der Sonne in den Himmelsraum scheinen, so strahlte einstmals die Kraft des Bodhisattva die Kräfte der Lehre von Mitleid und Liebe auf die Erde herunter, die Kräfte des achtgliedrigen Pfades; dann aber hat der Bodhisattva in einem Menschenleibe Wohnung aufgeschlagen, hat den Menschen hingegeben, was einst sein Eigentum war. Das lebt nun in der Menschheit und strahlt zurück in den Weltenraum, wie das Mondenlicht die

Sonnenstrahlen in den Weltenraum zurückstrahlt. – Das empfand man immer als etwas besonders Bedeutungsvolles da, wo man märchen- und sagenhaft eine solche Wahrheit ausdrückte. Daher wurde, um diese Wahrheit in bezug auf den Bodhisattva auszudrücken, in den Gegenden, in welchen er aufgetreten ist, ein merkwürdiges Märchen gebildet. Dieses große Ereignis wurde in die folgende einfache Erzählung gekleidet.

Da lebte einmal der Buddha als Hase, und es war eine Zeit, in welcher die verschiedensten anderen Wesen nach Nahrung suchten, aber alle Nahrung war aufgezehrt. Was der Hase selbst als Nahrung haben konnte, die Vegetabilien, war aber für die Wesenheiten, die Fleischfresser waren, nicht geeignet. Da beschloß der Hase, der eigentlich der Buddha war, als ein Brahmane kam, sich selbst zu opfern und sich als Nahrung hinzugeben. In diesem Augenblicke kam der Gott Shakra; der sah die gewaltige Tat des Hasen. Und ein Bergspalt öffnete sich und nahm den Hasen auf. Nun nahm der Gott eine Tinktur und zeichnete das Bild dieses Hasen auf den Mond. Und seit jener Zeit ist das Bild des Buddha als Hase im Monde zu sehen. – Im Abendlande spricht man nicht von dem Hasen im Monde, sondern von dem «Mann im Monde».

Aber noch deutlicher heißt es in einem kalmückischen Märchen: Im Monde lebt ein Hase, der dadurch einst hinaufgekommen ist, daß sich der Buddha geopfert hat und der Erdgeist selber das Bild des Hasen in den Mond gezeichnet hat. – Das drückt die große Wahrheit aus, wie der Bodhisattva zum Buddha geworden ist und wie sich der Buddha selbst hingegeben hat, wie er das, was sein Inhalt war, der Menschheit zur Nahrung gab, so daß es jetzt aus den Herzen der Menschen herausstrahlen kann in die Welt.

Von einer solchen Wesenheit wie dem Bodhisattva, der zum Buddha geworden ist, haben wir gesagt – und das ist die Lehre aller, die da wissen –: Wenn sie eine solche Stufe durchmacht wie die des Bodhisattva zum Buddha, dann ist das eine letzte Inkarnation auf der Erde, wo das ganze Wesen des Betreffenden aufgeht in einem menschlichen Leibe. Eine solche Inkarnation macht dann ein solches Wesen nicht mehr durch. Daher konnte der Buddha sagen, als er fühlte, was sein gegenwärtiges Dasein bedeutet: Dies ist die letzte der Verkörperungen, es gibt keine andere Verkörperung mehr auf der Erde. – Dennoch wäre es unrichtig, zu glauben, daß sich ein solches Wesen sodann ganz von dem Erdendasein zurückzieht. Es wirkt weiter herein in das Erdendasein. Es tritt zwar nicht unmittelbar in einen physischen Leib herein, aber es nimmt einen andern Leib an – sei er aus astralischer, sei er aus ätherischer Wesenheit gebildet – und wirkt so in die Welt herein. Und die Art, wie es hereinwirkt, nachdem es selbst seine letzte ihm gehörende Inkarnation durchgemacht hat, kann die folgende sein.

Ein gewöhnlicher Mensch, der aus physischem Leib, Ätherleib, Astralleib und Ich besteht, kann sozusagen von einem solchen Wesen durchdrungen werden. Es kann sich ein solches Wesen, das nicht mehr bis zu einem physischen Leibe heruntersteigt, aber noch einen astralischen Leib hat, hineingliedern in den astralischen Leib eines anderen Menschen. Dann wirkt es in einem solchen Erdenmenschen. Dann kann dieser Mensch eine wichtige Persönlichkeit werden, denn in ihm wirken jetzt die Kräfte einer solchen Wesenheit, welche schon ihre letzte Inkarnation auf der Erde durchgemacht hat. So verbindet sich eine solche astralische Wesenheit mit der astralischen Wesenheit irgendeines Menschen auf der Erde. In der kompliziertesten Art kann eine solche Verbindung geschehen. Als der Buddha in der Form der «himmlischen Heerscharen» den Hirten im Bilde erschien, da war er nicht in einem physischen Leibe, aber er war in einem astralischen Leibe. Einen Leib hatte er angenommen, durch den er doch hineinwirken konnte auf die Erde. Man unterscheidet daher bei einem solchen Wesen, welches nun ein Buddha geworden ist, einen dreifachen Leib:

Erstens denjenigen Leib, den es vor der Buddhaschaft hat, wo es von oben herunterwirkt als Bodhisattva, einen Leib, der nicht alles enthält, wodurch dies Wesen wirken kann; es steht noch in den Höhen oben und ist mit seiner früheren Mission verknüpft wie der frühere Bodhisattva im Buddha, bevor er diese Mission in die Buddha-Mission verwandelt hat. Solange ein solches Wesen in einem solchen Leibe ist, nennt man seinen Leib einen Dharmakaya.

Zweitens denjenigen Leib, den sich ein solches Wesen bildet, den es an sich hat, und in welchem es alles, was es in sich hat, im physischen Leibe zum Ausdruck bringt; diesen Leib nennt man den «Leib der Vollendung», Sambhogakaya.

Drittens denjenigen Leib, den ein solches Wesen annimmt, nachdem es durch die Vollendung durchgegangen ist und jetzt in der geschilderten Weise herunterwirken kann; diesen nennt man einen Nirmanakaya.

Wir können also sagen: Der Nirmanakaya des Buddha erschien den Hirten in der Form der Engelscharen. Da erstrahlte der Buddha in seinem Nirmanakaya und offenbarte sich auf diese Weise den Hirten. Er sollte aber noch weiter den Weg suchen, um in dieser wichtigen Zeit in die palästinensischen Ereignisse hineinzuwirken. Das geschah auf folgende Art.

Um das zu begreifen, müssen wir uns kurz in die Erinnerung zurückrufen, was wir aus den anthroposophischen Vorträgen vom Wesen des Menschen kennen. Wir wissen, daß wir in der Geisteswissenschaft mehrere «Geburten» unterscheiden. In dem, was man die physische Geburt nennt, streift der Mensch gleichsam die physische Mutterhülle ab. Mit dem siebenten Jahre streift er die ätherische Hülle ab, welche ihn bis dahin, bis zum Zahnwechsel, ebenso umgibt wie bis zur physischen Geburt die physische Mutterhülle; und mit der Geschlechtsreife, also in unserer heutigen Zeit im vierzehnten, fünfzehnten Jahre, streift der Mensch das ab, was er bis dahin wie eine astralische Hülle hat. Daher wird also des Menschen Ätherleib eigentlich erst mit dem siebenten Jahre als ein freier Leib nach außen geboren, und des Menschen astralischer Leib wird geboren mit der Geschlechtsreife; die äußere astralische Hülle wird dann abgestreift.

Fassen wir jetzt einmal das ins Auge, was da mit der Geschlechtsreife abgestreift wird. In denjenigen Gegenden, in welchen sich das palästinensische Ereignis abspielte, trat dieser Zeitpunkt etwas früher ein, unter normalen Verhältnissen mit dem zwölften Jahre; da wurde also die astralische Mutterhülle abgestreift. Im gewöhnlichen Leben wird diese Hülle abgestreift und der äußeren astralischen Welt übergeben. Bei demjenigen Kinde, das aus der priesterlichen Linie des davidischen Geschlechtes stammte, trat etwas anderes ein. Es wurde mit dem zwölften Jahre die astralische Hülle abgestreift; aber sie löste sich nicht in der allgemeinen astralischen Welt auf, sondern so, wie sie war als schützende astralische Hülle des jungen Knaben mit all den belebenden Kräften, die zwischen der Zeit des Zahnwechsels und der Geschlechtsreife hineingeflossen waren, strömte sie jetzt zusammen mit dem, was sich als der Nirmanakaya des Buddha heruntergesenkt hatte. Was in der Engelschar herunterscheinend erschienen ist, das vereinigte sich mit dem, was bei dem zwölfjährigen Jesusknaben als astralische Hülle sich loslöste, vereinigte sich mit all den jugendlichen Kräften, die einen jugendlich erhalten in der Zeit zwischen dem Zahnwechsel und der Geschlechtsreife. Der Nirmanakaya des Buddha, der das Jesuskind von der Geburt an überstrahlte, wurde eins mit dem, was sich von diesem Kinde bei der Geschlechtsreife als seine jugendliche astralische Mutterhülle loslöste; das nahm er auf, vereinigte sich damit und dadurch verjüngte er sich. Und durch diese Verjüngung war es möglich, daß dasjenige, was er früher der Welt gegeben hatte, jetzt wiedererscheinen konnte in dem Jesuskinde wie in einer kindlichen Einfalt. Damit hat dieses Kind die Möglichkeit aufgenommen, kindlich zu reden über die hohen Lehren vom Mitleid und der Liebe, die wir heute in dieser Komplikation dargestellt haben. Damals bei der Darstellung des Jesus im Tempel redete der Knabe deshalb so, daß seine Umgebung überrascht war, weil ihn umschwebte der Nirmanakaya des Buddha, aufgefrischt wie aus einem Jungbrunnen von der astralischen Mutterhülle des Knaben.

Das ist etwas, was der Geistesforscher wissen kann und was der Schreiber des Lukas-Evangeliums hineingeheimnißt hat in die merkwürdige Szene des zwölfjährigen Jesus im Tempel, wo er plötzlich ein anderer wird. Darum wird im Lukas-Evangelium der Buddhismus in einer für die kindlichste Einfalt verständlichen Weise gelehrt. Das müssen wir begreifen. Dann wissen wir, warum der Knabe nicht mehr so spricht, wie er früher gesprochen hat. So wie er früher gesprochen hat, so spricht jetzt um diese Zeit derjenige, der als der König Kanishka im alten Indien drüben eine Synode zusammenruft und dort den alten Buddhismus als orthodoxe Lehre verkündigen läßt. Aber der Buddha war inzwischen selber fortgeschritten. Er hatte die Kräfte der astralischen Mutterhülle des Jesuskindes aufgenommen, und dadurch ist er fähig geworden, in einer neuen Art zu sprechen zu den Gemütern der Menschen.

So enthält das Lukas-Evangelium den Buddhismus in einer neuen Gestalt wie aus einem Jungbrunnen heraus, und daher spricht es die Religion des Mitleides und der Liebe für die einfältigsten Gemüter in einer selbstverständlichen Form aus. Wir können es lesen. Das hat der Schreiber des Lukas-Evangeliums in dasselbe hineingeheimnißt. Es liegt aber noch mehr darinnen. Nur ein Teil dessen, was in dieser Szene der Darstellung im Tempel enthalten ist, konnte heute geschildert werden, und wir werden noch tiefer in die Untergründe dieses Geheimnisses hineinzuleuchten haben; dann wird uns auch noch ein Licht fallen auf die früheren wie auch auf die späteren Zeiten des Lebens des Jesus von Nazareth.

VIERTER VORTRAG

BASEL, 18. SEPTEMBER 1909

Die Tatsachen, welche den Evangelien zugrunde liegen, und namentlich dem Lukas-Evangelium, werden für die nächsten Tage immer subtiler werden. Daher bitte ich, diesmal mehr noch als sonst zu berücksichtigen, daß die Vorträge fortlaufend sind, daß der Inhalt wirklich von einem Vortrage zum anderen hinübergeht und daß man einen einzelnen Vortrag oder auch einige derselben nicht verstehen kann, wenn man sie nicht im Zusammenhange betrachtet mit den anderen Vorträgen. Insbesondere gilt das für den heutigen und den morgigen Vortrag; und auch dafür gilt es, daß Sie erst morgen sich fragen sollen, wie die verschiedenen Dinge, die da vorgebracht werden, mit dem zusammenhängen, was in anderen Vortragszyklen, dieses Thema bereits streifend, gesagt worden ist.

Wir haben gestern damit geschlossen, daß gesagt worden ist: Der Nirmanakaya des Buddha hat sich unserer Welt gezeigt in dem Momente, der durch das Lukas-Evangelium ausgedrückt wird als die Verkündigung an die Hirten. Und wir haben gestern angedeutet, daß jene Verjüngung der buddhistischen Weltanschauung, die in das Christentum eingeflossen ist und damit der Welt gegeben worden ist, dadurch zustande gekommen ist, daß jener astralische Mutterleib, der sich von dem sich entwickelnden Menschen mit der Geschlechtsreife trennt, der also verbunden war mit dem Kinde Jesus, aufgenommen worden ist von dem Nirmanakaya des Buddha, eins mit ihm geworden ist im zwölften Jahre des Jesus-Lebens. Daher haben wir es von diesem Augenblicke an nunmehr mit einer bestimmten Wesenheit zu tun, die eigentlich zusammengefügt ist aus dem Nirmanakaya, dem Geistleib des Buddha, und aus jenem astralischen Mutterleibe, der sich wie eine astralische Mutterhülle von dem bis zum zwölften Jahre herangewachsenen Jesuskinde losgelöst hat.

Nun müssen wir uns die folgende Frage vorlegen. Wenn im gewöhnlichen Leben bei der Entwickelung des Menschen dieser astralische Mutterleib sich loslöst, wenn der eigentliche astralische Leib des Menschen geboren wird, so wird dabei die astralische Mutterhülle aufgelöst in der allgemeinen astralischen Welt. So, wie das beim gewöhnlichen Menschen in unserm Entwickelungszyklus ist, wäre diese astralische Mutterhülle nicht brauchbar, um einer so hohen Wesenheit einverleibt zu werden, wie es der Buddha in seinem Nirmanakaya war. Es mußte also etwas ganz Besonderes mit dieser astralischen Mutterhülle vorliegen, die da abgestreift worden ist und durch ihre Verbindung mit dem Nirmanakaya des Buddha den ganzen Buddhismus verjüngt hat. Mit anderen Worten, es mußte in dem Jesuskinde eine ganz besondere Wesenheit enthalten sein; es mußte in diesem Leibe des Jesus inkarniert sein eine ganz besondere Wesenheit, damit von ihr in den ersten zwölf Jahren des Lebens jene Kräfte ausstrahlen konnten, die dann von der astralischen Mutterhülle aufgenommen wurden, damit diese jene verjüngenden Kräfte haben konnte, auf die wir gestern hindeuteten. Also nicht um eine gewöhnliche menschliche Wesenheit, sondern um eine ganz besondere Wesenheit mußte es sich handeln, die da von der Geburt bis zum zwölften Jahre in dem Jesuskinde heranwuchs und dann imstande war, in das, was abgestreift wurde, alle die Kräfte hinauszustrahlen, die jene Verjüngung bewirkt haben.

Wenn wir uns eine Vorstellung davon machen wollen, wie so etwas überhaupt sein kann, daß ein Kind ganz anders auf seine Hüllen wirkt, als es im normalen Zustande der Fall ist, so können wir uns zunächst nur vergleichsweise jener Tatsache nähern, die da vorliegt. Ich will Ihnen also durch einen Vergleich anschaulich machen, was eigentlich damals vorgegangen war.

Wenn wir ein Menschenleben verfolgen, wie es sich von der Geburt bis in die späteren Altersstufen hinauf entwickelt, bis zum zwanzigsten, dreißigsten, vierzigsten Jahre, wenn es normal verläuft, so können wir uns vor die Seele führen, wie die einzelnen

Kräfte, die in der Keimanlage und bei der Geburt erst veranlagt sind, nach und nach zum Vorschein kommen. Das Kind wächst physisch heran, das Kind wächst aber auch geistig heran. Nach und nach entwickeln sich seine Seelenkräfte. – Wie das geschieht, können Sie nachlesen in meiner Schrift «Die Erziehung des Kindes vom Gesichtspunkte der Geisteswissenschaft». – Versuchen Sie sich vor Augen zu führen, wie allmählich die Gemüts- und die intellektuellen Kräfte aus dem Kinde herauswachsen, wie mit dem siebenten, mit dem vierzehnten oder einundzwanzigsten Jahre diese oder jene Kräfte da sind, die früher nicht vorhanden waren, oder wie die vorhandenen in größerem Maßstabe da sind und so weiter. Versuchen Sie also sich vorzustellen, wie das im normalen Verlaufe des Menschenlebens geschieht, und denken Sie sich jetzt, wir wollten einmal einen «Lebensversuch» machen, wir wollten einem Menschen, der eben geboren wird, die Möglichkeit geben, sich nicht ganz so normal und durchschnittsgemäß zu entwickeln, wie es nun einmal in unserem Entwickelungszyklus der Fall ist und wie es im normalen Leben auch der Fall sein muß, sondern wir würden einem Menschen künstlich Gelegenheit geben, daß er das, was ein anderer normalerweise zum Beispiel vom zwölften bis achtzehnten Jahre lernt, mit einer gewissen Frische auffaßt, daß er es seiner Seele nicht so zu eigen macht, wie es gewöhnlich geschieht, sondern daß es die Seele mit einer besonderen Frische ergreift, so daß also die Seele sich das nicht in der Weise aneignet, wie es die anderen Menschen tun, sondern mit einer gewissen erfinderischen Kraft fortschaffend an den Dingen wirken kann. Und nehmen wir an, wir wollten künstlich diesen Menschen zu einem besonders produktiven machen. Wir dürften dann das Kind nicht so heranwachsen lassen, wie andere Kinder gewöhnlich heranwachsen.

Wir wollen also eine Art hypothetischen Lebensversuch machen. Ich bemerke aber ausdrücklich, daß dieses Beispiel nur hypothetisch gewählt ist und nicht etwa so gemeint ist, daß es auch gleich ausgeführt werden sollte; ich gebrauche es, um etwas vergleichsweise zu sagen, und es soll nicht als ein Erziehungsideal anempfohlen werden. – Also wir wollten einen Menschen zu einem besonders erfinderischen Geist machen, der die Denkfähigkeit nicht nur belebt, sondern der schöpferisch fortfahren kann, diese Fähigkeiten dann im Alter zu einer höheren Produktivität auszubilden. Dann müßten wir vor allen Dingen ein solches Kind von dem sechsten, siebenten Jahre an davor bewahren, daß es in derselben Weise lernt, wie andere Kinder lernen, daß es ja nicht dieselben Schulgegenstände zu lernen beginnt, wie es die anderen Kinder tun, sondern daß es von dieser Zeit an so wenig wie möglich von dem beigebracht erhält, was die anderen Kinder beigebracht erhalten. Wir müßten es bis zum zehnten, elften Jahre womöglich beim kindlichen Spiel erhalten und ihm möglichst wenig von Schulgegenständen beibringen, so daß es womöglich mit neun Jahren noch nicht addieren kann, mit acht Jahren vielleicht noch schlecht liest. Dann müßten wir mit allem, womit ein Kind sonst im sechsten, siebenten Jahre beginnt, erst im achten oder neunten Jahre beginnen. Da haben sich die Kräfte eines Menschen ganz anders entwickelt; da macht die Seele mit dem, was ihr beigebracht wird, etwas ganz anderes. Ein solches Kind würde sich dann die kindlichen Kräfte, die sonst durch den normalen Unterricht unterdrückt werden, bis zum zehnten, elften Jahre bewahren und würde dann mit einer viel feurigeren Seelenkraft über die Dinge kommen, die ihm gelehrt werden, und sie in einer ganz anderen Weise ergreifen. Dadurch würden seine Fähigkeiten zu besonders produktiven umgewandelt. Man müßte also ein Kind möglichst lange kindlich erhalten; dann würde der Hellseher bemerken, daß jene astralische Hülle, die sich bei der Geschlechtsreife loslöst, in der Tat ganz andere Kräfte hat, als es sonst der Fall ist, daß sie jugendliche, frische Kräfte hat. Und diese astralische Hülle würde dann brauchbar sein für eine solche Wesenheit wie in unserem Falle für den Nirmanakaya des Buddha. – Durch ein solches Experiment würde man nicht nur eine Verlängerung der Jugendzeit erreichen, sondern auch, daß gewisse kindliche, jugendliche Kräfte hineingehen in die astralische Mutterhülle und dann wieder in der Welt verwendet werden können, so daß ein Wesen, das aus geistigen Höhen heruntersteigt, sich von diesen Kräften nähren und sich verjüngen kann.

Dieses Experiment sollten die Menschen aber doch nicht machen. Es ist kein Erziehungsideal. Gewisse Dinge müssen die Menschen eben heute noch sozusagen den Göttern überlassen. Die Götter können es; die Menschen können es noch nicht richtig ausführen. Und wenn Sie irgendwo hören, daß irgendeine bestimmte Persönlichkeit, die auf einem bestimmten Gebiete befruchtend wirken sollte, sich lange Zeit unbegabt zeigte, lange Jahre hindurch für dumm gehalten wurde und daß ihr dann erst später der «Knopf aufgegangen» ist, dann haben die Götter dieses Experiment angestellt, haben die Kindlichkeit eines solchen Menschen über jene Jahre hinaus bewahrt und haben ihn für das, was man sonst im normalen Leben früher lernt, erst in einer späteren Lebenszeit fähig gemacht. Das wird sich besonders dann zeigen, wenn aufgeweckte Kinder leicht auffassen, was man ihnen erzählt, und wenn sie dann in die Schule kommen, dort eigentlich nichts lernen wollen. Da machen die Götter mit ihnen diesen Lebensversuch, von dem wir eben gesprochen haben.

Etwas Ähnliches, nur in einem unendlich weiteren Maßstabe, mußte bei jenem Kinde der Fall sein, das als der Jesus heranwuchs und das dann an den Nirmanakaya des Buddha eine so unendlich fruchtbare astralische Mutterhülle abgeben sollte. Und das war auch der Fall. Hier kommen wir zu einer geheimnisvollen Tatsache, der gegenüber es jedem freisteht, zu glauben oder nicht zu glauben, die aber heute vor den vorbereiteten Anthroposophen hingestellt werden kann und die auch geprüft werden kann. Prüfen Sie an allen den Tatsachen, die Ihnen im äußeren Evangelium oder in der äußeren Geschichte zur Verfügung stehen, und Sie werden alles bewahrheitet finden durch die äußeren Tatsachen des physischen Planes, wenn Sie nur richtig die Tatsachen heranziehen und nicht vorschnell urteilen wollen. Was der Okkultist sagt und was ja aus den höheren Welten heraus gegebene Tatsachen sind, das übergibt er wie ein Unterpfand an die Menschheit; und wenn er es aus den richtigen Quellen hat, dann sagt er: Ihr könnt es prüfen, so strenge, wie ihr wollt; ihr werdet es, wenn ihr es in der richtigen Weise prüft, überall bewahrheitet finden durch das, was ihr durch schriftliche Dokumente oder durch andere naturwissenschaftliche Tatsachen in der physischen Welt erfahren könnt. – Also, es mußte jenem Elternpaare, von dem im Lukas-Evangelium die Rede ist, ein Kind geboren werden, das ganz besonderer Art war, ein Kind, das Jugendkraft, das Kindheitskräfte von ganz besonderer Art schon mitbrachte und dieselben in der Stärke, in der es sie mitgebracht hat, frisch und gesund nach jeder Richtung erhielt. Das mußte geschehen.

Unter den gewöhnlichen Verhältnissen konnte sich nun kein Kind und auch kein Elternpaar finden, bei dem jene Kindheits- und Jugendkräfte in solcher Frische vorhanden gewesen wären, wie sie damals vorhanden sein mußten. Im ganzen weiten Umkreise der damaligen Menschheit hätte man, wenn man nur die normalen Verhältnisse in Betracht gezogen hätte, nirgends die Individualität und das Elternpaar finden können, die zu einer solchen Inkarnation notwendig gewesen wären, wenn nicht noch etwas ganz Besonderes möglich gewesen wäre. Was da möglich gewesen wäre, das können wir nur verstehen, wenn wir uns an mancherlei erinnern, was wir durch unsere anthroposophische Vorbereitung schon kennen.

Wir wissen, daß unsere heutige Menschheit durch verschiedene Epochen hindurch auf eine Urmenschheit zurückgeht, die wir als die Menschheit der alten atlantischen Zeit bezeichnen; und diese Menschheit geht wiederum zurück auf eine Menschheit, die wir als die Menschheit der lemurischen Zeit bezeichnen. Die Geisteswissenschaft kann uns ganz andere Tatsachen über den Entwickelungsgang der Menschheit aufzeigen als die äußere Naturwissenschaft, die nur an die sinnlichen Tatsachen sich hängen kann. Die Geisteswissenschaft zeigt uns, daß die Menschheit durchgegangen ist durch ein Stadium der griechisch-lateinischen Kulturentwickelung, dem voranging das ägyptisch-chaldäische, das urpersische und das altindische Kultursystem. Damit kommen wir zurück bis zu jener großen, gewaltigen Katastrophe, die einmal über unsere Erde dahingegangen ist und ihr Antlitz ganz verändert hat. Vorher war ein weit ausgebreiteter Kontinent in denjenigen Gegenden vorhanden, in denen heute der Atlantische Ozean sich ausdehnt: das war die alte Atlantis. Und in den Gegenden, welche heute von der europäischen, asiatischen und afrikanischen Menschheit bewohnt werden, war damals zum großen Teil noch Meeresgebiet. Durch jene große atlantische Katastrophe, die sich in dem Wasserelement der Erde abgespielt hat, änderte sich das Antlitz der Erde. Die Menschheit war vorher in der Atlantis drüben hauptsächlich ansässig. Dort entwickelte sie sich. Das waren Menschen, die anders als die heutigen Menschen organisiert waren. Das ist öfters beschrieben worden. Als dann die Zeit der atlantischen Katastrophe herannahte, da sahen die großen hellseherischen Führer und Priester der Menschheit das voraus, und sie lenkten daher die Menschen nach dem Osten, zum Teil auch nach dem Westen hinüber. Diejenigen, welche sie nach dem Westen hinüberleiteten, bildeten dort die Vorfahrenschaft der späteren amerikanischen Menschheit. So müssen wir die Vorfahren unserer Menschheit unter den alten Atlantiern suchen. – Diese Menschen, welche in der Atlantis wohnten, waren wieder die Nachkommenschaft noch früherer Menschen, die wieder ganz anders ausgesehen haben als die atlantischen Menschen; sie wohnten auf einem Kontinent zwischen dem heutigen Asien, Afrika und Australien, im alten Lemurien. Sie werden eine Darstellung bis ins einzelne in meiner demnächst erscheinenden «Geheimwissenschaft» finden; ich will von allem daher jetzt nur das herausheben, was ich brauche.

Wenn wir so durch die Akasha-Chronik bis in die ältesten Zeiten zurückblicken, so liefert uns merkwürdigerweise die Akasha-Chronik auch wunderbare Belege für alles, was wir sonst in der biblischen Urkunde finden, was wir überhaupt in den religiösen Urkunden finden. Wir lernen dann erst diese religiösen Urkunden in der richtigen Weise verstehen. Was war es zum Beispiel für die äußere Wissenschaft für eine Frage, ob es denn wirklich eine Wahrheit ist, was man in der Bibel liest über ein «einziges Menschenpaar», Adam und Eva, von dem die ganze Menschheit abstammen sollte! Das war eine Frage, die ganz besonders die Zeit der Mitte des neunzehnten Jahrhunderts vom naturwissenschaftlichen Standpunkte aus viel beschäftigt hat.

Wir wissen – wenn wir zusammenfassen, was uns die Akasha-Chronik sagt –, daß die Erde eine lange Vorzeit hat, daß auch der lemurischen Zeit eine andere Epoche vorangegangen ist. Wir wissen, daß die Erde die Wiederverkörperung anderer planetarischer Zustände ist, des alten Mondes, der alten Sonne und des alten Saturn. Wir wissen weiter, daß die Erde, wie sie sich nach und nach entwickelt hat, dazu berufen war, zu den drei Leibern, die sich der Mensch nach und nach während der früheren Verkörperungen der Erde herausgebildet hat – auf dem Saturn den physischen Leib, auf der Sonne den Ätherleib und auf dem Monde den astralischen Leib –, auf der Erde das Ich, das vierte Glied der menschlichen Wesenheit, hinzuzusetzen. Alles, was der lemurischen Zeit vorangegangen ist, war nur eine Vorbereitung dieser Erdenmission. Damals, in der lemurischen Zeit, gestaltete sich der Mensch so, daß er fähig wurde, das vierte Glied, die Ichheit, auszubilden. Damals fing der erste Keim sich zu bilden an, um in den drei Gliedern, die der Mensch sich allmählich erworben hatte, ein Ich auszubilden. Daher können wir sagen: Durch jene Veränderungen, die sich auf der Erde zugetragen haben, wurde auf den Menschen so gewirkt, daß er ein Ich-Träger werden konnte. Vor der lemurischen Zeit war die Erde auch bevölkert. Menschen waren auf der Erde in einer ganz anderen Form. Das aber waren Menschen, die noch keine Ich-Träger waren, die eigentlich nur das entwickelt hatten, was sie sich von Saturn, Sonne und Mond herübergebracht hatten als physischen Leib, Ätherleib und Astralleib;

und wir wissen, welches die Vorgänge im ganzen Weltall sind, die dazu geführt haben, daß der Mensch bis zu dieser Reife seiner Entwickelung gebracht wurde.

Wir wissen, daß die Erde im Beginne unserer jetzigen Entwickelung vereinigt war mit der Sonne und mit dem Monde, daß sich dann zunächst die Sonne abgetrennt hat und einen planetarischen Körper zurückgelassen hat, der die heutige Erde und den heutigen Mond zusammengefaßt hat. Wir wissen aber auch, daß, wenn die Erde mit dem Monde zusammengeblieben wäre, alles, was an Menschenwesen da war, verhärtet, mumifiziert worden wäre, in einen verholzten Zustand übergegangen wäre. Um das zu verhüten, mußte alles, was in dem Monde an Substanzen und Wesenheiten war, erst herausgestoßen werden. Dadurch wurde die Menschengestalt vor der Verhärtung gerettet, es wurde dem Menschen möglich, die jetzige Gestalt anzunehmen, und erst nach der Mondentrennung wurde ihm die Möglichkeit gegeben, ein Ich-Träger zu werden. Aber das alles ging nicht auf einmal vonstatten. Wir könnten sagen, es trennte sich erst die Sonne langsam von der Erde heraus. Es gab also, während der Mond noch in der Erde enthalten war, einen solchen Zustand, welcher die weitere Menschheitsentwickelung nicht gestattete. Die physische Materie wurde immer dichter und dichter, so daß der Mensch tatsächlich einen Anlauf zu einer Verhärtung nahm. Was damals Menschenseelen auf einer untergeordneten Stufe waren, das ging auch schon einen ähnlichen Weg wie heute die Menschenseele, ging auch durch Inkarnationen, durch aufeinanderfolgende Verkörperungen hindurch, wo also das Innere des Menschen die äußere Verkörperung verläßt, durch eine geistige Welt durchgeht, um in einer neuen Verkörperung wieder zu erscheinen.

Aber es trat, bevor der Mond aus der Erde herausgegangen war, etwas ganz Besonderes ein, sozusagen ein schwieriger Zustand für die Fortentwickelung der Erde trat ein. Es trat das ein, daß gewisse Menschenseelen, die ihren Leib verlassen hatten, in die geistige Welt hineingegangen waren und sich wiederum neu jetzt verkörpern wollten, jetzt unten eine Menschensubstanz vorfanden, die ihnen zu hart, zu verholzt war, so daß sie sich nicht verkörpern konnten. Es trat eine Zeit ein, in welcher die Seelen wieder auf die Erde herunterkommen wollten, aber keine Möglichkeit fanden, sich wiederum zu verkörpern, weil die Erdenleiber für sie nicht geeignet waren. Nur die stärksten Seelen konnten die mittlerweile verhärtete Materie und Substanz bezwingen, um sich auf der Erde zu verkörpern. Die anderen mußten wiederum in die geistige Welt zurück, konnten nicht hinunter. Solche Zeiten gab es vor der Mondentrennung. Aber immer weniger und weniger wurden jene starken Seelen, die imstande waren, die Materie zu bewältigen und die Erde zu bevölkern. Vor der lemurischen Zeit gab es also eine Zeit, in welcher die Erde im weitesten Umkreise verödete, wo die Menschen immer weniger und weniger auf der Erde wurden, weil die Seelen, welche herunter wollten, keine geeigneten Leiber fanden.

Was geschah nun mit diesen Seelen, welche keine Leiber finden konnten? Sie wurden entrückt nach den anderen Planeten, die sich inzwischen aus der gemeinsamen Substanz herausgebildet hatten. So gab es gewisse Seelen, die nach dem Saturn entrückt wurden, andere, die nach dem Jupiter, Mars, Venus oder Merkur entrückt wurden; so daß es eine Erdenzeit gab, in welcher nur die stärksten Seelen während des großen Erdenwinters auf die Erde kommen konnten. Die schwächeren Seelen mußten von den anderen zu unserem Sonnensystem gehörenden Planeten in Obhut genommen werden.

Während der lemurischen Epoche gab es in der Tat eine Zeit, von der man – wenigstens annähernd – sagen kann: Es war ein einziges Menschenpaar, ein Hauptpaar vorhanden, welches sich die Stärke behalten hatte, diese widerspenstige Menschensubstanz zu bezwingen und sich auf der Erde zu verkörpern, gleichsam durchzuhalten durch die ganze Erdenzeit. Das war aber auch die Zeit, als sich der Mond von der Erde trennte. Und durch diese Mondentrennung wurde es wieder möglich, daß sich die Menschensubstanz verfeinerte und sich wieder geeignet machte, Menschenseelen aufzunehmen, die schwächer waren, so daß die Nachkommen dieses einen Hauptpaares wieder in der Lage waren, in weicherer Substanz zu sein als diejenigen, welche vor der Mondentrennung gelebt hatten. Da kamen dann nach und nach alle die Seelen, welche nach dem Mars, Jupiter, Venus und so weiter hinauf entrückt waren, wieder auf die Erde zurück, und mit der Vermehrung der Menschen von dem einen Hauptpaare aus geschah das, daß die Seelen nach und nach aus dem Weltenraume auf die Erde zurückkehrten und sich als die Nachkommen des ersten Hauptpaares bildeten.

So bevölkerte sich die Erde wiederum. Und während der letzten lemurischen Zeit bis weit in die atlantische Zeit hinein kamen immer mehr Seelen herunter, die auf den anderen Planeten gewartet hatten, bis es auf der Erde wiederum Zeit sein würde, sich zu verkörpern. Dann stiegen sie wieder herunter in einen Erdenleib. Auf diese Art wurde die Erde wieder bevölkert. Und auf diese Art entstand jene atlantische Bevölkerung, welche geführt wurde von den atlantischen Eingeweihten in den atlantischen Orakeln. Diese atlantischen Orakel habe ich folgendermaßen charakterisiert.

Es gab große Führerstätten in der alten Atlantis. Sie waren so eingestellt, daß man die einen nennen konnte die Marsorakel, andere die Jupiterorakel, die Saturnorakel und so weiter. Solche verschiedene Orakelstätten gab es deshalb, weil die Menschen eben verschieden waren. Für jene Menschenseelen, die früher auf dem Mars gewartet hatten, mußte man Unterricht und Führerschaft schaffen in den Marsorakeln, für die, welche auf dem Jupiter gewartet hatten, in den Jupiterorakeln und so weiter. Nur wenige Auserlesene konnten in der atlantischen Zeit in dem zentralen, in dem großen Sonnenorakel unterwiesen werden. Das waren die, welche in der Nachkommenschaft jenem Hauptpaare am nächsten standen, das sich durch die Erdenkrisis durch erhalten hatte, jenem starken Stammpaar, das uns in der Bibel angedeutet wird unter dem Namen Adam und Eva. Da blicken wir in der Bibel hindurch auf etwas, was sich mit den Tatsachen der Akasha-Chronik deckt, so daß sich die Bibel auch dort bewahrheitet, wo sie scheinbar so Unwahrscheinliches bringt. Und an der Spitze des großen Orakels, das die Oberaufsicht über die übrigen hatte und das man das Sonnenorakel nennt, stand der größte der atlantischen Eingeweihten, der große Sonnen-Eingeweihte, der zu gleicher Zeit der Manu, der Führer der atlantischen Bevölkerung war. Er war derjenige, welcher sich, als die atlantische Katastrophe heranrückte, die Aufgabe zu stellen hatte, mit den Menschen, die er für brauchbar fand, hinüberzuziehen nach dem Osten und eine Ausgangsstätte zu begründen für die nachatlantische Kultur. Vor allem hatte aber dieser Eingeweihte unter den verschiedenen Menschen, die er unmittelbar um seine Person versammelte, immer auch solche, die möglichst unmittelbar von jenen Stammseelen abstammten, die den Erdenwinter überdauert hatten, die sozusagen die direkten Nachkommen waren von Adam und Eva, vom ersten Hauptpaare. Sie wurden insbesondere gehegt und gepflegt in der Umgebung des großen Eingeweihten des Sonnenorakels. Ihre ganze Unterweisung wurde so gelenkt und geleitet, daß man in den entsprechenden Zeitpunkten der Menschheitsentwickelung immer die Möglichkeit hatte, von der Stätte, welche der Eingeweihte des Sonnenorakels, der große Manu, leitete, die richtigen Einflüsse hinausfließen zu lassen.

Nehmen wir einmal an, es wäre zu irgendeinem Zeitpunkte der Menschheitsentwickelung notwendig geworden, daß eine Verjüngung der Kultur eintrat, daß sozusagen das, was die Menschheit eine Zeitlang als Tradition bewahrt hatte und was alt geworden war, einen neuen Einschlag erhielt, daß ein neues Kulturelement der Menschheit gegeben wurde. Zu diesem Ziele mußte unmittelbar in der Stätte des Eingeweihten des Sonnenorakels Vorsorge getroffen werden, und das wurde in der verschiedensten Weise getan.

In der ersten Zeit der nachatlantischen Kulturentwickelung wurden direkt Menschen, die dazu vorbereitet worden waren, da-

oder dorthin geschickt, um als Ergebnis ihrer sorgfältigen Erziehung das hinauszutragen, was gerade bei diesem oder jenem Volke gebraucht wurde. Immer wurde in dieser Orakelstätte, die sich in einer gewissen Gegend Asiens verborgen hatte, dafür gesorgt, daß die einzelnen Kulturen in der entsprechenden Weise beeinflußt werden konnten.

Dann aber, fünf bis sechs Jahrhunderte nach dem Auftreten des großen Buddha, war eine ganz besondere Zeit gekommen. Die Notwendigkeit war gekommen, den Buddhismus zu verjüngen. Was als eine alte, reife Weltanschauung, als eine Weltanschauung auf höchster Höhe durch den großen Buddha verkündet worden war, sollte durch einen Jungbrunnen durchgelenkt werden, so daß es in einer jugendfrischen Gestalt vor die Menschheit hintreten konnte. Ganz besondere Jugendkräfte mußten der Menschheit zugeführt werden. Diese Jugendkräfte waren eben nicht enthalten bei irgendeiner Individualität, die sonst draußen in der Welt gearbeitet hat.

Wer für die Welt wirkt, der nutzt seine Kräfte ab, und Abnutzen der Kräfte heißt eben alt werden. Wir könnten in der Zeit zurückgehen und würden finden, wie Kultur nach Kultur aufsteigt: erst die alte indische Kultur, darauf die urpersische, dann die ägyptisch-chaldäische und so weiter, und wir würden sehen, daß immer große, bedeutende Menschheitsführer da waren. Diese Menschheitsführer alle haben ihre besten Kräfte hingegeben, um das Menschengeschlecht vorwärtszubringen. Die großen heiligen Rishis haben ihre besten Kräfte hingegeben; Zarathustra, der Inaugurator der persischen Kultur, hat seine besten Kräfte hingegeben; Hermes, Moses und die Führer der chaldäischen Kultur, sie alle haben ihre besten Kräfte hingegeben. Sie alle waren in einer gewissen Beziehung durch das, was sie wirken konnten, die richtigen und besten Leiter und Lenker ihrer Zeiten. Nehmen wir irgendeine Persönlichkeit im alten Indien. Sie hatte sich immer wieder und wieder verkörpert, war in dieser oder jener Inkarnation wiedererschienen, in der persischen, in der ägyptisch-chaldäischen Kulturepoche, und indem sie wiedererschienen war, war ihre Seele immer älter geworden, immer reifer und reifer; sie hatte sich hinauferhoben zu immer reiferen Kräften, aber die frischen Jugendkräfte hatte sie verloren. Man kann heranreifen, kann Ungeheures leisten, wenn man eine alte Seele geworden ist, welche durch viele Inkarnationen hindurch an sich gearbeitet hat, aber die Seele ist eine alte Seele geworden. Man kann Großes lehren, viel leisten für die Menschheit, aber die Jugendfrische und die Jugendkraft mußte man notwendigerweise dareingeben, wenn man sich so hinaufentwickelt hatte.

Nehmen wir selbst einen Größten, der im Laufe der Menschheitsentwickelung gewirkt hat: Zarathustra. Er war es, der aus so großen Tiefen der spirituellen Welt heraus seiner Zeit die große Botschaft von dem Sonnengeiste bringen konnte, er war es, der seine Menschheit hinaufweisen konnte zu dem großen Geist, der später als der Christus erschien. Er war es, der da sagte: In der Sonne ist er enthalten, Ahura Mazdao; er wird sich der Erde nähern. Und er sprach von ihm große, bedeutsame Worte. Nur die tiefste spirituelle Erkenntnis, das große entwickelte Hellsehen des Zarathustra konnte jene Wesenheit schauen, von welcher die heiligen Rishis noch sagten, Vishva Karman liege jenseits ihrer Sphäre, jene Wesenheit, welche er, Zarathustra, Ahura Mazdao nannte und deren Bedeutung für die Menschheitsentwickelung er verkündete. Ein ungeheuer reifer Geist gehörte in die Zarathustra-Körperlichkeit hinein schon damals, als Zarathustra die urpersische Kultur begründete.

Wir können uns denken, daß diese Individualität durch ihre folgenden Inkarnationen immer höher gestiegen ist, immer reifer, immer älter geworden ist – und immer fähiger zu den größten Opfern für die Menschheit. Diejenigen von Ihnen, welche andere Vorträge von mir gehört haben, werden wissen, wie Zarathustra seinen Astralleib abgegeben hat, der später wieder auflebte in dem Führer der ägyptischen Kultur, in Hermes, und wie er seinen Ätherleib abgegeben hat an den Führer des althebräischen Volkes, an Moses. Das alles kann man nur tun, wenn man eine mächtig entwickelte Seele hat. Dann kann man eine so hoch entwickelte Individualität werden wie Zarathustra, der dann sechshundert Jahre vor unserer Zeitrechnung in der Zeit, als der Buddha in Indien gewirkt hat, in Chaldäa aufgetreten ist und als der große Lehrer Nazarathos oder Zarathas wirken konnte, der auch der Lehrer des Pythagoras war. Das alles konnte jene große Seele werden, die der Führer und Inaugurator der persischen Kultur war. Sie war bis zu diesem Punkte immer reifer und reifer geworden.

Aber was nun notwendig war, als der Buddhismus verjüngt werden sollte, das konnte, wie Sie aus alledem ersehen werden, diese Seele nicht. Sie konnte unmöglich ganz jugendfrische Kräfte abgeben, die sich gerade dadurch auszeichnen sollten, daß sie sich bis zur Geschlechtsreife in ihrer Kindheit entwickelten, damit sie dann an den Nirmanakaya des Buddha abgegeben werden konnten. Das hätte die Zarathustra-Wesenheit nimmermehr vermocht, gerade weil sie von Inkarnation zu Inkarnation so hoch gestiegen war, so weit aufgestiegen war. Deshalb wäre es ihr nicht möglich gewesen, sich in einem Kinde zu Beginn unserer Zeitrechnung so zu entwickeln, daß damit dasjenige möglich geworden wäre, was notwendig geworden war.

Wenn wir also unter all den Individualitäten, die sich damals entfaltet haben, Umschau halten, so finden wir nirgends einen Menschen, der jetzt geboren werden konnte, der die Kraft hatte, sich so zu entfalten, daß er im zwölften Jahre die jugendfrischen Kräfte abgeben konnte, die den Buddhismus verjüngen sollten. Wir haben gerade den Blick gelenkt auf die große, einzigartige Zarathustra-Individualität, um etwas Außerordentliches zu erwähnen, und wir können uns sagen: Auch die Zarathustra-Individualität war ungeeignet, um den Leib des Jesus bis zu der Zeit zu beleben, da die astralische Mutterhülle abgestreift wurde, damit diese sich mit dem Nirmanakaya des Buddha vereinigen konnte.

Woher also kam die große belebende Kraft des Jesusleibes? Sie kam aus der großen Mutterloge der Menschheit, die der große Sonnen-Eingeweihte, der Manu, lenkt. In das Kind, das dem Elternpaare geboren wurde, das im Lukas-Evangelium Joseph und Maria genannt wird, wurde hineingesenkt eine große individuelle Kraft, die gehegt und gepflegt worden war in der großen Mutterloge, in dem großen Sonnenorakel. Es wurde in dieses Kind hineingesenkt die beste, die stärkste jener Individualitäten. Welche Individualität?

Wenn wir die Individualität, die in das Kind Jesus damals hineinversenkt wurde, kennenlernen wollen, so müssen wir weit zurückgehen, bis in die Zeit vor dem luziferischen Einfluß auf die Menschheit, bevor sich in den Astralleib der Menschen der luziferische Einfluß hineinerstreckt hat. Dieser luziferische Einfluß kam an die Menschen heran in derselben Zeit, als das Urmenschenpaar, das menschliche Hauptpaar die Erde bevölkerte. Dieses menschliche Hauptpaar war zwar stark genug, um die Menschensubstanz sozusagen zu überwinden, so daß es sich verkörpern konnte, aber es war nicht stark genug, um dem luziferischen Einfluß Widerstand zu leisten. Der luziferische Einfluß kam heran, erstreckte seine Wirkungen auch in den astralischen Leib dieses Hauptpaares, und die Folge war, daß es unmöglich war, alle die Kräfte, die in Adam und Eva waren, auch herunterfließen zu lassen in die Nachkommen, durch das Blut der Nachkommen. Den physischen Leib mußte man durch alle die Geschlechter herunter sich fortpflanzen lassen, aber von dem Ätherleib behielt man in der Leitung der Menschheit etwas zurück. Das drückte man eben dadurch aus, daß man sagte: Die Menschen haben genossen von dem Baume der Erkenntnis des Guten und Bösen, das heißt, was von dem luziferischen Einfluß kam; aber es wurde auch gesagt: Jetzt müssen wir ihnen die Möglichkeit nehmen, auch zu genießen von dem Baume des Lebens! Das heißt, es wurde eine gewisse Summe von Kräften des Ätherleibes zurückbehalten. Die flossen jetzt nicht auf die Nachkommen herunter. Es war also in Adam eine gewisse Summe von Kräften, die ihm nach dem Sündenfalle genommen wurden. Dieser noch unschuldige Teil des Adam wurde aufbewahrt in der großen Mutterloge der Menschheit, wurde dort gehegt und gepflegt. Das war sozusagen die Adam-Seele, die noch nicht berührt war von der menschlichen Schuld, die noch nicht verstrickt war in das, wodurch die Menschen zu Fall gekommen sind. Diese Urkräfte der Adam-Individualität wurden aufbewahrt. Sie waren da, und sie wurden jetzt als «provisorisches Ich» dahin geleitet, wo dem Joseph und der Maria das Kind geboren wurde, und in den ersten Jahren hatte dieses Jesuskind die Kraft des ursprünglichen Stammvaters der Erdenmenschheit in sich.

Oh, diese Seele war sehr jung erhalten geblieben. Sie war nicht durchgeleitet worden durch die verschiedenen Inkarnationen, sie war zurückbehalten worden auf einer sehr weit zurückgebliebenen Stufe, wie wenn wir das Kind bei unserem hypothetischen Erziehungsversuche künstlich so zurückhalten. Wer also lebte auf in dem Kindlein, das dem Paare Joseph und Maria geboren war? Der Stammvater der Menschheit, der «alte Adam» als ein «neuer Adam». Das hat schon Paulus gewußt (1. Korinther 15, 45); das liegt in dem, was sich hinter seinen Worten verbirgt. Und das hat auch Lukas, der Schreiber des Lukas-Evangeliums, der ein Paulus-Schüler war, gewußt. Daher spricht Lukas davon in einer ganz besonderen Weise. Er wußte, daß etwas Besonderes notwendig war, um überhaupt diese Geistessubstanz herunterzuleiten auf die Menschheit, er wußte, daß eine Blutsverwandtschaft bis zu Adam hinauf notwendig war. Daher gibt er für den Joseph ein Geschlechtsregister, das bis hinauf zu Adam führt, der unmittelbar aus der geistigen Welt selbst hervorgeht, daher in der Redeweise des Lukas von Gott stammt, er ist ein «Sohn Gottes». Bis zu Gott hinauf wird bei Lukas die Geschlechterfolge gegeben (Lukas 3, 23-38).

Es verbirgt sich ein bedeutendes Mysterium gerade in dem, was wir das Geschlechtskapitel des Lukas nennen: daß gemeinsames Blut hinunterfließen mußte durch die Generationen und in ununterbrochener Folge bewahrt wurde bis zu dem spätesten Nachkommen, damit, wenn die Zeit erfüllt wäre, auch der Geist hinuntergeleitet werden könnte auf die Nachkommen. – So verband sich mit dem Leibe, der dem Joseph und der Maria geboren wurde, dieser unendlich jugendliche Geist, dieser von allen Erdenschicksalen unberührte Geist, diese junge Seele, deren Kräfte, wenn wir sie suchen wollten, im alten Lemurien gesucht werden mußten. Dieser Geist allein war stark genug, um ganz hineinzustrahlen in den astralischen Mutterleib und, als dieser abgestreift wurde, ihm die Kräfte zu überlassen, die er brauchte, um sich in fruchtbarer Weise mit dem Nirmanakaya des Buddha zu vereinigen.

Wir dürfen also fragen: Was schildert uns denn eigentlich das Lukas-Evangelium, indem es zu reden beginnt über den Jesus von Nazareth? Es schildert uns erstens einen Menschen, der in der Blutsverwandtschaft seinen physischen Leib hinaufleitete bis zu Adam, bis zu den Zeiten, in welchen innerhalb der Erdenverödung durch ein Hauptpaar auf der Erde die Menschheit gerettet worden ist. Und es schildert uns weiter, sich ganz auf den Gesichtspunkt der Wiederverkörperung stellend, die Wiederverkörperung einer Seele, die am längsten gewartet hatte vor ihren Wiederverkörperungen. Die Adam-Seele vor dem Sündenfall, die am längsten gewartet hatte, finden wir wieder in dem Jesusknaben. Wir dürfen also, so phantastisch es für die heutige Menschheit klingen wird, sagen, daß jene Individualität, welche durch die große Mutterloge der Menschheit hineingeleitet wurde in das Jesuskindlein, nicht nur abstammte von den physisch ältesten Geschlechtern der Menschheit, sondern sie ist auch die Wiederverkörperung des ersten Mitgliedes der Menschheit überhaupt. – Jetzt wissen wir, wer derjenige war, der da im Tempel dargestellt und dem Simeon gezeigt wurde, wer der «Sohn Gottes» war nach Lukas. Nicht von dem gegenwärtigen Menschen spricht er, sondern er bezeugt, daß dieser Mensch die Wiederverkörperung von dem ist, der früher da war, der als der alleräIteste Blutsstammvater aller der Geschlechter da war.

Wenn wir alles das zusammenfassen, so müssen wir jetzt das Folgende sagen. Es hat im fünften, sechsten Jahrhundert vor unserer Zeitrechnung in Indien der große Bodhisattva gelebt, der die Mission hatte, der Menschheit die Wahrheiten zu bringen, welche nach und nach innerhalb der Menschheit selbst geboren werden sollten. Die Anregung dazu hat er gegeben. Er ist dadurch damals zum Buddha geworden. Daher tritt er in einem ferneren Erdenleibe, der seiner Individualität vollständig entspricht, nicht wieder auf. Er erscheint aber wieder in dem Nirmanakaya, dem Leib der Verwandlungen, aber nur bis zur ätherisch-astralischen Welt. In der Form der Engelscharen sehen ihn da die Hirten, die für einen Moment hellsichtig werden, weil sie sehen sollen, was ihnen verkündet wird. Er neigt sich über das Kind, das dem Joseph und der Maria geboren wird. Und es hat einen Zweck, daß er sich gerade über dieses Kind neigt.

Was der große Buddha der Menschheit hat bringen können, das mußte in einer reifen Gestalt vorhanden sein; es ist schwierig zu verstehen, es steht auf bedeutenden Geisteshöhen. Damit es allgemein fruchtbar werden konnte, mußte in das, was sich der Buddha bis dahin erobert hatte, eine Kraft einfließen, die ganz jugendfrisch war. Er mußte diese Kraft aus der Erde heraufsaugen, indem er sich zu einem Menschenkinde herabneigte, von dem er alle die Jugendkräfte aus dem sich ablösenden astralischen Mutterleibe aufnehmen konnte. Dieser Mensch wurde ihm dadurch geboren, daß aus der Bluts-, aus der Generationsfolge ein Kind geboren wurde, das er, der es am besten wußte, zurückverfolgen konnte bis zu dem Stammvater der Menschheit, das er aber auch zurückführte bis zu der alt-jungen Seele der Menschheit während der lemurischen Zeit und das er aufzeigen konnte als den wiederverkörperten neuen Adam. Dieses Kind, das eine Seele hatte, welche die Mutterseele der Menschheit war, die jung erhalten worden war durch die Epochen hindurch, es lebte so, daß es alle frischen Kräfte hineinstrahlte in den astralischen Leib, der sich dann loslöste, hinaufstieg und sich mit dem Nirmanakaya des Buddha vereinigte.

Das sind aber nicht alle Tatsachen, durch die wir das wunderbare Mysterium von Palästina verstehen können, das ist nur eine

Seite. Wir verstehen jetzt, wer in Bethlehem geboren worden ist, nachdem von Nazareth Joseph und Maria dorthin gereist sind, und wer den Hirten verkündet worden ist. Aber das ist noch nicht alles. In der Zeit am Beginne unserer Zeitrechnung geschah so mancherlei Seltsames und Bedeutungsvolles, um das größte Ereignis der Menschheitsentwickelung zustande zu bringen. Um das verständlich zu machen, was allmählich zu diesem großen Ereignisse hinaufführte, müssen wir folgendes noch betrachten.

Es gab innerhalb des althebräischen Volkes das David-Geschlecht. Diejenigen, welche wir die «davidischen Geschlechter» nennen, leiteten sich alle auf ihren Stammvater David zurück. Sie können es nun aus der Bibel ersehen, daß David zwei Söhne hatte, Salomo und Nathan (2. Samuelis 5, 14). Zwei Geschlechterfolgen, die salomonische Linie und die nathanische Linie, stammen also von David ab. Wenn wir daher die Zwischenglieder unberücksichtigt lassen, können wir sagen: In der Zeit, als unsere Zeitrechnung beginnt, sind in Palästina vorhanden die Nachkommen sowohl der salomonischen Linie wie auch der nathanischen Linie des davidischen Geschlechtes. Und es lebt als ein Nachkomme aus derjenigen Linie, die wir die nathanische Linie des davidischen Geschlechtes nennen, ein Mann unter dem Namen Joseph in Nazareth. Er hat zu seiner Gemahlin eine Maria. Und es lebt ein Nachkomme der salomonischen Linie des David-Geschlechtes in Bethlehem, der auch Joseph heißt. Es ist nicht weiter wunderbar, daß da zwei Menschen leben aus dem Geschlechte Davids, welche beide Joseph heißen, und daß beide mit einer Maria, wie sie die Bibel nennt, vermählt sind. Wir haben also zwei Elternpaare im Beginne unserer Zeitrechnung in Palästina; beide tragen die Namen Joseph und Maria. Das eine Elternpaar führt seine Abkunft auf die salomonische Linie des Geschlechtes David zurück, das heißt auf die «königliche Linie»; das andere Elternpaar, dasjenige in Nazareth, führt seine Abkunft zurück auf die nathanische Linie, das heißt auf die «priesterliche Linie». Dieses letztere Elternpaar aus der nathanischen Linie nun hatte das Kind, das ich Ihnen gestern und heute geschildert habe. Und dieses Kind lieferte einen solchen astralischen Mutterleib, der hinaufgenommen werden konnte von dem Nirmanakaya des Buddha. Dieses Elternpaar aus der nathanischen Linie ging damals, als das Kind geboren werden sollte, von Nazareth nach Bethlehem – wie Lukas sagt – «zur Schätzung» (Lukas 2, 4-5). Das schildert uns das Geschlechtsregister des Lukas-Evangeliums.

Das andere Elternpaar, das gar nicht in Nazareth ursprünglich wohnte – man muß die Evangelien nur wörtlich nehmen –, lebte in Bethlehem, und das wird uns geschildert von dem Schreiber des Matthäus-Evangeliums (Matthäus 2, 1). Die Evangelien schildern immer die Wahrheit – man braucht gar nicht zu klügeln –, und die Menschen werden durch die Anthroposophie schon wieder dahin kommen, die Evangelien wörtlich zu nehmen. Diesem Elternpaar der salomonischen Linie wird ein Kind geboren, das auch Jesus heißt. Dieses Kind hat auch eine mächtige Individualität innerhalb seines Leibes. Aber dieses Kind hatte zuerst eine andere Aufgabe – die Weisheit der Welt ist tief –, dieses Kind sollte nicht dazu berufen sein, dem astralischen Mutterleibe die jugendfrischen Kräfte abzugeben, sondern es war dazu berufen, dasjenige der Menschheit zu bringen, was man nur bringen kann, wenn man eine reife Seele ist. Dieses Kind wurde durch alle Kräfte, die dabei in Betracht kamen, so gelenkt, daß es die Verkörperung jener Individualität sein konnte, die einstmals in Persien den Ahura Mazdao gelehrt hat, die einstmals ihren Astralleib abgeben konnte an Hermes und ihren Ätherleib an Moses und die wiedererschien als der große Lehrer des Pythagoras, als Zarathas oder Nazarathos, der große Lehrer im alten Chaldäa: es ist keine andere Individualität als die Zarathustra-Individualität. Die Ichheit des Zarathustra wurde wiederverkörpert in dem Kinde, von dem uns der Matthäus-Evangelist erzählt, daß es geboren wurde von einem Elternpaare Joseph und Maria, welches aus der königlichen Linie, aus der salomonischen Linie des davidischen Geschlechtes stammte und ursprünglich schon in Bethlehem wohnte.

So finden wir bei Matthäus den einen Teil der Wahrheit, bei Lukas den anderen Teil der Wahrheit. Wörtlich müssen wir beide nehmen, denn die Wahrheit der Welt ist kompliziert. Jetzt wissen wir, was geboren wurde aus der priesterlichen Linie des Hauses David. Jetzt wissen wir aber auch, daß aus der königlichen Linie jene Individualität geboren wurde, welche als Zarathustra einstmals in Persien gewirkt hat und dort die Magie des alten Perserreiches, die königliche Magie, begründet hat. So lebten nebeneinander die zwei Individualitäten: die junge Adam-Individualität in dem Kinde aus der priesterlichen Linie des Hauses David und die Zarathustra-Individualität in dem Kinde aus der königlichen Linie des Geschlechtes David.

Wie und warum das alles geschah, und wie die Entwickelung weitergelenkt wurde, davon morgen weiter.

FÜNFTER VORTRAG

BASEL, 19. SEPTEMBER 1909

Die großen Geistesströmungen der Menschheit, welche ihren Weg durch die Welt nehmen, haben alle ihre besondere Mission. Sie laufen nicht vereinzelt durch die Welt hin, sondern sie gehen nur durch gewisse Epochen hindurch getrennt; dann kreuzen sie sich in der mannigfaltigsten Weise und befruchten sich. Einen solchen großen, gewaltigen Zusammenfluß von Geistesströmungen der Menschheit sehen wir insbesondere in dem Ereignis von Palästina. Wir haben ja die Aufgabe, uns dieses Ereignis mit immer größerer Klarheit vor die Seele zu führen. Aber Weltanschauungen, wie sie ihren Weg nehmen, laufen nicht in der Art, daß sie, wie man es sich etwa abstrakt vorstellen könnte, gleichsam wie durch die Luft gehen und sich wie in einem Punkte vereinigen, sondern Weltanschauungen gehen durch Wesenheiten, durch Individualitäten. Wo eine Weltanschauung zuerst auftritt, muß sie getragen werden durch eine Individualität. Wo Geistesströmungen zusammenfließen und sich gegenseitig befruchten, da muß auch in denen, welche die Träger dieser Weltanschauungen sind, etwas ganz Besonderes vorgehen.

Es mag mancher in dem gestrigen Vortrage sehr kompliziert gefunden haben, wie die beiden großen Geistesströmungen des Buddhismus und des Zarathustrismus sich im Konkreten in dem Ereignisse von Palästina begegnen. Würden wir nur abstrakt sprechen und nicht konkret auf die Ereignisse losgehen, so brauchten wir nur zu zeigen, wie diese beiden Weltanschauungen sich verbinden. Als Anthroposophen haben wir aber die Aufgabe, sowohl auf jene Individualitäten hinzuweisen, welche die Träger der beiden Weltanschauungen waren, wie auch auf das, was in ihnen vorhanden ist; denn der Anthroposoph soll vom Abstrakten immer mehr ins Konkrete hineinkommen. So darf es Sie nicht wundern, daß da, wo so etwas Großes, Gewaltiges geschehen sollte, auch eine große äußere Komplikation der Tatsachen vorhanden war, daß nicht ohne weiteres der Zarathustrismus und der Buddhismus zusammenfließen konnten. Das mußte langsam und allmählich vorbereitet werden.

So sehen wir, wie der Buddhismus einströmte und wirkte in der Persönlichkeit, welche dem Joseph und der Maria aus der nathanischen Linie des Hauses David geboren wurde als das Kind, das uns durch das Lukas-Evangelium geschildert wird. Auf der anderen Seite haben wir, abstammend aus der salomonischen Linie des davidischen Geschlechtes, jenes Elternpaar Joseph und Maria mit dem Jesuskinde, das ursprünglich in Bethlehem wohnte und das uns der Schreiber des Matthäus-Evangeliums schildert. Dieser Jesusknabe aus der salomonischen Linie ist der Träger jener Individualität, die einst als Zarathustra die urpersische Kultur begründete. So haben wir am Ausgangspunkte unserer Zeitrechnung als tatsächliche Individualitäten nebeneinanderstehend die beiden Strömungen des Buddhismus auf der einen Seite, wie er uns zunächst im Lukas-Evangelium geschildert wird, und des Zarathustrismus auf der anderen Seite, wie er uns in dem Jesus aus der salomonischen Linie des Geschlechtes David durch Matthäus geschildert wird. Die Zeitpunkte der Geburten dieser beiden Knaben fallen nicht genau zusammen.

Ich muß natürlich heute etwas sagen, was in den Evangelien nicht steht; aber Sie werden gerade die Evangelien genauer verstehen, wenn Sie etwas aus der Akasha-Chronik erfahren, wovon die Evangelien zwar die Wirkungen und Folgen andeuten, was sie aber nicht selber erzählen konnten. Man muß festhalten, daß für alle Evangelien das gilt, was am Schlusse des Johannes-Evangeliums steht, «daß alle Bücher der Welt nicht ausreichen würden, um alle Tatsachen zu schildern, die zu schildern wären» (Johannes 21, 25). Und die Offenbarungen, die durch das Christentum der Menschheit geworden sind, sind ja auch nicht solche, welche einmal abgeschlossen und in Büchern geschrieben sind und damit als Ganzes in Buchform der Welt gegeben worden wären. Wahr ist das Wort «Ich bin bei euch alle Tage bis an der Welt Ende» (Matthäus 28, 20). Nicht als ein Toter, sondern als ein Lebendiger ist der Christus da, und was er uns zu geben hat, das können die, denen die geistigen Augen geöffnet sind, immer wieder von ihm erfahren. Das Christentum ist eine lebendige Geistesströmung, und seine Offenbarungen werden fortdauern, solange die Menschen imstande sind, die Offenbarungen aufzunehmen. So werden heute einige Tatsachen erwähnt werden, die sich in ihren Folgen in den Evangelien finden, die aber so nicht selbst darinnen stehen. Sie können sie aber durchaus an den äußeren Tatsachen prüfen, und Sie werden sie dann bewahrheitet finden.

Einige Monate voneinander geschieden also lagen die Geburten der beiden Jesusknaben. Aber sowohl der Jesus des Lukas-Evangeliums wie auch der Johannes waren doch um so viel später geboren, daß sie der sogenannte bethlehemitische Kindermord nicht treffen konnte. Denn haben Sie einmal darüber nachgedacht, daß diejenigen, welche von dem bethlehemitischen Kindermord lesen, sich doch fragen müßten: Warum konnten wir denn einen Johannes dann noch haben? – Aber die Tatsachen sind solche, daß Sie sie gegen alles bewahrheitet finden können. Denken Sie sich, daß der Jesus des Matthäus-Evangeliums nach Ägypten geführt wird von seinen Eltern und daß kurz vorher oder zu gleicher Zeit der Johannes geboren wird. Der bleibt nach der gewöhnlichen Anschauung in Palästina, wo ihn doch eigentlich das hätte treffen müssen, was Herodes verhängt hat. Er hätte also eigentlich durch die Mordtat des Herodes sterben müssen und nicht da sein können. Sie sehen, daß man über alle diese Dinge wirklich nachdenken muß. Denn wenn damals wirklich alle Kinder getötet worden sind, die in den ersten zwei Lebensjahren waren, so hätte der Johannes mitgetötet werden müssen. Sie werden es aber erklärlich finden, wenn Sie die Tatsachen der Akasha-Chronik nehmen und sich klar sind, daß die Geschehnisse des Matthäus-Evangeliums und des Lukas-Evangeliums nicht in die gleiche Zeit fallen, so daß die Geburt des nathanischen Jesus nicht mehr in die Zeit des bethlehemitischen

Kindermordes fällt. Und ebenso ist es mit dem Johannes. Obwohl nur Monate dazwischen sind, so genügen sie doch, um diese Tatsachen möglich zu machen.

Ebenso werden Sie aus den intimeren Tatsachen den Jesus des Matthäus-Evangeliums verstehen lernen. In diesem Knaben wird die Individualität wiederverkörpert, die wir als den Zarathustra der urpersischen Kultur kennengelernt haben. Wir wissen von diesem Zarathustra, daß er einst die große Lehre von dem Ahura Mazdao, dem großen Sonnenwesen, seinem persischen Volke gegeben hat. Wir wissen, daß wir uns dieses Sonnenwesen so vorzustellen haben, daß es der geistig-seelische Teil von dem ist, wovon uns die äußere physische Sonne den physischen Teil darstellt. Daher konnte Zarathustra sagen: Sehet nicht nur die physische Sonne strahlen, sondern sehet das gewaltige Wesen, das geistig ebenso seine wohltätigen Wirkungen herunterschickt, wie die physische Sonne ihre wohltätigen Wirkungen in Licht und Wärme sendet. – Ahura Mazdao, den man später mit anderen Worten den Christus nannte, den verkündete Zarathustra dem persischen Volke. Er verkündete ihn noch nicht als ein Wesen, das auf der Erde gewandelt ist; er konnte nur hinweisen zur Sonne und sagen: Da oben wohnt er; er nähert sich allmählich der Erde und wird einstmals in einem Leibe auf der Erde wohnen.

Hier kann uns auch der große, gewaltige Unterschied des Zarathustrismus und des Buddhismus aufgehen. Es ist ein tiefgehender Unterschied zwischen beiden, solange sie getrennt waren; und die Unterschiede gleichen sich aus in dem Momente, als sie durch die Ereignisse von Palästina zusammenfließen und wieder verjüngt werden.

Lenken wir noch einmal den Blick zurück auf das, was der Buddha der Welt zu geben hatte. Wir haben die Lehre des Buddha aufgezählt als den achtgliedrigen Pfad, als das, was die Menschenseele als ihren Inhalt aufzunehmen hat, wenn sie den schlimmen Wirkungen des Karma entgehen will. Was Buddha der Welt gab, war das, was die Menschen im Laufe der Zeit aus ihrer eigenen

Gesinnung und Moral zu entwickeln haben als Mitleid und Liebe. Ich habe Ihnen auch gesagt, daß in dem Augenblicke, als das Bodhisattva-Wesen in Buddha erschien, ein einzigartiger Zeitpunkt vorliegt. Wäre es damals nicht geschehen, daß der Bodhisattva vollständig in dem Leibe des großen Gautama Buddha erschienen wäre, dann hätte nicht in die eigene menschliche Seele aller Menschen dasjenige übergehen können, was wir Gesetzmäßigkeit, Dharma, nennen, die der Mensch aus sich selbst heraus nur entwickeln kann, wenn er seinen astralischen Inhalt aus sich heraussetzt, um sich zu befreien von allen schlimmen Wirkungen des Karma. Das wird uns auch in großartiger Weise in der Buddha-Legende angedeutet, indem gesagt wird, daß Buddha dahin gelangt, «das Rad des Gesetzes zu rollen». Das heißt, es ging wirklich von der Erleuchtung des Bodhisattva zum Buddha eine Stromwelle über die ganze Menschheit hin, und die Folge davon war, daß die Menschen jetzt aus ihrer eigenen Seele heraus Dharma entwickeln konnten und nach und nach sich hinaufschwingen können zu der ganzen Tiefe des achtgliedrigen Pfades. Dort liegt der Ursprung, als der Buddha zuerst die Lehre entwickelte, die eigentlich der moralischen Gesinnung der Erdenmenschen zugrunde zu legen war.

Das war die Aufgabe dieses Bodhisattva. Und wie die einzelnen Aufgaben auf die großen Individualitäten verteilt sind, das ersehen wir, wenn wir ursprünglich im Buddhismus groß und gewaltig alles finden, was der Mensch in seiner eigenen Seele als sein großes Ideal erleben kann. Das Ideal der menschlichen Seele, was der Mensch ist und sein kann, das ist der Inhalt der Predigt des Buddha. Aber das war auch genug für diese Individualität. Alles ist Innerlichkeit im Buddhismus, alles bezieht sich auf den Menschen und seine Entwickelung, und wir finden nichts im ursprünglichen, wirklichen Buddhismus von dem, was wir kosmologische Lehren nennen können, wenn sie auch später hineingetragen worden sind. Es muß ja alles zusammengegliedert werden. Aber die eigentliche Mission des Bodhisattva war diese: den Menschen die Lehre von der Innerlichkeit der ureigenen Seele zu bringen. So lehnt es der Buddha in gewissen Predigten sogar ab, über die kosmischen Zusammenhänge etwas Besonderes zu sagen. Alles wird so geprägt, daß die menschliche Seele, wenn sie die Lehre des Buddha auf sich wirken läßt, immer besser und besser werden kann. Der Mensch wird aufgefaßt als ein Wesen in sich; abgesehen wird von dem großen Mutterschoße des Universums, aus dem der Mensch hervorgegangen ist. Weil das die besondere Mission des Bodhisattva war, deshalb wirkt die Lehre des Buddha, wenn sie wahr erkannt wird, so warm und innerlich auf die menschliche Seele, und deshalb erscheint sie der menschlichen Seele, die sich mit ihr befassen will, so gefühlsmäßig durchdrungen, so innerlich warm da, wo sie, wiederum verjüngt, in dem Evangelium des Lukas auftritt.

Eine ganz andere Aufgabe hatte die Individualität, die als Zarathustra im alten persischen Volke inkarniert war, ganz die entgegengesetzte Aufgabe. Zarathustra lehrte, den Gott draußen, den großen Kosmos geistig zu begreifen und geistig zu durchdringen. Buddha lenkte den Blick auf die Innerlichkeit und sagte: Wenn sich der Mensch entwickelt, so treten aus dem Nichtwissen allmählich auf die «sechs Organe», die wir aufgezählt haben als die fünf Sinnesorgane und das Manas. – Alles aber, was im Menschen ist, ist aus der großen Welt herausgeboren. Wir hätten kein licht empfindendes Auge, wenn das Licht nicht das Auge aus dem Organismus herausgeboren hätte. «Das Auge ist am Lichte für das Licht geschaffen», sagt Goethe. Das ist eine tiefe Wahrheit. Aus gleichgültigen Organen, die einst im Menschenleibe waren, hat das Licht das Auge herausgebildet. Ebenso bilden alle geistigen Kräfte in der Welt am Menschen. Was in ihm innerlich ist, das ist zuerst aus den göttlich-geistigen Kräften zusammenorganisiert. Für alles Innerliche findet sich daher ein Äußerliches. Es strömen von außen die Kräfte in den Menschen ein, die dann in ihm sind. Und Zarathustra hatte die Aufgabe, auf das hinzuweisen, was Äußeres ist, was in der Umgebung des Menschen ist. Daher sprach er zum Beispiel von den Amshaspands, von den großen Genien, von denen er zunächst sechs aufzählte – eigentlich sind es zwölf, aber die anderen sechs sind verborgen. Diese Amshaspands wirken von außen organisierend als die Bildner und Gestalter der Organe des Menschen. Zarathustra zeigte, wie hinter den Sinnesorganen des Menschen die Schöpfer des Menschen stehen. Auf die großen Genien, auf die Kräfte, die wir außer uns finden, wies Zarathustra hin. Was als Kräfte im Menschen wirkt, was verborgene Kräfte im Menschen sind, darauf wies Buddha hin. Zarathustra aber wies dann auf diejenigen Kräfte und Wesenheiten, die unter den Amshaspands stehen, die er die achtundzwanzig Izards oder Izeds nannte, und die wieder von außen in den Menschen hineinwirken, um mit an seiner inneren Organisation zu arbeiten. Also wieder auf das Geistige im Kosmos, auf die äußeren Zusammenhänge wies Zarathustra hin. Und während der Buddha auf die eigentliche Denksubstanz hinwies, woraus die Gedanken aus der menschlichen Seele aufsteigen, wies Zarathustra zu den Farohars oder Feruers oder Frawarschai hin, zu den weitschöpferischen Gedanken, die uns umgeben, die überall in der Welt zerstreut sind. Denn was der Mensch an Gedanken hat, das ist überall in der Welt draußen vorhanden.

So hatte Zarathustra eine Weltanschauung zu verkünden, die sich mit der Entzifferung, mit der Zergliederung der äußeren Welt zu befassen hatte. Er hatte eine Weltanschauung für ein Volk zu liefern, das äußerlich Hand anzulegen, das die äußere Welt zu bearbeiten hatte. Ganz im Einklang ist die Mission des Zarathustra mit den Charaktereigentümlichkeiten des urpersischen Volkes. So könnten wir auch sagen, daß es dem Zarathustra beschieden war, Kraft und Tüchtigkeit in der äußeren Weltenwirkung heranzuerziehen, wenn dies auch zunächst in einer vielleicht für den heutigen Menschen abstoßenden Weise zum Ausdruck kam. Kraft und Tüchtigkeit und Sicherheit für das äußere Wirken zu erzeugen durch das Wissen, daß der Mensch nicht nur in seinem Innern geborgen ist, sondern daß er im Schoße einer göttlich-geistigen Welt ruht, das war die Mission des Zarathustra – hinzuweisen darauf, daß der Mensch sich sagt: Wo du auch immer im Weltall stehst, du stehst nicht allein, du stehst in einem durchgeistigten Kosmos und bist ein Teil der Weltengötter und Weltengeister, du bist herausgeboren aus dem Geiste und ruhst darinnen. Mit jedem Atemzuge saugst du göttlichen Geist ein, mit jedem Atemzuge magst du dem großen Geiste ein Opfer bringen, indem du ausatmest. – Daher mußte auch die Einweihung des Zarathustra entsprechend seiner Mission eine andere sein als die der anderen großen Missionare der Menschheit.

Erinnern wir uns nun, was jene Individualität tun durfte, die in Zarathustra inkarniert war. Sie stand auf einer solchen Höhe der Entwickelung, daß sie vorsorgen konnte für die nächste Kulturströmung nach der urpersischen, für die ägyptische Kultur. – Zwei Schüler hatte Zarathustra: diejenige Individualität, die später als der ägyptische Hermes wiedererschien, und jene, die später als Moses wiedererschien. Und als die beiden Individualitäten wieder in der Menschheit zu ihrem weiteren Wirken inkarniert wurden, da wurde der Astralleib des Zarathustra, den er als Opfer hingegeben hatte, dem Hermes eingegliedert. Eine Wiederverkörperung des Astralleibes des Zarathustra haben wir in dem ägyptischen Hermes zu sehen. Hermes trug in sich den Astralleib des Zarathustra, der ihm übergeben wurde, damit alles, was Zarathustra an äußerer Weltwissenschaft in sich aufgenommen hatte, in der äußeren Welt wiedererstehen konnte. Und es wurde an Moses der Ätherleib des Zarathustra übertragen; und weil mit dem Ätherleibe alles verknüpft ist, was sich in der Zeit entwickelt, so konnte Moses, als er sich der Geheimnisse seines Ätherleibes bewußt wurde, auferwecken die Vorgänge in der Zeit in großen, gewaltigen Bildern, wie sie uns in der Genesis entgegentreten. So wirkte Zarathustra durch die Gewalt seiner Individualität weiter, inaugurierend, influenzierend die ägyptische Kultur und das, was sich aus dieser bildete als die althebräische Kultur.

Eine solche Individualität ist zu Großem berufen auch durch ihr Ich. Das Ich des Zarathustra inkarnierte sich in anderen Persönlichkeiten immer wieder. Denn eine Individualität, die es so weit gebracht hat, kann sich immer wieder einen astralischen Leib heiligen und einen Ätherleib stark machen, auch wenn sie die ursprünglichen abgegeben hat. So wurde auch Zarathustra wiedergeboren und erschien wieder sechshundert Jahre vor unserer Zeitrechnung im alten Chaldäa als Zarathas oder Nazarathos, der der Lehrer der chaldäischen Geheimschule wie auch der Lehrer des Pythagoras wurde und große, gewaltige Einblicke in die äußere Welt gewinnen konnte. Wenn wir uns mit wahrem Verständnis in die Weisheit der Chaldäer hineinversetzen mit dem, was uns nicht die Anthropologie, sondern die Anthroposophie zu geben vermag, dann bekommen wir eine Ahnung davon, was Zarathustra als Zarathas in den Geheimschulen der alten Chaldäer lehren konnte.

Alles, was Zarathustra lehren und der Welt bringen konnte, das zielte, wie wir gesehen haben, auf die äußere Welt ab, um in die äußere Welt Ordnung und Harmonie zu bringen. Daher war auch die Kunst, Reiche zu bilden und zu organisieren, wie es dem Fortgange der Menschheit entspricht, und was die soziale Ordnung möglich macht, die Mission des Zarathustra. Und daher können diejenigen, die zu den Schülern des Zarathustra gehörten, mit Recht nicht nur große Magier, große Eingeweihte, sondern auch immer Könige genannt werden, das heißt solche, welche die Kunst der Herstellung äußerer sozialer Organisation und Ordnung kennen.

Eine ungeheure Anhänglichkeit entwickelte sich in den Schulen der Chaldäer zu der Individualität – nicht zu der Persönlichkeit – des Zarathustra. Sie fühlten sich verwandt, diese Weisen des Morgenlandes, mit ihrem großen Führer. Sie sahen in ihm den Stern der Menschheit, denn «Zoroaster» ist eine Umschreibung des Wortes «Goldstern» oder «Stern des Glanzes». Sie sahen in ihm einen Abglanz der Sonne selbst. Und aus ihrer tiefen Weisheit heraus konnte es ihnen nicht verborgen bleiben, als ihr Meister in Bethlehem wiedererschien. Da wurden sie durch ihren Stern geführt und brachten ihm die äußeren Zeichen für das Beste, was er den Menschen hatte geben können. Das Beste, was man einem Menschen aus der Zarathustra-Strömung geben konnte, war das Wissen von der äußeren Welt, von den Geheimnissen des Kosmos, aufgenommen in den menschlichen Astralleib, in Denken, Fühlen und Wollen, so daß die Zarathustra-Schüler ihr Denken, Fühlen und Wollen, die Kräfte ihrer Seele, durchsetzen wollten mit der Weisheit, die man einsaugen kann aus den tiefen Grundlagen der göttlich-geistigen Welt. Für dieses Wissen, das man sich durch die Einsaugung der äußeren Geheimnisse zu eigen machen kann, hatte man als Symbole Gold, Weihrauch und Myrrhen: Gold als Symbolum für das Denken, Weihrauch für die Frömmigkeit, für das, was uns als Fühlen durchdringt, und Myrrhen für die Kraft des Wollens. So zeigten sie ihre Zusammengehörigkeit mit ihrem Meister, als sie vor ihm erschienen, da er wiedergeboren wurde in Bethlehem. Daher erzählt uns der Schreiber des Matthäus-Evangeliums tatsächlich richtig, wie die Weisen, unter denen der Zarathustra gewirkt hatte, wußten, daß er wiedererschienen war unter den Menschen, und wie sie durch die drei Symbole – Gold, Weihrauch und Myrrhen –, die Symbole für das Beste, was er ihnen gegeben hat, ihre Verwandtschaft mit ihm ausdrückten (Matthäus 2, 11).

Es handelte sich nun darum, daß der Zarathustra in der Gestalt des Jesus aus der salomonischen Linie des davidischen Geschlechtes kraftvoll wirken konnte, um in einer verjüngten Gestalt alles der Menschheit wiederzugeben, was er ihr schon früher gegeben hatte. Er mußte dazu alle Kraft zusammenfassen, die er schon einmal besessen hatte. Daher konnte er auch zunächst nicht in einen Leib hineingeboren werden, der aus der priesterlichen Linie des Hauses David stammte, sondern nur in einen solchen aus der königlichen Linie. Damit ist im Matthäus-Evangelium ausgedrückt die Verwandtschaft des Königsnamens im alten Persien mit der Abstammung jenes Kindes, in das Zarathustra inkarniert wurde. Auf diese Geschehnisse haben auch die alten Weisheitsbücher Vorderasiens immer hingedeutet. Wer diese Weisheitsbücher wirklich versteht, der liest sie anders als jene, welche die Tatsachen nicht kennen und daher alles durcheinanderwerfen. Da haben wir zum Beispiel im Alten Testament zwei Prophezeiungen, eine in den Apokryphen des Henoch, die mehr hinweist auf den nathanischen Messias aus der priesterlichen Linie, und eine in den Psalmen, die hingeht auf den Messias aus der königlichen Linie. Alles einzelne, was in den Schriften gemeint ist, stimmt mit den Tatsachen, die wir aus der Akasha-Chronik gewinnen können, überein. Aber alles einzelne mußte der Zarathustra jetzt zusammennehmen, was einst an Kräften in ihm war. An die ägyptische und an die althebräische Kultur – an Hermes und an Moses – hatte er abgegeben, was in seinem Astralleibe und in seinem Ätherleibe war. Damit mußte er sich wieder vereinigen. Er mußte gleichsam wieder zurückholen die Kräfte seines Ätherleibes aus Ägypten. Ein tiefes Geheimnis tut sich da vor unseren Augen auf: der Jesus der salomonischen Linie des Hauses David, der der wiederverkörperte Zarathustra ist, muß nach Ägypten geführt werden; und er wird dahin geführt. Denn da sind die Kräfte, die seinem Astralleib und Ätherleib entströmt sind, die er abgegeben hat zuerst an Hermes und dann an Moses. Weil er auf die ägyptische Kultur gewirkt hatte, mußte er gleichsam wieder zurückholen die Kräfte, die er dahin abgegeben hatte. Deshalb die «Flucht nach Ägypten» und das, was geistig geschah, die Aufsaugung aller der Kräfte, die er jetzt brauchte, um kraftvoll der Menschheit in verjüngter Form das wiederzugeben, was er ihr in den verflossenen Zeiten gegeben hatte.

So sehen wir, wie der bethlehemitische Jesus, dessen Eltern also früher in Bethlehem ansässig waren, von Matthäus richtig geschildert wird. Nur Lukas erzählt, daß die Eltern seines Jesus in Nazareth ansässig waren, daß sie zur Schätzung nach Bethlehem gingen und daß in dieser kurzen Zeit der Jesus des Lukas dort geboren wurde, worauf dann die Eltern wieder nach Nazareth zurückgingen. Im Matthäus-Evangelium wird nur darauf hingewiesen, daß der Jesus in Bethlehem geboren wird und daß er nach Ägypten geführt werden muß. Erst nach der Rückkehr aus Ägypten siedeln sich seine Eltern in Nazareth an, um den Jesus, der der wiederverkörperte Zarathustra ist, in der Nähe dessen zu haben, der die andere Strömung, den Buddhismus darstellt. So werden im Konkreten die beiden Weltanschauungen zusammengeführt.

Wo die Evangelien ganz tief werden, da zeigen sie uns auch in aller Tiefe das, worum es sich handelt. Was bei den Menschen mehr zusammenhängt mit dem Wollen und der Kraft, mit dem königlichen Element – wenn wir den Ausdruck technisch gebrauchen –, von dem wußten die Menschen, welche die Geheimnisse des Daseins kannten, daß es in der äußeren Vererbung übertragen wird von dem väterlichen Element. Was aber zusammenhängt mit dem innerlichen Element, mit Weisheit und innerer Beweglichkeit des Geistes, das wird übertragen durch das mütterliche Element. Goethe, der so tief in die Geheimnisse des Daseins hineingeschaut hat, deutet uns diesen Zusammenhang in den Worten an:

Vom Vater hab' ich die Statur,
Des Lebens ernstes Führen,
Vom Mütterchen die Frohnatur
Und Lust zu fabulieren

– eine Wahrheit, die Sie so oft in der Welt bestätigt finden können. Die Statur, die äußere Gestalt, was sich in der äußeren Gestalt unmittelbar ausdrückt, und «des Lebens ernstes Führen», was mit dem Charakter des Ich zusammenhängt, das ererbt der Mensch von dem väterlichen Element. Deshalb mußte der salomonische Jesus vor allem von dem väterlichen Element die Kraft erben, weil es immer seine Mission war: die Überführung dessen in die Welt, was die Welt im Raume an göttlichen Kräften umstrahlt. Das drückt der Schreiber des Matthäus-Evangeliums so großartig aus, wie man es nur ausdrücken kann. Daß sich eine besondere Individualität verkörpern wird, das wird aus der geistigen Welt heraus als ein bedeutsames Ereignis verkündet, und es wird nicht der Maria, sondern dem Vater, dem Joseph, verkündet (Matthäus 1, 20-21). Hinter alledem verbergen sich die tiefsten Wahrheiten; nicht als Zufälliges darf man so etwas nehmen. – Auf den Jesus aus der nathanischen Linie gingen über die innerlichen Eigenschaften, die sich von der Mutter vererben. Daher mußte der Jesus des Lukas-Evangeliums der Mutter verkündet werden, und wir sehen auch im Lukas-Evangelium die Verkündigung an die Mutter geschehen (Lukas 1, 26-38). So tief drücken sich die Tatsachen in den religiösen Schriften aus. Aber gehen wir weiter.

Auch in all den anderen Tatsachen, die geschildert werden, drückt sich Bedeutsames aus. Zunächst soll der Vorläufer des Jesus von Nazareth in dem Täufer Johannes der Menschheit erstehen. Wir können uns erst im Laufe der Zeit näher auf die Individualität des Täufers einlassen. Nehmen wir ihn zunächst hin, wie er uns im Bilde entgegentritt, wie er vorherzuverkünden hat, was da kommen soll in dem Jesus. Er verkündet es, indem er mit einer unendlich starken Kraft alles zusammenfaßt, was im äußeren Gesetz, was in der alten Verkündigung lag. Daß die Menschen halten, was im Gesetz geschrieben steht, was alt geworden ist in der Kultur, was die Menschen aber vergessen haben, was reif ist, was die Menschen aber nicht mehr beachten, das will ihnen der Täufer bringen. Er muß daher vor allen Dingen die Kraft in sich haben, die eine Seele hat, die reif, überreif in die Welt hineingeboren wird. Er wird geboren von einem alten Elternpaare, wird so geboren, daß sein astralischer Leib von Anfang an gegenüber all den Kräften, die den Menschen herunterziehen, rein und geläutert ist, weil Leidenschaft und Begierde bei dem alten Elternpaar nicht mitwirken. Das ist wiederum eine tiefe Weisheit, die uns da im Lukas-Evangelium angedeutet wird (Lukas 1, 18). Für eine solche Individualität wird auch von der großen Mutterloge der Menschheit aus gesorgt. Da, wo der große Manu die Vorgänge im Geistigen lenkt und leitet, da werden die Ströme dahin gesendet, wo sie gebraucht werden. Ein solches Ich wie das Ich Johannes des Täufers wird hineingeboren in einen Leib unmittelbar unter der Lenkung und Leitung der großen Mutterloge der Menschheit, der Zentralstätte des irdischen Geisteslebens. Aus derselben Stätte stammte das Johannes-Ich, aus der auch das Seelenwesen für das Jesuskind des Lukas-Evangeliums stammte, nur daß dem Jesus mehr jene Eigenschaften übergeben wurden, die noch nicht durchdrungen waren von dem egoistisch gewordenen Ich, das heißt, eine junge Seele wird dorthin gelenkt, wo der wiedergeborene Adam inkarniert werden soll.

Es wird Ihnen sonderbar erscheinen, daß hier einmal von der großen Mutterloge aus an eine Stätte eine Seele hingelenkt werden konnte ohne ein eigentliches ausgebildetes Ich. Denn dasselbe Ich, das im Grunde genommen dem Jesus des Lukas-Evangeliums vorenthalten wird, das wird dem Körper Johannes des Täufers beschert, und dieses beides, was als Seelenwesen lebt im Jesus des Lukas-Evangeliums und was als Ich im Täufer Johannes lebt, das steht von Anfang an in einer innerlichen Beziehung. Wenn sich der menschliche Keim im mütterlichen Leibe entwickelt, dann vereinigt sich allerdings in der dritten Woche das Ich mit den anderen Gliedern der menschlichen Organisation. aber es kommt erst in den letzten Monaten vor der Geburt nach und nach zur Wirksamkeit. Da erst wird das Ich eine innerliche, bewegende Kraft. Denn in einem normalen Falle, wo das Ich in gewöhnlicher Weise wirkt, um den Menschenkeim zur Bewegung zu bringen, da haben wir es mit einem Ich zu tun, das aus früheren Inkarnationen herstammt und den menschlichen Keim zur Bewegung bringt. Hier aber, bei dem Johannes, haben wir es mit einem Ich zu tun, das in Zusammenhang steht mit der Seelenwesenheit des nathanischen Jesus. Daher muß sich im Lukas-Evangelium die Mutter des Jesus zu der Mutter des Täufers Johannes begeben, als diese im sechsten Monate der Schwangerschaft ist, und was sonst durch das eigene Ich angeregt wird in der eigenen Persönlichkeit, das wird hier angeregt durch die andere Leibesfrucht. Das Kind der Elisabeth beginnt sich zu bewegen, als sich ihm nähert die Frau, die das

Jesuskind in sich trägt; denn es ist das Ich, durch welches das Kind in der anderen Mutter angeregt wird (Lukas 1, 39-44). So tief ist der Zusammenhang zwischen demjenigen, der da wirken sollte zu dem Zusammenströmen der beiden Geistesströmungen, und dem, der ihn vorherverkünden sollte.

So sehen wir, wie im Beginne unserer Zeitrechnung in der Tat etwas vor sich geht, was außerordentlich großartig ist. Wenn die Menschen die Wahrheit gewöhnlich gern einfach haben möchten, so rührt das von der menschlichen Bequemlichkeit her, die sich nicht gerne viel Begriffe machen will; aber die größten Wahrheiten sind auch nur durch die größten Anstrengungen der geistigen Kräfte zu schauen. Wenn der Mensch schon die größten Anstrengungen machen muß, um eine Maschine zu beschreiben, so darf er erst recht nicht verlangen wollen, daß die größten Wahrheiten auch die einfachsten sein sollen. Die Wahrheit ist groß und deshalb kompliziert, und wir müssen unsere geistigen Kräfte schon anstrengen, wenn wir nach und nach die Wahrheiten verstehen wollen, die sich auf das Ereignis von Palästina beziehen. Es möge sich auch keiner dem Einwand hingeben, daß die Dinge zu kompliziert dargestellt würden; sie werden so dargestellt, wie sie sind, und sie sind so, weil wir es mit der größten Tatsache der Erdenentwickelung zu tun haben.

So sehen wir zwei Jesuskinder heranwachsen, einmal den Sohn des nathanischen Elternpaares Joseph und Maria, und wir sehen diesen Sohn geboren werden von einer jungen Mutter – im Hebräischen würde man das Wort Alma dafür gebraucht haben –; denn das, was als eine junge Seele wirken sollte, mußte von einer ganz jungen Mutter geboren werden. Mit diesem Sohne wohnte das Elternpaar nach der Rückkehr aus Bethlehem wieder in Nazareth. Sie hatten keine anderen Kinder. Es war der Mutter aufgespart, einzig und allein die Mutter dieses Jesus zu sein. – Dann haben wir den Jesus des Elternpaares Joseph und Maria aus der salomonischen Linie. Nachdem dieses Elternpaar aus Ägypten zurückgekehrt und nach Nazareth übergesiedelt war, bekam es noch eine

Reihe von Kindern, die Sie im Markus-Evangelium angeführt finden: Simon, Judas, Joses, Jakobus und auch zwei Schwestern (Markus 6, 3). – Die beiden Jesuskinder wachsen heran. Das Kind, welches die Zarathustra-Individualität in sich birgt, entwickelt nach und nach mit einer ungeheuer schnellen Reifung diejenigen Kräfte, die es entwickeln muß, wenn eine so mächtige Individualität in dem Körper tätig ist. Die Individualität, die in dem Körper des anderen Jesus tätig ist, ist von anderer Art. Das Wichtigste ist ja an ihr der Nirmanakaya des Buddha. Das ist etwas, was auf diesem Kinde ruht. Daher wird uns auch gesagt, als die Eltern von Jerusalem zurückkommen: Das Kind ist voll Weisheit – das heißt, in seinem Ätherleibe ist es durchströmt von Weisheit –, und die Gnade des Gottes ist über ihm (Lukas 2, 40). Aber es wuchs so heran, daß es die gewöhnlichen menschlichen Eigenschaften, die sich auf Verstehen und Erkennen in der äußeren Welt beziehen, außerordentlich langsam entwickelte. Der triviale Mensch würde gerade dieses Jesuskind ein «verhältnismäßig zurückgebliebenes Kind» genannt haben, wenn er nur auf das gesehen hätte, was Kräfte zum Verstehen und Begreifen der äußeren Welt sind. Dafür aber entwickelte sich gerade in diesem Kinde das, was herunterströmte aus dem es beschattenden Nirmanakaya des Buddha. Es entwickelte eine Tiefe der Innerlichkeit, die sich mit nichts an Innerlichkeit in der Welt vergleichen läßt. Es entwickelte sich eine Gefühlstiefe in dem Knaben, die auf die ganze Umgebung in außerordentlicher Art wirkte. – So sehen wir eine gefühlstiefe Wesenheit in dem nathanischen Jesus heranwachsen, und wir sehen eine Individualität mit einer ungeheuren Reife, mit einem tiefen Weltverständnis in dem salomonischen Jesus heranwachsen.

Nun war der Mutter des nathanischen Jesus, jenes gefühlstiefen Kindes, Bedeutsames gesagt worden. Schon als Simeon dem neugeborenen Kinde gegenüberstand und es überstrahlt sah von dem, den er einst in Indien als Buddha noch nicht hatte sehen können, da sagte er voraus das Große und Gewaltige, was sich jetzt vollziehen sollte; aber er sagte auch die großen, bedeutungsvollen Worte von dem «Schwert, das der Mutter durch das Herz gehen» sollte (Lukas 2, 35). Auch dieses Wort bezieht sich auf etwas, was wir heute noch verstehen lernen wollen.

In unmittelbarer Nachbarschaft und unter den freundschaftlichen Beziehungen der Eltern wuchsen die beiden Kinder heran und entwickelten sich beide ungefähr bis zu ihrem zwölften Jahre. Als das zwölfte Jahr des nathanischen Jesus herankam, begaben sich dessen Eltern nach Jerusalem, wie gesagt wird, der Sitte gemäß, um an dem Osterfeste teilzunehmen, und sie nahmen das Kind mit, wie es gebräuchlich war, wenn die Kinder reif wurden. Nun findet sich im Lukas-Evangelium in außerordentlich geheimnisvoller Weise eine Erzählung von dem zwölfjährigen Jesus im Tempel. Es heißt da: Als sich die Eltern wieder zurückbegaben von dem Fest, vermißten sie plötzlich den Knaben, und als sie ihn nirgends unter der Reisegesellschaft fanden, da begaben sie sich wieder zurück und fanden ihn im Tempel mitten unter den großen Lehrern, alle erstaunend durch seine Weisheit (Lukas 2, 41-50).

Was war da geschehen? Fragen wir darüber die unvergängliche Akasha-Chronik. Die Tatsachen der Welt sind nicht so ganz einfach. Was hier geschehen war, das geschieht in anderer Weise auch sonst in der Welt. Es kommt vor, daß eine Individualität auf einer gewissen Entwickelungsstufe andere Bedingungen braucht, als sie ihr von Anfang an gegeben wurden. Daher kommt es immer wieder vor, daß ein Mensch bis zu einem gewissen Lebensalter heranwächst – und dann auf einmal in Ohnmacht fällt und wie tot ist. Da geht dann eine Umwandlung vor sich: es verläßt ihn sein eigenes Ich, und ein anderes Ich nimmt in seiner Körperlichkeit Platz. Eine solche Umlagerung des Ich findet auch in anderen Fällen statt; das ist eine Erscheinung, die jeder Okkultist kennt. Hier, bei dem zwölfjährigen Jesus war folgendes geschehen: Jene Ichheit, die bis dahin als Zarathustra-Ichheit den Körper des Jesus aus der königlichen Linie des davidischen Geschlechtes gebrauchte, um auf die Höhe seiner Zeit zu kommen, drang aus dem Körper des salomonischen Jesusknaben heraus und übertrug sich auf den nathanischen Jesus, der daher wie ein Verwandelter erschien. Die Eltern erkannten ihn nicht wieder, sie verstanden seine Worte nicht. Denn jetzt sprach aus dem nathanischen Jesus das Zarathustra-Ich, das sich auf ihn übertragen hatte. Das war der Zeitpunkt, als der Nirmanakaya des Buddha sich mit dem ausgeschiedenen astralischen Mutterleibe vereinigte, und das war auch der Zeitpunkt, da sich das Zarathustra-Ich mit dem nathanischen Jesus vereinigte. Jetzt lebte das Zarathustra-Ich in dem nathanischen Jesus. Und dieses Kind, das so verwandelt war, daß es die Eltern nicht verstehen konnten, das nahmen sie jetzt mit nach Hause.

In nicht zu ferner Zeit starb dann die Mutter dieses Jesuskindes, so daß dieses Kind, in dem das Zarathustra-Ich jetzt wohnte, von mütterlicher Seite her verwaist war. Wir werden sehen, daß die Tatsache, daß diese Mutter starb und das Kind verwaist zurückließ, noch auf einen besonders tiefen Zusammenhang hinweist. – Auch das andere Kind konnte nicht unter gewöhnlichen Verhältnissen fortleben, als das Zarathustra-Ich es verlassen hatte. Der Joseph aus der salomonischen Linie war schon früher gestorben, und die Mutter des salomonischen Jesuskindes mit ihren Kindern, dem Jakobus, Joses, Judas, Simon und den beiden Töchtern, wurde in dem Hause des nathanischen Joseph aufgenommen, so daß also der Zarathustra jetzt wieder zusammenlebte mit derjenigen Familie, in die er sich hineininkarniert hatte, bis auf den Vater. Auf diese Weise haben sich die beiden Familien in eine zusammengesetzt, und so lebt denn die Mutter der Geschwister – wir können sie Geschwister nennen, denn nach dem Ich hin sind sie Geschwister – in dem Hause des nathanischen Joseph mit dem Jesus, der aber seiner Vaterstadt nach, leiblich, in Nazareth heimisch war. So lebte er mit ihnen zusammen.

So sehen wir im Konkreten den Zusammenfluß des Buddhismus und des Zarathustrismus. Denn jener Leib, in dem die reife Ich-Seele des Zarathustra war, konnte das in sich aufnehmen und mit sich vereinigen, was dadurch geworden war, daß der Nirmanakaya des Buddha die abgegebene astralische Mutterhülle des nathanischen Jesus aufgenommen hatte. So sehen wir jetzt eine Individualität heranwachsen in dem Jesus von Nazareth, die in sich trägt die Ichheit des Zarathustra, welche bestrahlt und durchgeistigt ist von dem verjüngten Nirmanakaya des Buddha. Was der Zusammenfluß des Buddhismus und des Zarathustrismus ist, das sehen wir in der Seele des Jesus von Nazareth auf diese Art leben. Da auch der Joseph aus der nathanischen Linie starb, und zwar verhältnismäßig früh, so ist eigentlich in Wahrheit das Zarathustra-Kind ein Waisenkind; es fühlt sich verwaist. Es ist nicht das, was es seiner leiblichen Abstammung nach ist. Es ist dem Geiste nach der wiedererstandene Zarathustra. Der leiblichen Abstammung nach ist sein Vater der Joseph der nathanischen Linie, und der äußeren Anschauung nach mußte es die Welt dafür halten. Lukas erzählt es uns genau, und wir müssen seine Worte genau nehmen:

> «Und es begab sich, da sich alles Volk taufen ließ und Jesus auch getauft war und betete, daß sich der Himmel auftat;
> und der Heilige Geist fuhr hernieder in leiblicher Gestalt auf ihn wie eine Taube, und eine Stimme kam aus dem Himmel, die sprach:
> Du bist mein lieber Sohn, heute habe ich dich gezeugt.
> Und Jesus war, da er anfing zu wirken, ungefähr dreißig Jahre alt ...»

und jetzt wird nicht einfach gesagt, daß er ein Sohn des Joseph ist, sondern es heißt:

> «... und ward gehalten für einen Sohn Josephs» (Lukas 3, 21-23), denn das Ich hatte sich ursprünglich in dem salomonischen Jesus inkarniert, hatte also im Grunde nichts mit dem nathanischen Joseph zu tun.

Nun haben wir eine einheitliche Wesenheit vor uns in dem Jesus von Nazareth, die ein großes, gewaltiges Inneres hatte, in dem sich alles vereinigte, was wir an Segnungen des Buddhismus, und alles, was wir an Segnungen des Zarathustrismus erkennen.

Jene Innerlichkeit war zu Großem, Gewaltigem später berufen. Mit ihr mußte noch etwas ganz anderes geschehen als mit denen, die Johannes im Jordan taufte. Und wir werden sehen, daß später diese Innerlichkeit die Individualität des Christus im Jordan aufzunehmen hatte. Da senkte sich auch wieder das Unsterbliche der ursprünglichen Mutter des nathanischen Jesus herab und verwandelte diejenige Mutter, die in dem Hause des nathanischen Joseph aufgenommen war, und machte sie wieder jungfräulich, so daß die Seele jener Mutter, die der Jesus verloren hatte, ihm bei der Johannes-Taufe wiedergegeben wird. Diese Mutter, die ihm geblieben ist, birgt also in sich die Seele seiner ursprünglichen Mutter, die in der Bibel die gebenedeite Maria genannt wird (Lukas 1, 28).

SECHSTER VORTRAG

BASEL, 20. SEPTEMBER 1909

Es wird uns verhältnismäßig leicht werden, die Einzelheiten des Lukas-Evangeliums zu verstehen, wenn wir zuerst in der entsprechenden Weise vorgearbeitet haben, so daß diejenigen Wesenheiten und Individualitäten, die in Betracht kommen, gewissermaßen lebendig vor uns stehen, daß wir wissen, mit wem wir es eigentlich zu tun haben. Daher dürfen Sie es sich nicht verdrießen lassen, wenn wir sozusagen viel «Vorgeschichte» haben. Erst müssen wir die große Gestalt, die im Mittelpunkt der Evangelien steht, in ihrer ganzen komplizierten Wesenheit kennenlernen, und auch einiges andere, ohne das wir niemals würden fassen können, was uns dann in aller Einfachheit im Lukas-Evangelium entgegentritt.

Da müssen wir zuerst an etwas erinnern, was wir schon in den letzten Tagen besprechen konnten: an die große Bedeutung jener einzigartigen Wesenheit, die wir als den Buddha bezeichnen, und von der wir sagen konnten, daß sie im fünften bis sechsten Jahrhundert vor unserer Zeitrechnung eben vom Bodhisattva zum Buddha sich erhob. Wir haben charakterisiert, was das für die Menschheit bedeutete, und wir wollen uns das noch einmal genau vor die Seele stellen.

Was der Inhalt der Lehre des Buddha ist, das mußte sozusagen einmal der Menschheit als ihr Eigentum übergeben werden. Wenn wir hinter das Zeitalter des Buddha zurückgehen würden, so würden wir für alle vorhergehenden Epochen der Menschheit sagen müssen: Es hat in diesen Zeiten keinen Menschen auf unserer Erde geben können, der aus sich selbst heraus diese Lehre vom Mitleid und der Liebe hätte finden können, die sich in dem achtgliedrigen Pfade ausdrückt. Die menschliche Entwickelung war noch nicht so weit, daß irgendeine Seele durch Versenkung in das eigene Nachdenken, in die eigene Empfindung diese Wahrheiten hätte finden können. Alles wird ja erst in der Welt, alles entsteht erst, und für alles, was entstehen soll, müssen die Ursachen gegeben werden. Auf welche Weise konnten die Menschen in früheren Zeiten zum Beispiel die Grundsätze des achtgliedrigen Pfades befolgen? Sie konnten es nur dadurch, daß sie ihnen in gewisser Weise überliefert wurden, daß sie ihnen wie eingeflößt wurden aus den okkulten Schulen der Eingeweihten und der Seher. Innerhalb der Mysterien, innerhalb der okkulten Schulen der Seher lehrte eben der Bodhisattva, weil in solchen Schulen die Möglichkeit gegeben war, sich hinaufzuheben zu den höheren Welten und dasjenige zu empfangen, was dem äußeren Menschenverstande, der äußeren Menschenseele noch nicht gegeben werden konnte. Das mußte aber in diesen alten Zeiten von denen, die der Gnade teilhaftig werden konnten, direkt mit den Lehrern in den okkulten Schulen in Verkehr zu kommen, der übrigen Menschheit sozusagen eingeflößt werden. Ohne daß die Menschen selbst auf die Grundsätze hätten kommen können, mußte ihr Leben so beeinflußt werden, daß es sich im Sinne dieser Grundsätze abspielte. Es befolgten also jene Menschen, die außerhalb der Mysterien lebten, in einer gewissen Weise unbewußt, was ihnen wie unbewußt auch gegeben wurde von denen, die ihnen aus den okkulten Schulen heraus das geben konnten. Es war noch kein Menschenleib auf der Erde, der so hätte organisiert werden können, auch wenn alles Geistige in ihn eingedrungen wäre, daß der Mensch aus sich selbst heraus den Inhalt des achtgliedrigen Pfades hätte finden können. Das mußte eine Offenbarung von oben sein, durch die entsprechenden Wege vermittelt. Daraus aber folgt, daß ein solches Wesen wie der Bodhisattva gar nicht in der Lage war, vor dem Zeitalter des Buddha einen Menschenleib voll zu benutzen. Er konnte auf der Erde keinen Leib finden, in dem er alle die Fähigkeiten hätte verkörpern können, durch die er auf die Menschen wirken sollte. Es gab einen solchen Menschenkörper nicht. – Was war also notwendig? Wie verkörperte sich ein solcher Bodhisattva? Diese Frage müssen wir uns einmal vorlegen.

Er verkörperte dasjenige, was er als geistige Wesenheit war, nicht vollständig. Würde man einen solchen Leib, der von einem Bodhisattva beseelt war, hellseherisch angesehen haben, so würde man gesehen haben, daß er nur teilweise die Wesenheit eines Bodhisattva umschloß, die als ätherischer Leib weit hinausragte über die menschliche Hülle und in dieser Art ihre Verbindung mit dem Geistigen hatte, das sie nie ganz verließ. So verließ der Bodhisattva die geistige Welt nie vollständig. Er lebte zu gleicher Zeit in einem Geistleibe und in einem physischen Leibe. Das war nun der Übergang vom Bodhisattva zum Buddha, daß jetzt zum ersten Male ein solcher Leib vorhanden war, in den der Bodhisattva sozusagen ganz hineinsteigen und innerhalb dieses Leibes seine Fähigkeiten entwickeln konnte. Damit hatte er jene Menschenform hingestellt, der die Menschen nachzustreben haben, um ihr ähnlich zu werden, so daß sie ebenso aus sich selbst heraus die Lehre vom achtgliedrigen Pfad finden, wie sie der Bodhisattva unter dem Bodhibaume aus sich selbst heraus gefunden hat. Würde man also diejenige Wesenheit, die in dem Buddha verkörpert war, in ihren früheren Inkarnationen geprüft haben, so hätte man sagen müssen: Sie war so, daß sie zum Teil in der geistigen Welt bleiben mußte und nur einen Teil ihrer Wesenheit in den Leib hineinsenden konnte. Jetzt erst, im fünften bis sechsten Jahrhundert vor unserer Zeitrechnung, war die erste menschliche Organisation vorhanden, in welche der Bodhisattva ganz hineingehen und so das Beispiel geben konnte, daß die Menschheit selbst aus der moralischen Gesinnung der Seele heraus den achtgliedrigen Pfad finden konnte.

Diese Erscheinung, daß es Menschenwesen gab, die mit einem Teil ihrer Wesenheit in der geistigen Welt sind, kannten alle Religionen und Weltanschauungen. Sie wußten, daß es solche Wesenheiten gibt, für welche die Menschenwesenheit gleichsam zu eng ist, um die volle Individualität von solchen Wesenheiten aufzunehmen, die auf der Erde wirken müssen. Innerhalb der vorderasiatischen Weltanschauung nannte man diese Art der Verbindung der höheren Individualitäten solcher Wesenheiten mit einem physischen Leibe das Erfülltsein mit dem Heiligen Geist. Das ist ein ganz bestimmter technischer Ausdruck. Und in dem Wortgebrauch der vorderasiatischen Sprachen würde man von einer solchen Wesenheit wie einem auf der Erde verkörperten Bodhisattva gesagt haben, sie ist «erfüllt mit dem Heiligen Geist», das heißt, die Kräfte, die eine solche Wesenheit ausmachen, sind nicht ganz in dieser Wesenheit darinnen, es muß da von außen etwas Geistiges hineinwirken. Man könnte also ebenso sagen: Der Buddha war in seinen vorhergehenden Inkarnationen erfüllt mit dem Heiligen Geist.

Wenn wir dies verstanden haben, werden wir uns auch in das hineinfinden können, was wir im Anfange des Lukas-Evangeliums lesen und was wir gestern schon berühren konnten. Wir wissen, daß in dem Ätherleibe des einen Jesuskindes, das physisch entsprossen ist der nathanischen Linie des davidischen Hauses, der bisher unberührt gebliebene Teil desjenigen Ätherleibes lebte, welcher der Menschheit bei dem Ereignis entzogen worden ist, das man den Sündenfall nennt, so daß also gleichsam jene ätherische Substanz, die aus Adam herausgenommen worden ist vor dem Sündenfalle, aufbewahrt und in dieses Kind hineinversenkt wurde. So mußte es sein, damit eine so junge, von allen Erlebnissen der Erdenentwikkelung unberührte Wesenheit da war, die alles aufnehmen konnte, was sie aufnehmen sollte. Hätte denn ein gewöhnlicher Mensch, der seit der lemurischen Zeit seine Inkarnationen durchgemacht hat, die Überschattung durch den Nirmanakaya des Buddha aufnehmen können? Nimmermehr! Und noch weniger hätte er das aufnehmen können, was später in ihn hineingehen sollte. Es mußte ein so veredelter Menschenleib entstehen, der nur dadurch entstehen konnte, daß die von allen Erdenerlebnissen unberührte ätherische Substanz des Adam hineinversenkt wurde in den Ätherleib gerade dieses Jesuskindes. Dadurch aber war diese Äthersubstanz auch verbunden mit allen den Kräften, welche vor dem Sündenfalle auf die Erdenentwickelung gewirkt haben, die deshalb jetzt eine gewaltige Machtentfaltung in diesem Kinde hatten. Dadurch war möglich geworden, was wir eben gestern schon berührten: jener merkwürdige Einfluß, den die Mutter des nathanischen Jesus auf die Mutter Johannes des Täufers ausübte und auch auf diesen Johannes selber, bevor er geboren wurde.

Dazu müssen wir uns dann klarmachen, mit was für einer Wesenheit wir es in Johannes dem Täufer zu tun haben. Wir können diese Wesenheit des Johannes nur dann verstehen, wenn wir uns den Unterschied vor die Seele rücken, der zwischen jener eigentümlichen Verkündigung besteht, welche innerhalb Indiens durch den Buddha herabgeflossen ist – die wir für unser Ziel genügend charakterisiert haben –, und jener Verkündigung, die dem althebräischen Volke durch Moses und seine Nachfolger, die althebräischen Propheten, geworden ist.

Durch Buddha ist der Menschheit das geworden, was die Seele als ihre eigene Gesetzmäßigkeit finden kann, was sie aufstellen kann, um sich zu läutern und sich zu einer hohen moralischen Höhe hinaufzuorganisieren, wie sie auf der Erde erreicht werden kann. Das Gesetz der Seele, Dharma, wurde durch den Buddha verkündet, wurde so verkündet, wie es der Mensch auf der höchsten Entwickelungsstufe der Menschennatur aus der menschlichen Seele selber heraus finden kann. Und Buddha war derjenige, der es zuerst herausgelöst hat. Aber die Menschheitsentwickelung ist keine geradlinige. Die verschiedensten Kulturströmungen müssen sich gegenseitig befruchten.

Was sich in Vorderasien als das Christus-Ereignis zutragen sollte, das machte nötig, daß in gewisser Weise diese vorderasiatische Entwickelung hinter der indischen zurückblieb, um in frischerer Weise später aufzunehmen, was der indischen in anderer Art gegeben war. Es mußte sozusagen innerhalb Vorderasiens ein Volk geschaffen werden, hingestellt werden, das auf eine ganz andere Art sich entwickelte, das weiter zurückblieb als die Völker mehr nach dem Osten hin. Hatte man im Sinne der Weltenweisheit die Völker im Osten so weit gebracht, daß sie den Bodhisattva als Buddha schauen konnten, so mußte man bei den Völkern in Vorderasien – insbesondere bei dem althebräischen Volke – die Menschen auf einer kindlichen, niedrigeren Stufe lassen. Das war notwendig. Denn es mußte im großen in der Menschheitsentwikkelung dasselbe gemacht werden, was wir etwa im kleinen beobachten könnten, wenn wir einen Menschen hätten, der sich bis zu seinem zwanzigsten Jahre zu einer gewissen Reife entwickelt; er hat sich dabei gewisse Fähigkeiten angeeignet, aber angeeignete Fähigkeiten sind in gewisser Beziehung zugleich eine gewisse Fessel, ein Hemmnis.

Wenn man sich in einem gewissen Lebensalter Fähigkeiten angeeignet hat, dann haben diese die Eigentümlichkeit, daß sie sich auf ihrer Stufe erhalten wollen, daß sie den Menschen auf dieser Höhe halten wollen. Sie halten ihn fest, und er kann dann später, in seinem dreißigsten Jahre, nicht leicht über die Stufe hinausrücken, die er sich in seinem zwanzigsten Jahre erworben hat. Wenn wir dagegen einen zweiten Menschen haben, der im zwanzigsten Jahre noch wenig durch sich selbst erworben hat und nun nachher diese Fähigkeiten von dem anderen lernt, dann kann der, welcher sich länger kindlich erhalten hat, leichter hinaufrükken auf diese Stufe und dann im dreißigsten Jahre eher auf einer höheren Stufe stehen als der erstere. Wer das Leben beobachten kann, der wird finden, daß es so ist. Erreichte Fähigkeiten, die man sozusagen zu seinem Eigentum gemacht hat, bilden auch eine Fessel für später, während das, was man nicht so sehr mit seiner Seele verknüpft hat, was man sich mehr äußerlich angeeignet hat, weniger eine Fessel ist.

Wenn die Menschheit vorrücken will, dann muß stets die Einrichtung getroffen werden, daß eine Kulturströmung vorhanden ist, die eine gewisse Summe von Fähigkeiten innerlich aufnimmt und verarbeitet, und eine andere Strömung muß gleichsam daneben herlaufen, die gewissermaßen in der Entwickelung mehr zurückgehalten wird. Dann haben wir eine Kulturströmung, welche gewisse Fähigkeiten bis zu einer entsprechenden Stufe entwickelt; diese Fähigkeiten sind nun verquickt mit dem innersten Wesen dieser Strömung und der Menschennatur. Es geht weiter: ein Neues tritt auf. Aber diese Strömung würde nicht imstande sein, aus sich selbst heraus zu einer höheren Stufe aufzusteigen. Daher mußte die Einrichtung getroffen werden, daß eine andere Strömung neben der ersten hergeht. Diese zweite bleibt in einer gewissen Weise unentwickelt, hat also keineswegs die Höhe der ersteren erreicht. Sie schreitet nun weiter und nimmt von der anderen das entgegen, was diese erreicht hat, und weil sie sich in der Zwischenzeit jung erhalten hat, kann sie dann später höher hinaufsteigen. So hat die eine die andere befruchtet. So müssen die Geistesströmungen nebeneinander herlaufen in der Menschheitsentwickelung. Und es muß durch die geistige Weltenleitung Vorsorge getroffen werden, daß dieses so ist.

Wie konnte in der geistigen Weltenlenkung Vorsorge getroffen werden, daß neben derjenigen Strömung, die in dem großen Buddha ihren Ausdruck gefunden hat, eine andere läuft, die erst später das aufnimmt, was der Buddhismus der Menschheit gebracht hat? Man konnte nur dadurch Vorsorge treffen, daß man jener Strömung, die für uns die althebräische ist, die Möglichkeit vorenthielt, Menschen aus sich hervorzubringen, die aus eigener moralischer Gesinnung heraus Dharma entwickeln, das heißt, etwa auf den achtgliedrigen Pfad kommen. Einen Buddha durfte diese Strömung nicht haben. Was der Buddha als Innerlichkeit seiner Geistesströmung gebracht hat, das mußte dieser anderen Geistesströmung von außen gegeben werden. Daher wurde, und zwar, damit die Sache besonders weise verlief, lange Zeit vor der Erscheinung des Buddha dieser vorderasiatischen Völkerschaft das Gesetz nicht innerlich gegeben, sondern äußerlich durch die Offenbarung im Dekalog, im Zehn-Gebote-Gesetz (2. Mose 20, 2-17). Was einer anderen Menschheitsströmung als innerlicher Besitz zukommen sollte, das wurde in dem Zehn-Gebote-Gesetz als eine Summe von äußeren Gesetzen dem althebräischen Volke wie etwas gegeben, was man von außen empfing, was noch nicht mit der Seele verwachsen ist. Daher empfindet der Angehörige des althebräischen Volkes die Gebote als etwas, was ihm vom Himmel herunter gegeben worden ist wegen der Kindlichkeit seiner Entwickelungsstufe.

Das indische Volk war herangebildet worden, anzuerkennen, daß die Menschen aus sich selber Dharma, das Gesetz der Seele, erzeugen, und das althebräische Volk war so gebildet worden, daß es gehorchte dem Gesetz, das ihm von außen gegeben worden ist. So aber bildet das hebräische Volk eine wunderbare Ergänzung zu dem, was Zarathustra für seine Kultur und für alle Kulturen, die daraus hervorgegangen sind, geleistet hat.

Das mußten wir ja hervorheben, daß Zarathustra den Blick auf die Außenwelt hingelenkt hat. Während wir bei Buddha tief einschneidende Lehren haben über die Veredelung des menschlichen Innern, finden wir bei Zarathustra die große, gewaltige Lehre über den Kosmos, das, was uns Aufschlüsse geben soll über die Welt, aus deren Schoß wir erwachsen sind. War der Blick des Buddha nach innen gerichtet, so war der Blick der Angehörigen des Zarathustra-Volkes auf die Außenwelt gerichtet, um diese geistig zu durchdringen.

Versuchen wir uns einmal in das zu vertiefen, was Zarathustra gab von seinem ersten Auftreten an, wo er die Verkündigung des Ahura Mazdao brachte, bis in die nächste Zeit, wo er als Nazarathos erschien. Er gab immer eindringlichere Lehren über die großen geistigen Gesetze und über die Wesenheiten des Kosmos. Gewissermaßen Andeutungen waren es erst, die der Zarathustra der persischen Kultur über den Geist der Sonne gab; dann aber wurden sie von ihm ausgebaut und treten uns entgegen als die wunderbare, heute nur so wenig verstandene chaldäische Lehre über den Kosmos und über die geistigen Ursachen, aus denen wir herausgeboren sind. Prüfen wir diese Lehren über den Kosmos, so zeigen sie uns eine wichtige Eigentümlichkeit.

Als Zarathustra noch dem urpersischen Volke von den äußeren geistigen Ursachen der Sinneswelt sprach, da stellte er vor die Menschen hin die zwei Mächte Ormuzd und Ahriman oder Angramainyu, die im ganzen Weltall einander entgegenarbeiten. Was sie aber nicht in dieser Lehre gefunden hätten, ist das, was wir nennen könnten die Seele durchdringende moralische Wärme. Der Mensch ist für die urpersische Anschauung sozusagen hineingesponnen in den ganzen kosmischen Prozeß. Es ist eine Angelegenheit von Ormuzd und Ahriman, die gegeneinander arbeiten, die da in der menschlichen Seele ausgemacht wird. Weil diese beiden miteinander kämpfen, deshalb toben Leidenschaften in der menschlichen Seele. Was innere menschliche Seele ist, das wurde noch nicht erkannt. Es ist kosmische Lehre, was gebracht wurde. Wenn man von Gut und Böse sprach, so meinte man die vortrefflichen, die nützlichen und die schädlichen Wirkungen, die sich im Kosmos gegenüberstehen und die sich auch im Menschen äußern. Die «moralische Weltanschauung» war gewissermaßen noch nicht in diese Lehre des Blickens nach außen aufgenommen. Man lernte in dieser Lehre alle die Wesenheiten kennen, welche die sinnliche Welt beherrschen, alles, was als Vortreffliches, Lichtvolles, und was als Schwarzes, Schädliches die Welt beherrscht. Man fühlte sich darin eingesponnen. Aber das eigentlich Moralische, an dem der Mensch mit seiner Seele beteiligt ist, fühlte man noch nicht so in seiner Seele, wie das später der Fall war. Man fühlte zum Beispiel, wenn man irgendeinen Menschen als einen «bösen» Menschen vor sich hatte, daß durch diesen Menschen Kräfte strömten von den bösen Wesenheiten der Welt; man fühlte ihn «besessen» von diesen bösen Wesenheiten der Welt. Man konnte auch nicht sagen, daß ihn dafür die Schuld treffe. Eingesponnen von einem noch nicht von moralischen Eigenschaften durchsetzten Weltensystem fühlte man den Menschen. Das war die Eigentümlichkeit einer Lehre, die den Blick zunächst nach außen richtete, wenn es auch der geistige Blick war.

Deshalb bildet die hebräische Lehre eine so wunderbare Ergänzung zu dieser kosmologischen Lehre, weil sie in das, was von außen offenbart worden ist, das moralische Element hineinverlegt, das eine Möglichkeit gab, mit dem Begriffe von Schuld, von menschlicher Verschuldung einen Sinn zu verbinden. *Vor* dem hebräischen Element konnte man von einem bösen Menschen nur sagen: Er ist von bösen Kräften besessen. Die Verkündigung des Zehn-Gebote-Gesetzes hat notwendig gemacht, daß man unterschied zwischen Menschen, die dieses Gesetz beachteten, und solchen, die es nicht beachteten. Der Begriff von Schuld, von menschlicher Verschuldung tritt auf. Und wie er hineintritt in die Menschheitsentwickelung, das kann man fühlen, wenn man etwas vor seine Seele rückt, wo deutlich dargestellt wird, wie die Menschen noch im unklaren darüber sind, was eigentlich der Begriff von Schuld besagt, wo es tragisch wird, daß eine Unklarheit besteht über den Begriff der Schuld. Lassen Sie das Buch Hiob auf sich wirken, und Sie werden die Unklarheit über den Schuldbegriff bemerken, das Nicht-recht-Wissen, wie man es eigentlich zu halten hat, wenn einen ein Unglück trifft, und Sie werden doch schon das Hereinleuchten des neuen Schuldbegriffes darin finden.

So wurde als eine Offenbarung von außen – wie die anderen Offenbarungen über die anderen Reiche der Natur – das Moralische gerade diesem althebräischen Volke gegeben. Das konnte nur dadurch geschehen, daß Zarathustra für die Fortsetzung seines Werkes Sorge getragen hat, wie ich es Ihnen erzählt habe, indem er seinen Ätherleib übertrug auf Moses und auf Hermes seinen Astralleib. Dadurch wurde Moses fähig, in derselben Art wahrzunehmen, was in der äußeren Welt wirkt, wie es Zarathustra konnte, aber jetzt dabei nicht nur gleichgültige, neutrale Kräfte zu empfinden, sondern das, was die Welt moralisch regiert, was Gebot werden kann. Deshalb lebte dieses althebräische Volk so, daß es in seiner Kultur dasjenige barg, was wir nennen können Gehorsam, Unterwerfung unter das Gesetz, während die Geistesströmung des Buddha das Ideal in sich barg, die Richtung für das menschliche Leben in dem achtgliedrigen Pfad zu finden.

Aber dieses althebräische Volk sollte auch bis zu dem rechten Zeitpunkt erhalten bleiben, den wir eben daran sind, zu charakterisieren: bis zu der Erscheinung des Christus-Prinzips. Es sollte sozusagen hinübergerettet werden über die Offenbarung des Buddha und auf einem – wenn wir es so nennen wollen – unreiferen Kulturzustand erhalten bleiben. Daher mußten sich innerhalb des althebräischen Volkes Persönlichkeiten finden, die so, wie sie als Menschen waren, nicht die ganze volle Wesenheit einer Individualität aufnehmen konnten, welche etwa das «Gesetz» zu vertreten hatte. Es konnte nicht innerhalb des althebräischen Volkes eine Persönlichkeit auftreten, die etwa wie der Buddha gewesen wäre. Es ist auch nur möglich gewesen, zu dem Gesetze zu kommen durch Erleuchtung von außen, dadurch, daß Moses den Ätherleib des Zarathustra gehabt hat und das empfangen konnte, was nicht aus der eigenen Seele geboren wird. Das Gesetz erstehen zu lassen aus dem eigenen Herzen, war dem hebräischen Volke nicht möglich. Aber fortgeführt werden mußte das Werk des Moses, fortgeführt so, wie jedes andere Werk fortgeführt werden muß, damit es zur rechten Zeit die rechte Frucht trägt. Daher mußten in dem althebräischen Volke diejenigen Individualitäten auftreten, die uns als die Propheten und Seher erscheinen. Und einer der bedeutendsten dieser Seher ist derjenige, den wir als den Elias kennen.

Wie müssen wir uns eine solche Persönlichkeit vorstellen? Elias sollte innerhalb des hebräischen Volkes einer der Statthalter dessen sein, was von Moses eingeleitet war. Aber aus der eigenen Volkssubstanz heraus konnten keine Menschen geboren werden, die ganz verwoben sein konnten mit dem, was das Gesetz des Moses enthielt, das man ja nur als eine Offenbarung von oben empfangen konnte. Was wir als notwendig für die indische Zeit charakterisiert haben, auch als die eigenartige Natur des Bodhisattva, das mußte daher auch im hebräischen Volke und immer wieder und wieder eintreten. Es mußte Individualitäten geben, die nicht ganz in der menschlichen Persönlichkeit aufgingen, die mit einem Teil ihrer Wesenheit in der irdischen Persönlichkeit waren und mit dem anderen Teil in der geistigen Welt. Eine solche Wesenheit war Elias. In dem, was wir auf dem physischen Plane als die Persönlichkeit des Elias finden, ist nur teilweise die Wesenheit des Elias enthalten. Die Ichheit des Elias kann nicht ganz eindringen in den physischen Leib des Elias. Ihn muß man nennen eine Persönlichkeit, die «von dem Geiste erfüllt» ist. Und unmöglich wäre es, eine solche Erscheinung wie den Elias durch die bloß normalen Kräfte in der Welt hervorzurufen, wodurch sonst ein Mensch in die Welt gestellt wird.

Wenn im normalen Falle ein Mensch in die Welt treten soll, dann entwickelt sich aus den physischen Vorgängen die menschliche Wesenheit im mütterlichen Leibe so, daß zu einer bestimmten Zeit sich die Individualität, die früher inkarniert war, einfach mit der physischen Wesenheit verbindet. Alles geht beim gewöhnlichen Menschen sozusagen einen geradlinigen Weg, ohne daß besondere Kräfte eingreifen, die außerhalb des normalen Weges liegen. Das konnte nicht der Fall sein bei einer solchen Individualität, wie Elias es ist. Da mußten andere Kräfte eingreifen, die sich beschäftigen mit jenem Teil der Individualität, der in die geistige Welt hineinragt. Da muß von außen auf den sich entwickelnden Menschen gewirkt werden. Daher erscheinen solche Individualitäten, wenn sie in der Welt inkarniert werden, als inspiriert, vom Geist getrieben. Sie erscheinen als ekstatische Persönlichkeiten, die weit über das hinausgehen, was ihnen ihre gewöhnliche Intelligenz sagen kann. So erscheinen die alttestamentlichen Propheten alle. Der Geist treibt sie; das Ich kann sich nicht immer Rechenschaft geben von dem, was es tut. Der Geist lebt in der Persönlichkeit, und von außen wird er erhalten.

Solche Persönlichkeiten ziehen sich zuzeiten in die Einsamkeit zurück; aber das ist dann ein Zurücktreten jenes Teiles des Ich, den die Persönlichkeit braucht, und ein Einsprechen des Geistes von außen. In gewissen ekstatischen, unbewußten Zuständen lauscht eine solche Wesenheit den Eingebungen von oben. So war es besonders bei Elias. Was während seines Lebens als Elias lebte, was sein Mund sprach, was seine Hand deutete, stammte nicht nur von dem Teil, der in ihm lebte, sondern das waren Offenbarungen göttlich-geistiger Wesenheiten, die dahinterstanden.

Als diese Wesenheit wiedergeboren wurde, sollte sie sich mit dem Körper des Kindes verbinden, das dem Zacharias und der Elisabeth geboren wurde. Wir wissen aus dem Evangelium selber, daß wir Johannes den Täufer als den wiedergeborenen Elias aufzufassen haben (Matthäus 17, 10-13). Aber wir haben es dabei zu tun mit einer Individualität, die aus ihren früheren Inkarnationen nicht gewohnt war, durch die in dem normalen Lebensgange selbst liegenden Kräfte alles das zu entwickeln, was herauskommen sollte. Beim normalen Lebensgange regt sich, während der menschliche physische Leib sich im mütterlichen Leibe entwickelt, die innere Kraft des Ich. Was damit innerlich verbunden ist, das hatte die Individualität des Elias in früheren Zeiten noch nicht durchgemacht, sie war noch nicht so weit hinuntergestiegen. Das Ich war nicht durch die eigenen Kräfte, wie in normalen Verhältnissen, in Bewegung gesetzt worden, sondern von außen. Das mußte wieder jetzt geschehen. Mehr aus der geistigen Welt heraus, näher schon der Erde ist das Ich dieser Wesenheit, die jetzt viel mehr mit der Erde verbunden ist als die Wesenheiten, welche früher den Elias geleitet haben. Es sollte ja jetzt der Übergang geschaffen werden zu der Verbindung der Buddha- mit der Zarathustra-Strömung. Alles sollte verjüngt werden. Jetzt mußte gerade diejenige Wesenheit von außen einwirken, welche sich mit der Erde und ihren Angelegenheiten so verknüpft hatte wie der Buddha, der jetzt in seinem Nirmanakaya verbunden war mit dem nathanischen Jesus. Diese Wesenheit, welche auf der einen Seite mit der Erde verbunden war, anderseits aber doch wieder entrückt war, weil sie nur in dem Nirmanakaya wirkte, die «jenseits» der Erde lebte, weil sie wieder hinaufgestiegen ist, und nun über dem Haupte des nathanischen Jesus schwebte, sie mußte jetzt von außen hereinwirken und die Ich-Kraft Johannes des Täufers entfalten.

So war es der Nirmanakaya des Buddha, der auf die Entfaltung der Ich-Kraft des Johannes so wirkte, wie früher die geistigen

Kräfte auf den Elias gewirkt haben. Damals war das Elias-Wesen in gewissen Zeiten entrückt in ekstatische Zustände; da sprach der Gott, füllte sein Ich mit einer realen Kraft, die es dann der Außenwelt mitteilen konnte. Jetzt war wieder eine geistige Wesenheit da, die als der Nirmanakaya des Buddha über dem nathanischen Jesus schwebte; die wirkte jetzt herein auf die Elisabeth, als der Johannes geboren werden sollte, regte im Leibe der Elisabeth den Keim des Johannes im sechsten Monate der Schwangerschaft an und weckte da das Ich. Nur bewirkte diese Kraft, weil sie jetzt näher der Erde stand, nicht bloß eine Inspiration, sondern wirklich die Herausgestaltung des Ich des Johannes. Unter dem Einflusse des Besuches derjenigen, welche da die Maria genannt wird, regte sich das Ich Johannes des Täufers. So wirkt der Nirmanakaya des Buddha aufweckend und bis in die physische Substanz hinein erlösend auf das Ich des einstigen Elias, auf das jetzige Ich Johannes des Täufers. Was können wir jetzt erhoffen?

Wie Elias einst im neunten Jahrhundert vor unserer Zeitrechnung seine gewaltigen Worte gesprochen hatte, wie das eigentlich Gottesworte waren und wie das, was seine Hand deutete, Gottesgebärde war, so mußte es jetzt bei Johannes dem Täufer ähnlich sein, indem das wieder auflebte, was in dem Elias vorhanden war. Was in dem Nirmanakaya des Buddha war, das wirkte als Inspiration hinein in das Ich Johannes des Täufers. Was sich den Hirten verkündete, was über dem nathanischen Jesus schwebte, das erstreckte seine Kraft hinein in Johannes den Täufer. Und die Predigt Johannes des Täufers ist zunächst die wiedererweckte Buddha-Predigt. Es erscheint dabei etwas höchst Eigentümliches, was tief auf unsere Seele wirken muß, wenn wir uns an die Predigt von Benares erinnern, wenn darin von Buddha gesprochen wurde von dem Leid des Lebens und von der Erlösung von dem Leid des Lebens durch den achtgliedrigen Pfad, den die Seele suchen soll. Damals hat der Buddha das verkündet, was er als achtgliedrigen Pfad erkannt hat; damals hat er seine Predigt auch öfter fortgesetzt, indem er sagte: Ihr habt bis heute die Lehre der Brahmanen gehabt; sie schreiben ihre Herkunft her von Brahma selber. Sie sagen, sie seien etwas Vorzüglicheres als die anderen Menschen, weil sie von diesem edlen Ursprunge abstammen. Diese Brahmanen sagen, der Mensch sei etwas wert durch seine Abstammung. Ich aber sage euch: Der Mensch ist etwas wert durch das, was er aus sich selbst heraus macht, und nicht durch das, was durch seine Abstammung in ihn gelegt ist. Er ist wert der großen Weisheit der Welt durch das, was er als individueller Mensch aus sich selber macht. – Dadurch erregte Buddha gerade den Zorn der Brahmanenwelt, indem er auf die individuelle Qualität hinwies und sagte: Wahrlich, ich sage euch, es mag sich einer noch so viel einen Brahmanen nennen, darauf kommt es nicht an, sondern darauf kommt es an, daß ihr aus euren eigenen persönlichen Kräften heraus einen geläuterten Menschen macht. – Das war, wenn auch nicht wörtlich, so doch der Sinn vieler Buddha-Reden. Und dann setzte er gewöhnlich diese Lehre fort, indem er zeigte, wie der Mensch, wenn er die Welt des Leidens versteht, Mitleid empfinden kann, Tröster und Helfer werden kann, wie er gerade teilnehmen wird am Geschick der anderen, weil er weiß, daß er mit ihnen das gleiche Leid und den gleichen Schmerz empfindet.

Jetzt war der Buddha in seinem Nirmanakaya, überstrahlte das nathanische Jesuskind und setzte dann seine Predigt fort, indem er die Worte ertönen ließ aus dem Munde Johannes des Täufers. Was der Mund des Johannes sprach, das geschah unter der Inspiration des Buddha. Und es klingt uns wie eine Fortsetzung der Rede, die der Buddha einst gehalten hat, wenn zum Beispiel der Johannes sagt: Ihr, die ihr viel darauf baut, daß ihr von denen euch herstammend nennt, die in dem Dienst der geistigen Mächte die «Kinder der Schlange» genannt werden, und euch beruft auf die «Weisheit der Schlange», wer hat denn euch dazu gebracht? Nur so glaubt ihr würdige Früchte der Buße zu bringen, indem ihr sagt: Wir haben Abraham zum Vater. –

Jetzt aber setzte Johannes die Predigt des Buddha fort: Sagt nicht, ihr habt Abraham zum Vater, sondern werdet dort wahrhaftige Menschen, wo ihr in der Welt steht. Ein wahrhaftiger Mensch kann an der Stelle des Steines erweckt werden, auf dem euer Fuß steht. Wahrlich, der Gott kann dem Abraham aus den Steinen Kinder erwecken (Lukas 3, 7-8). Und dann sagte er, so recht die Predigt des Buddha fortsetzend: «Wer zwei Röcke hat, der teile sie mit dem, der keinen hat» (Lukas 3, 11). Sie kamen zu ihm und fragten: «Meister, was sollen wir tun?» (Lukas 3, 12), genau so, wie auch die Mönche einst zu Buddha gekommen waren und gefragt haben: «Was sollen wir tun?» Das alles sind Worte, die sich ausnehmen wie die Worte des Buddha oder wie eine Fortsetzung derselben.

So erscheinen diese Wesenheiten auf dem physischen Plan durch der Zeiten Wende, und so lernen wir verstehen die Einheit der Religionen und geistigen Verkündigungen der Menschheit. Was der Buddha war, lernen wir nicht dadurch kennen, daß wir an dem Traditionellen festhalten, sondern wenn wir hinhorchen auf das, was der Buddha wirklich spricht. Buddha hat fünf bis sechs Jahrhunderte vor unserer Zeitrechnung so gesprochen, wie wir es aus der Predigt von Benares hören. Aber des Buddha Mund ist nicht verstummt. Er spricht auch da, wo er nicht mehr verkörpert ist, wo er inspiriert durch den Nirmanakaya. Aus dem Munde Johannes des Täufers hören wir, was der Buddha zu sagen hatte sechs Jahrhunderte später, nachdem er in einem physischen Leibe gelebt hat. So ist die «Einheit der Religionen». Wir müssen eine jede Religion im Laufe der Menschheitsentwickelung an dem richtigen Punkte aufsuchen und in ihr das Lebendige suchen, nicht das Tote; denn alles entwickelt sich weiter. Das müssen wir verstehen und begreifen lernen. Wer aber nicht den Buddha-Spruch aus dem Munde Johannes des Täufers hören will, der kommt einem vor wie ein Mensch, der den Keim eines Rosenstockes gesehen hat und einige Zeit später, nachdem der Rosenstock aufgegangen ist und Blüten trägt, nicht glauben will, daß dieser Rosenstock aus diesem Rosenkeim entstanden ist, und der jetzt sagen würde: Das ist etwas anderes. – Was in dem Keim lebendig war, das blüht jetzt in dem Rosenstock. Und was in der Predigt von Benares lebendig war, das blühte in der Predigt Johannes des Täufers am Jordan.

Damit haben wir eine andere Individualität in ihrem Wesen kennengelernt, die uns in jener Zeit entgegentritt, und von der uns das Lukas-Evangelium so eindringlich redet. Wir lernen diese Evangelien nur dadurch kennen, daß wir uns nach und nach dazu aufschwingen, wirklich jedes Wort so zu verstehen, wie es gemeint ist. Und Lukas sagt uns in der Einleitung, daß er wiedererzählen will die Mitteilung derer, die als «Selbstseher» gewirkt haben. Aber diese Selbstseher sahen die wahren Verhältnisse, wie sie sich durch die Zeiten hindurch nach und nach offenbarten; sie sahen nicht bloß, was auf dem physischen Plane vorgeht. Wer nur das sieht, der könnte sagen: Fünf bis sechs Jahrhunderte vor unserer Zeitrechnung hat in Indien einmal ein Mensch gelebt, welcher der Sohn des Königs Suddhodana war und welcher der Buddha geheißen hat, und dann hat einmal ein Johannes der Täufer gelebt. Er findet aber nicht dasjenige, was sich von dem einen zum anderen hindurchschlingt. Denn das ist erst zu sehen in der geistigen Welt. Lukas aber sagt, daß er nach denen erzählt, die «gesehen haben», die Seher waren. Es genügt nicht, daß wir die Worte der religiösen Urkunden nur hinnehmen; wir müssen diese Worte auch im richtigen Sinne lesen lernen. Dazu müssen aber die Individualitäten, die dabei auftreten, so recht anschaulich vor unserer Seele stehen. Anschaulich können sie aber nur vor unserer Seele stehen, wenn wir wissen, was alles in sie eingeflossen ist.

Eines wurde noch gesagt: Was auch immer für eine Individualität auf die Erde heruntersteigt, sie muß sich entwickeln im Sinne der Fähigkeiten, die aus dem Körper herauskommen können, in welchen sie sich hineininkarniert. Damit muß diese Wesenheit rechnen. Nehmen wir an, heute wollte eine hohe Wesenheit heruntersteigen; sie könnte dann nur mit den Gesetzmäßigkeiten rechnen, die eben heute ein Menschenleib haben kann. Erkennen, was diese Individualität eigentlich ist, das kann nur der Seher, der da sieht, wie die intimeren Fäden sich hineinverweben in das

Innere des Wesens. Eine solche Wesenheit auf hoher Stufe der Weisheit muß sich aber durch die Kindheit herauf den Körper reif machen, damit in einem bestimmten Zeitpunkte das hervortreten kann, was diese Wesenheit in früheren Inkarnationen einmal war. Soll eine solche Wesenheit ganz besondere Empfindungen in den Menschen erregen, so muß auch demgemäß die irdische Inkarnation sein, so daß auch der Körper ertragen kann, was Gegenstand der Mission sein soll. In den geistigen Welten sieht es wahrhaftig nicht so aus wie in der physischen Welt. Will eine Wesenheit Heilung vom Schmerz, Erlösung vom Leid verkünden, dann muß sie die ganze Tiefe des Leides durchkosten, damit sie die rechten Worte finden kann, die im menschlichen Sinne darauf anwendbar sind.

Was später jene Wesenheit zu sagen hatte, die sich im Körper des nathanischen Jesus verbarg, das war etwas, was eine Kundschaft war an die ganze Menschheit. Das war etwas, was die Menschheit hinwegbringen sollte über alle frühere engere Blutsverwandtschaft. Nicht nehmen sollte sie die Blutsverwandtschaft, nicht aufheben, was zwischen Vater und Sohn, zwischen Bruder und Schwester steht, sondern zu der Liebe, die an die Blutsverwandtschaft gebunden ist, dasjenige hinzufügen, was man allgemeine Menschenliebe nennt, die von Seele zu Seele geht, die erhaben ist über alle Blutsbande. Das sollte diejenige Wesenheit bringen, die sich später in dem nathanischen Jesus zeigte. Sie sollte etwas bringen von Liebe, von Vertiefung der Liebe, die nichts zu tun hat mit dem, was an die Verwandtschaft des Blutes geknüpft ist. Dazu aber mußte diese Wesenheit, die in dem Körper des nathanischen Jesus lebte, erst auf der Erde selber erfahren, was es heißt, keine Verbindungen fühlen, nicht durch das Blut mit anderen zusammenhängen. Dann konnte sie rein empfinden, was nur von Mensch zu Mensch spielt. Frei mußte sie sich erst fühlen von allen Blutsbanden, ja von der Möglichkeit der Blutsbande. Nicht nur ein «heimatloser» Mensch werden wie der Buddha, der aus der Heimat in die Fremde gegangen ist, sondern als herausgetreten aus allen Familienzusammenhängen, aus allem, was mit irgendwelchen Blutsbanden etwas zu tun hat, mußte die Individualität des nathanischen Jesus vor der Welt stehen. All den tiefen Schmerz mußte sie empfinden, den man empfinden kann, wenn man von dem, was sonst dem Menschen nahestehen kann, Abschied nehmen muß, wenn man allein stehen muß; aus der großen Einsamkeit, der Familienverlassenheit heraus mußte die Individualität sprechen, die in dem nathanischen Jesus lebte. Wer war diese Wesenheit?

Wir wissen, es ist jene Wesenheit, welche etwa bis zum zwölften Lebensjahre in dem salomonischen Jesus lebte, es ist die Individualität, der Geist des Zarathustra, welcher in dem salomonischen Jesus lebte, der den salomonischen Vater und die salomonische Mutter zu Eltern hatte. Der Vater aber war früh gestorben, verwaist war der Knabe von väterlicher Seite. Außer ihm waren in dieser Familie Brüder und Schwestern vorhanden. In dieser Familie ist er darinnen, solange er, der Zarathustra, in dem Leibe des salomonischen Jesus ist. Diese Familie verläßt er dann mit zwölf Jahren, gibt die Mutter auf, gibt die Brüder und Schwestern auf, um in den Leib des nathanischen Jesus hinüberzugehen. Da stirbt ihm auch die [nathanische] Mutter, da stirbt später der [nathanische] Vater. Und als er zu seinem Wirken in die Welt hinauszutreten hatte, da hat er von allem Abschied genommen, was mit Blutsbanden etwas zu tun hat. Da ist er nicht bloß gänzlich verwaist, hat verlassen müssen Brüder und Schwestern, sondern da hat er auch als Zarathustra-Wesenheit darauf verzichten müssen, jemals Nachkommen zu haben, jemals eine Familie zu begründen. Denn die Zarathustra-Wesenheit hat nicht nur Vater und Mutter, Brüder und Schwestern, sondern auch den eigenen Leib verlassen, ist in einen anderen Leib hineingegangen, in den Leib des nathanischen Jesus. Diese Wesenheit konnte vorarbeiten für eine noch höhere Wesenheit, welche dann in dem Leibe des nathanischen Jesus sich vorbereiten konnte zu dem großen Beruf, die allgemeine Menschenliebe zu verkünden. Und als dann die Mutter und die Brüder dieser

Wesenheit kamen und man ihr sagte: «Deine Mutter und deine Brüder stehen draußen und wollen dich sehen», da konnte diese Wesenheit aus tiefster Seele heraus, so daß man sie nicht mißverstehen kann, vor allem Volke die Worte sprechen, ohne irgendeine Pietät zu verletzen: Das sind sie nicht! – Denn selbst den Leib hatte der Zarathustra verlassen, der mit dieser Familie zusammenhing. Und hinweisend auf die, welche in freier Seelengemeinschaft mit ihm waren, konnte er sagen: Das sind meine Mutter und meine Brüder, die das Wort Gottes hören und tun! (Lukas 8, 20-21). So weit sind die religiösen Urkunden wörtlich zu nehmen.

Damit einer einmal die allgemeine Menschenliebe verkünden konnte, mußte er wirklich einmal in einer Gestalt inkarniert sein, in welcher er erfahren konnte das Verlassensein von allem, was Blutsbande begründen können. Zu dieser Gestalt schweifen unsere Gefühle hin, so daß sie zu ihr ganz wie in menschliche Nähe treten, zu einer Gestalt, die von hohen geistigen Höhen heruntersteigt und menschlich Erfahrenes und Erlittenes zum Ausdruck bringt. Daher schlagen unsere Herzen ihr zu. Und je geistiger wir sie verstehen, desto besser werden wir sie verstehen, und desto mehr werden unsere Herzen ihr entgegenschlagen und unsere Seelen ihr zujauchzen.

SIEBENTER VORTRAG

BASEL, 21. SEPTEMBER 1909

Wir haben uns in den verflossenen Tagen Vorstellungen zu bilden versucht über die wichtigsten Wesenheiten, von denen uns das Lukas-Evangelium zu sagen hat. Wir haben umfassende Begriffe gewonnen von dem, was dieser Urkunde zugrunde liegt. Eines aber haben wir noch nötig: die weitere Entwickelung der Hauptwesenheit, und damit der Hauptwesenheit unserer Erde, des Christus Jesus selber zu verfolgen. Es wird dabei notwendig sein, daß wir uns zunächst an das erinnern, was schon gesagt worden ist, daß der Christus Jesus, der dann später vor uns steht, von dem die Schilderung im Lukas-Evangelium handelt, sozusagen leiblich geboren worden ist als der nathanische Jesus aus dem davidischen Hause. Dieses Kind wächst heran bis ungefähr zum zwölften Jahre. In der Zeit, als seine Entwickelung bis dahin vorwärtsgeschritten ist, tritt in seinen Leib diejenige Ichheit ein, welche einstmals inkorporiert war in der Wesenheit, welche die persische Kultur eingeleitet hat, so daß wir also vom zwölften Jahre an in dem Leibe des nathanischen Jesus das Ich des Zarathustra haben. Jetzt wird es uns obliegen, genauer die Entwickelung dieser Wesenheit zu verfolgen. Da müssen wir uns an etwas erinnern, wofür wir ja durch unsere vorhergehenden geisteswissenschaftlichen Betrachtungen vorbereitet sind.

Wir wissen, daß die Entwickelung des Menschen im normalen Falle so fortschreitet, daß ein wichtiger Zeitabschnitt in die Zeit vom ersten bis zum siebenten Lebensjahre fällt; ein weiterer wichtiger Abschnitt in der Entwickelung fällt in die Zeit vom siebenten bis ungefähr vierzehnten Jahre, das heißt bis zur Geschlechtsreife; ein weiterer Abschnitt geht vom vierzehnten bis einundzwanzigsten Jahre, dann kommt ein Zeitabschnitt bis zum achtundzwanzigsten und darauf ein weiterer bis zum fünfunddreißigsten Jahre. Diese Zeitabschnitte sind natürlich nicht in pedantischer Weise so aufzufassen, daß etwa ihr Ende immer genau zusammenfällt mit dem Jahresdatum, sondern wir haben jenen wichtigen Übergang in der menschlichen Entwickelung, der ungefähr mit dem Ablaufe des siebenten Jahres bezeichnet wird, in die Zeit des Zahnwechsels zu setzen. Dieser Übergang geht also nicht auf einmal vor sich, sondern allmählich in der Zeit des Zahnwechsels. Ebenso geht alles bei den übrigen Abschnitten allmählich vor sich. Wir wissen nun – genauer ist das dargestellt in der kleinen Schrift «Die Erziehung des Kindes vom Gesichtspunkte der Geisteswissenschaft» –, daß mit dem Ablauf des siebenten Jahres geistig etwas Ähnliches geschieht wie physisch mit dem Verlassen des Mutterleibes: eine Art ätherischer Geburt geht dann vor sich. Mit dem vierzehnten Jahre, mit der Geschlechtsreife, geht eine astralische Geburt vor sich; da wird das frei, was des Menschen Astralleib ist. Wenn wir nun die menschliche Entwickelung genau verfolgen, verfolgen mit den Augen des Geistes, so stellt sie sich uns noch viel komplizierter dar. Wie der Mensch im Leben gewöhnlich beobachtet, entgehen ihm jene wichtigen Unterschiede im ganzen Menschenleben, die doch auch noch in den späteren Lebensjahren auftreten. Man hält heute dafür, daß von einem gewissen Zeitpunkte an nicht mehr viel mit dem Menschen vorgehe. Das ist aber nur eine grobe Betrachtung, die das meint. In Wahrheit können wir auch für die späteren Lebensjahre, wenn wir feiner beobachten, gewisse Unterschiede in der menschlichen Entwickelung wahrnehmen.

Wenn die physische Mutterhülle zurückgestreift wird, so ist das, was jetzt vom Menschen geboren ist, eigentlich nur der physische Leib, so daß das, was in den ersten sieben Lebensjahren frei hervortritt, der physische Leib ist. In den verschiedenen Vorträgen über die Erziehung des Kindes ist betont worden, wie wichtig es für den Erzieher ist, gerade dieses zu wissen. Dann, wenn die ätherische Hülle abgestreift wird, liegt frei der Ätherleib; wenn mit dem vierzehnten Jahre die astralische Mutterhülle abgestreift wird, liegt frei der Astralleib. Genau gesprochen können wir aber die menschliche Wesenheit nur verstehen, wenn wir von jener Gliederung ausgehen, die in meiner «Theosophie» angegeben ist. Dort sind die höheren, die seelischen Glieder der menschlichen Natur noch weiter geteilt. Da finden wir zunächst an den Lebensleib sich anschließend das, was man den Empfindungsleib nennt, und eigentlich ist bis zum einundzwanzigsten Jahre, genau gesprochen, gegenüber der äußeren Welt erst der Empfindungsleib vollständig frei. Mit dem einundzwanzigsten Jahre wird allmählich im Menschen dasjenige frei, was man die Empfindungsseele nennt; mit dem achtundzwanzigsten Jahre wird die Verstandes- oder Gemütsseele frei, und nachher die Bewußtseinsseele. So ist es beim gegenwärtigen Menschen. Und wer, geleitet durch die Erkenntnis der Geisteswissenschaft, das menschliche Leben beobachtet, der weiß sehr wohl, daß diese Entwickelungsstadien vorhanden sind. Und die, welche die großen Führer der Menschheit sind, wissen auch, warum das fünfunddreißigste Jahr ein so wichtiges ist. *Dante* wußte, warum er besonders auf sein fünfunddreißigstes Jahr hinwies, als er erklärte, daß er da jene gewaltigen Weltvisionen hatte, die in seinem großen Weltengedichte niedergelegt sind. Gleich im Anfange der «Göttlichen Komödie» finden wir darauf hingewiesen, daß er diese Visionen im fünfunddreißigsten Lebensjahr hatte. Da ist die Wesenheit des Menschen so weit, daß sie diejenigen Fähigkeiten als Werkzeuge voll benutzen kann, welche am Empfindungsleib, an der Empfindungsseele und an der Verstandes- oder Gemütsseele hängen.

Diejenigen, welche von dem Menschen im Sinne unserer Entwickelung gesprochen haben, haben diese Einteilung immer gekannt. Bei den Orientalen war es etwas anders, da ändern sich die Zeiten etwas. Daher aber hatte man für die orientalische Kultur recht, wenn man nicht dieselben Unterschiede machte in der Einteilung. Im Abendlande aber mußte man sie immer machen. Die Griechen zum Beispiel haben nur mit etwas anderen Worten das bezeichnet, was wir hier haben. Indem sie das Seelische bezeichnen wollten, fingen sie an bei dem, was wir den Lebensleib nennen, und nannten es Threptikon; was wir den Empfindungsleib nennen, nannte man mit einem sehr bezeichnenden Ausdruck Aesthetikon; unsere Empfindungsseele bezeichnete man als Orektikon, die Verstandesseele als Kinetikon, und was die Bewußtseinsseele ist, das kostbarste Gut, was sich der Mensch jetzt erwirbt, nannte man Dianoetikon. So haben wir die Entwickelung des Menschen vor uns, wenn wir sie genau und exakt betrachten.

Nun war durch gewisse Verhältnisse, die uns heute auch noch zum Teil klarwerden sollen, die Entwickelung des nathanischen Jesus etwas vorangeschoben, etwas beschleunigt worden. Das war ja dadurch auch möglich, daß in seinen Gegenden die Geschlechtsreife früher fiel. Aber es lagen bei ihm noch ganz besondere Gründe vor, daß dasjenige, was sonst im vierzehnten Jahre eintritt, bei ihm im zwölften Jahre eintrat. Und so trat das, was sonst mit einundzwanzig Jahren eintritt, bei ihm mit neun-

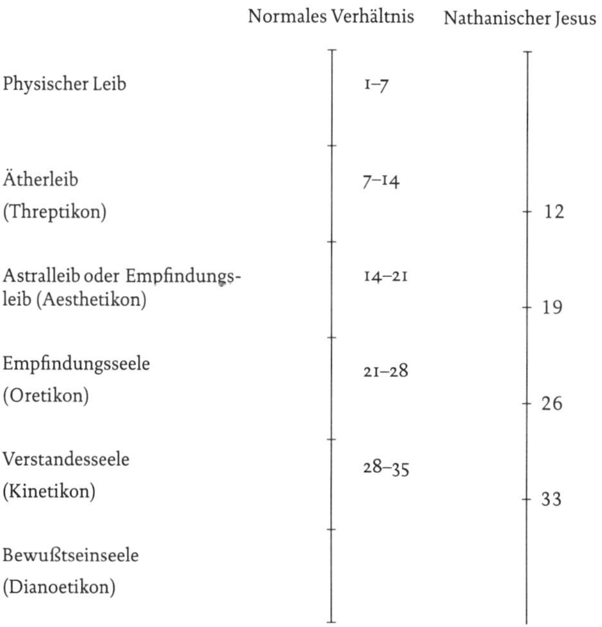

zehn Jahren ein, und was sonst mit achtundzwanzig und fünfunddreißig Jahren vorgeht, das ereignete sich bei ihm mit sechsundzwanzig und dreiunddreißig Jahren. Das ist sozusagen das Schema der Entwickelung unseres irdischen Mittelpunktwesens. Wir haben nun zu beachten, daß wir bis zum zwölften Jahre leiblich den nathanischen Jesus vor uns haben, daß aber vom zwölften Jahre an in dem nathanischen Jesus weiterlebt das Ich des Zarathustra. Was heißt das eigentlich? Es heißt nichts anderes, als daß dieses Ich, dieses reife Ich, von dem zwölften Jahre angefangen, an des nathanischen Jesus Empfindungsleib, Empfindungsseele und Verstandesseele arbeitete und diese Eigenschaften der menschlichen Natur in der Weise ausarbeitete, wie nur ein so reifes Ich, das durch die verschiedensten Inkarnationen hindurch die Schicksale des Zarathustra-Ich durchgemacht hat, die menschlichen Fähigkeiten ausarbeiten kann. So haben wir jene wunderbare Tatsache vor uns stehen, daß in den Leib des nathanischen Jesus hinein mit dem zwölften Jahre sich das Ich des Zarathustra verkörperte, daß es die Fähigkeiten in der Seele in der denkbar feinsten Weise ausarbeitete. Also es entwickelte sich ein Empfindungsleib heran, der imstande war, so hinaufzuschauen in den Kosmos, daß er die Empfindungen haben konnte von dem alten Ahura Mazdao, was dieser seiner geistigen Wesenheit nach ist; es entwickelte sich eine Empfindungsseele, welche das Wissen, die Weisheit in sich hegen konnte, die nach und nach sich erst auf Grundlage der Ahura-Mazdao-Lehre innerhalb der Menschheit entwickelte; und es entwikkelte sich dann eine Verstandesseele, die das alles begriff, das heißt in Begriffe, in Worte, in leichtfaßliche Worte fassen konnte, was die Menschheit früher nur durch ihre geistigen Strömungen von außen erlangt hatte.

So entwickelte sich dieser nathanische Jesus mit dem Zarathustra-Ich in sich. Und er entwickelte sich so lange in dieser Weise, bis das dreißigste Jahr herannahte. Da machte sich eine neue Tatsache geltend. Diejenige Erscheinung, die in einer gewissen Weise schon mit zwölf Jahren bei dem nathanischen Jesus aufgetreten ist, daß sein Innerstes mit einer neuen Ichheit erfüllt worden ist, die tritt noch einmal ein, jetzt jedoch in einer universelleren, bedeutenderen Weise. Gegen das dreißigste Jahr sehen wir, wie das Zarathustra-Ich seine Aufgabe an der Seele des nathanischen Jesus vollendet hat, wie es die Fähigkeiten in der höchsten Weise ausgebildet hat. Da hatte es sozusagen die Mission für diese Seele vollendet, da hatte es alles das, was es durch die früheren Inkarnationen gewonnen hatte, in diese Seele hineingearbeitet und konnte nunmehr sagen: Meine Aufgabe ist jetzt volendet. – Und es verließ das Zarathustra-Ich eines Tages den Leib des nathanischen Jesus.

Das Zarathustra-Ich lebte also bis zum zwölften Jahre in dem Leibe des salomonischen Jesus. Dieser Knabe hätte sich irdisch nun nicht weiterentwickeln können. Er blieb sozusagen deshalb, weil das Zarathustra-Ich, das in ihm gewohnt hatte, ihn verlassen hatte, auf seinem damaligen Standpunkte stehen. Er war allerdings bis zu einer hohen und seltenen Reife gelangt, weil ein so hohes Ich in ihm war. Wer äußerlich das salomonische Jesuskind beobachtet hätte, würde gefunden haben, daß es ein im höchsten Maße frühreifes Kind war. Aber von dem Momente an, als das Zarathustra-Ich es verlassen hatte, blieb es stehen, da konnte es nicht weiter. Und als der Zeitpunkt heranrückte, wo verhältnismäßig früh die Mutter des nathanischen Jesus starb, in bezug auf die geistigen Glieder in die geistige Welt entrückt wurde, da nahm sie dasjenige, was an Ewigkeitswert, an bildender Kraft in dem salomonischen Jesuskinde war, mit sich. Dieses Kind starb auch, also ungefähr zur gleichen Zeit, als die Mutter des nathanischen Jesus starb.

Es war eine wertvolle Ätherhülle, welche damals den Leib des salomonischen Jesus verließ. Wir wissen, daß der Ätherleib von jener Zeit an seine besondere Ausbildung erlangt, wenn ein Kind ungefähr das siebente Jahr überschritten hat, zwischen dem siebenten Jahre und der Geschlechtsreife. Das war also ein Ätherleib, der durch die Kräfte ausgebildet war, die das Zarathustra-Ich hatte. Wir wissen, daß beim Tode der Ätherleib den physischen

Leib verläßt, daß alles, was nicht für die Ewigkeit brauchbar ist, im normalen Menschenleben abgestreift wird und daß eine Art Extrakt von dem Ätherleibe mitgenommen wird. Bei dem salomonischen Jesusknaben war das denkbar größte Quantum des Ätherleibes für die Ewigkeit brauchbar. Der ganze Lebensleib dieses Kindes wurde von der Mutter des nathanischen Jesus in die geistige Welt mitgenommen.

Nun ist aber der Ätherleib der Bildner und Aufbauer des physischen Menschenleibes. Wir können uns nun vorstellen, daß in der Tat eine tiefe Verwandtschaft war zwischen diesem Ätherleibe, der als der Ätherleib des salomonischen Jesus in die geistige Welt entrückt worden war, und dem Ich des Zarathustra, denn dasselbe war bis zum zwölften Jahre eins mit ihm im Erdenwandel. Und als es durch die Entwickelung des Jesus von Nazareth dann dessen Leib verließ, sich sozusagen herausbegab aus dem Leibe des nathanischen Jesus, da machten sich die Anziehungskräfte geltend zwischen dem Zarathustra-Ich und dem Ätherleibe, welcher dem salomonischen Jesuskinde entstammte. Die kamen wieder zusammen und bauten sich dann einen neuen physischen Leib auf. Das Zarathustra-Ich war so reif, daß es nicht einen weiteren Durchgang durch ein Devachan brauchte. Es konnte sich nach verhältnismäßig kurzer Zeit mit Hilfe jenes Ätherleibes, den wir eben charakterisiert haben, einen neuen physischen Leib aufbauen. Und dadurch wurde nunmehr zum ersten Male dasjenige Wesen geboren, welches nachher immer wieder und wieder erschien, immer so erschien, daß verhältnismäßig kurze Zeiträume zwischen dem physischen Tode und einer neuen Geburt verliefen, so daß dieses Wesen immer, wenn es den physischen Leib im Tode verließ, bald wieder auf der Erde neu inkarniert erschien.

Diese Wesenheit, welche also ihren auf die geschilderte Weise abgelegten Ätherleib wieder aufgesucht hat, wandelte nachher durch die Geschichte der Menschheit. Sie wurde, wie Sie sich vorstellen können, der größte Helfer derjenigen, welche das große

Ereignis von Palästina begreifen wollten. Als sogenannter «Meister Jesus» wandelt diese Individualität durch der Zeiten Wende; so daß also der Zarathustra, das Zarathustra-Ich, nach der Wiederauffindung seines Ätherleibes seine Laufbahn durch die Menschheitsentwickelung als der «Meister Jesus» begann, der seitdem auf unserer Erde immer wieder und wieder verkörpert lebt zur Lenkung und Leitung jener Geistesströmung, die wir die christliche nennen. Er ist der Inspirator derjenigen, welche das sich lebendig entwickelnde Christentum verstehen wollen; er hat innerhalb der esoterischen Schulen diejenigen inspiriert, welche die Lehren des Christentums fortdauernd zu pflegen hatten. Hinter den großen geistigen Gestalten des Christentums steht er, immerdar lehrend, was eigentlich das große Ereignis von Palästina bedeutet.

Dieses Zarathustra-Ich, das den Leib des nathanischen Jesus vom zwölften bis zum dreißigsten Jahre belebt hat, es war nunmehr außerhalb dieses Leibes. Eine andere Wesenheit drang jetzt in diesen Leib ein. Der Zeitpunkt, da dies geschah, da nun sozusagen ein «höchstes Ich» statt des Zarathustra-Ich in den nathanischen Jesus eindrang, dieser Zeitpunkt wird uns in allen Evangelien charakterisiert als derjenige der Johannes-Taufe im Jordan. Es ist schon bei Gelegenheit der Besprechung des Johannes-Evangeliums darauf aufmerksam gemacht worden, daß die Taufe in jenen älteren Zeiten noch etwas ganz anderes war, als sie später geworden ist, wo sie nur ein Symbol ist. Sie wurde auch anders von Johannes dem Täufer vorgenommen. Die getauft wurden, sie wurden ihrer ganzen Leiblichkeit nach, mit ihrem ganzen Körper in das Wasser eingetaucht. Nun wissen Sie aber aus den verschiedenen vorbereitenden anthroposophischen Vorträgen, daß bei einer solchen Tatsache etwas ganz Besonderes geschehen kann. Schon im gewöhnlichen Leben, wenn der Mensch zum Beispiel dem Ertrinken nahe ist und einen Schock bekommt, tritt das ein, daß er sein bisheriges Leben wie in einem großen Tableau vor sich stehen hat. Das kommt daher, weil da für einen Augenblick das geschieht, was sonst nur nach dem Tode eintritt: der Ätherleib wird herausgehoben aus dem physischen Leibe, wird frei von den Gewalten des physischen Leibes. Das vollzog sich bei den meisten Täuflingen des Johannes, und das vollzog sich besonders bei der Taufe des nathanischen Jesus: sein Ätherleib wurde herausgezogen. Und während dieses Momentes konnte in den Leib des nathanischen Jesus untertauchen und Besitz von ihm nehmen jene hohe Wesenheit, die wir die Christus-Wesenheit nennen.

So ist von jenem Zeitpunkte der Johannes-Taufe an der nathanische Jesus durchdrungen von der Christus-Wesenheit. Das bedeuten die Worte, welche in den älteren Evangelienurkunden handschriftlich stehen: «Dies ist mein vielgeliebter Sohn, heute habe ich ihn gezeuget» – das heißt, es ist jetzt der Sohn des Himmels, der Christus gezeugt. Der Befruchter war die einheitliche Gottheit, die durch die Welt webt, und empfangend war der Leib und die ganze Organisation des nathanischen Jesus, der vorbereitet worden war, um den Fruchtkeim aus den Höhen zu empfangen. «Dies ist mein vielgeliebter Sohn, heute habe ich ihn gezeuget», so hieß es sonst in den älteren Evangelienhandschriften, und so sollte es in Wahrheit in den Evangelien stehen (Lukas 3, 22).

Wer ist diese Wesenheit, die sich damals mit dem Ätherleibe des nathanischen Jesus vereinigte? Diese Christus-Wesenheit können wir wieder nicht verstehen, wenn wir unseren Blick nur auf die Erdenentwickelung lenken. Diese Christus-Wesenheit ist diejenige Wesenheit, welche wir nennen müssen den Führer jener geistigen Wesenheiten, welche damals, als die Sonne sich von der Erde getrennt hat, mit der Sonne aus der Erde hinausgingen und sich einen höheren Schauplatz begründeten, um von dieser Sonne aus, also von außen herein, auf die Erde zu wirken. Wenn wir uns also in die vorchristliche Erdenzeit zurückversetzen – von der Zeit an, als sich die Sonne von der Erde getrennt hat, bis zu der Erscheinung des Christus auf der Erde –, so müssen wir sagen: Wenn der Mensch zur Sonne hinaufschaute, so hätte er bei einer Reife seiner Empfindungen dasjenige empfinden müssen, was der Zarathustra gelehrt hat, daß das, was im Sonnenlicht und in der Sonnenwärme zu uns dringt, nur das physische Kleid ist jener hohen geistigen Wesenheiten, die hinter dem Sonnenlichte stehen; denn dahinter verbergen sich die geistigen Kraftstrahlen, die von der Sonne auf die Erde hereindringen. Der Führer aber aller der anderen Wesenheiten, welche da ihre wohltätigen Wirkungen von der Sonne heruntersenken auf die Erde, das ist das Wesen, das später der Christus genannt worden ist. Man hat es also in den vorchristlichen Zeiten nicht auf der Erde zu suchen gehabt, sondern man hatte es auf der Sonne zu suchen. Und Zarathustra tat recht, wenn er es mit dem Namen Ahura Mazdao bezeichnete, es auf die Sonne versetzte und sagte: Wenn wir über die Erde wandeln, finden wir ihn nicht, diesen Lichtgeist, wenn wir aber auf die Sonne schauen, dann ist dasjenige, was auf der Sonne geistig lebt, der Ahura Mazdao, und was als Licht zu uns strömt, das ist der Leib des Sonnengeistes, des Ahura Mazdao, wie der menschliche physische Leib der Leib des Menschengeistes ist. – Aber immer mehr näherte sich dieses hohe Wesen durch die großen kosmischen Vorgänge der Erdensphäre. Man konnte hellseherisch sozusagen immer mehr und mehr verspüren die Annäherung des Christus an die Erde. Und ein deutliches Erkennen dieses Christus trat ein, als der große Vorgänger des Christus Jesus, als Moses auf dem Sinai im Blitzesfeuer seine Offenbarungen empfing.

Was bedeuteten diese Offenbarungen des Moses? Sie bedeuteten, daß sich das, was als Christus-Wesenheit sich der Erde näherte, zunächst wie in einer Reflexion zeigt, wie in einem Spiegelbilde. Denken wir uns den Vorgang vergeistigt, den wir jede Vollmondnacht am Vollmonde wahrnehmen. Wenn wir zum Vollmond hinaufblicken, sehen wir die Sonnenstrahlen zurückgestrahlt, gespiegelt. Es ist Sonnenlicht, was uns da entgegenströmt; nur heißen wir es Mondenlicht, weil es vom Monde widergespiegelt erscheint. Wen sah Moses im brennenden Dornbusch und im Feuer auf dem Sinai? Den Christus! Aber wie man das Sonnenlicht nicht auf dem Monde direkt sieht, sondern gespiegelt, so sah er in einer Spiegelung den Christus. Und wie wir das Sonnenlicht, wenn wir es vom Monde gespiegelt erblicken, Mondenlicht nennen, so wurde damals der Christus Jahve oder Jehova genannt. Daher ist Jahve oder Jehova nichts anderes als die Widerspiegelung des Christus, bevor dieser selbst auf der Erde erschien. So verkündigte sich der Christus der menschlichen Wesenheit, die ihn noch nicht in seiner ureigenen Wesenheit zu schauen vermochte, indirekt, wie in der sonst dunklen Vollmondnacht das Sonnenlicht sich durch die Mondenstrahlen verkündigt. Jahve oder Jehova ist der Christus, aber nicht direkt gesehen, sondern als reflektiertes Licht.

Immer mehr und mehr sollte sich menschlichem Erkennen, menschlichem Wahrnehmen dieser Christus nähern. Das heißt, er sollte eine Zeitlang selber auf der Erde wandeln, Mensch unter Menschen sein, menschlicher Mitbewohner auf unserer Erde werden, wie er vorher aus dem Kosmos herunter für die Eingeweihten sich kundgetan hat. Dazu mußte erst der richtige Zeitpunkt kommen. Daß er vorhanden ist, der Christus, das hat man dort, wo man die Weisheit der Welt durchdrungen hat, immer gewußt. Und weil er sich in der verschiedensten Weise geoffenbart hat, so hat man ihn auch mit den verschiedensten Namen benannt. Zarathustra hat ihn Ahura Mazdao genannt, weil er sich ihm in dem Sonnenlichtkleide offenbarte. Jene großen Lehrer der Menschheit, die in der ersten Epoche nach der atlantischen Katastrophe im alten Indien aufgetreten sind, die heiligen Rishis, sie haben, da sie Eingeweihte waren, durchaus von diesem Wesen gewußt; nur wußten sie, daß es mit Erdenweisheit in dieser Epoche noch nicht zu erreichen ist, daß es sich mit Erdenweisheit erst in einer späteren Epoche wird erreichen lassen. Daher war die Formel für jene Zeit die, daß dieses Wesen lebe jenseits der Region der sieben Rishis. Vishva Karman nannte man es. So also lehrten auch sie von jenem Wesen, das sie Vishva Karman nannten, das der Zarathustra Ahura Mazdao nannte. Das sind verschiedene Namen für diese Wesenheit, die sich langsam aus Geisteshöhen, aus kosmischen Örtlichkeiten der Erde näherte.

Aber es mußte die Menschheitsentwickelung vorbereitet werden, damit ein Leib dieses Wesen aufnehmen konnte. Dazu mußte erst eine solche Wesenheit, wie sie in dem Zarathustra gelebt hat, heranreifen von Inkarnation zu Inkarnation, um dann in einem so reinen Leibe, wie es der des Jesus von Nazareth war, die Fähigkeiten des Empfindungsleibes, der Empfindungsseele und der Verstandesseele auszuarbeiten, so daß diese menschliche Wesenheit fähig wurde, ein so hohes Wesen aufzunehmen. Das mußte langsam vorbereitet werden. Damit eine Empfindungsseele, eine Verstandesseele so vorbereitet werden konnte, mußte erst ein Ich durch die vielen Erfahrungen und Erlebnisse durchgehen, durch die der Zarathustra durchgegangen ist, und mußte umgestalten die Fähigkeiten in dem nathanischen Jesus. Das war nicht möglich in einer früheren Zeit. Denn an dem nathanischen Jesuskinde mußte nicht nur das Zarathustra-Ich arbeiten, sondern auch jene hohe Wesenheit, die wir charakterisiert haben als den Nirmanakaya des Buddha. Sie arbeitete insbesondere von außen herein von der Geburt bis zum zwölften Lebensjahre. Dazu mußte sie aber erst da sein. Es mußte jener Bodhisattva selbst erst zum Buddha-Dasein aufsteigen, um in sich möglich zu machen, den Geistleib des Nirmanakaya zu entwickeln, damit er das nathanische Jesuskindlein von der Geburt bis zum zwölften Jahre bearbeiten konnte. Der Bodhisattva selbst mußte erst die Buddha-Stufe übersteigen, um in sich die Kraft zu haben, einen Leib reif zu machen zu jenem großen Ereignis. Er hatte es in jener Inkarnation, als er Buddha wurde, noch nicht dazu gebracht, diese Fähigkeit auszubilden. Dazu war erst sein Buddha-Leben notwendig.

Wenn einmal die Menschheit wirklich verstehen wird, was als große Weistümer in den Legenden aufbewahrt ist, dann wird sie an den entsprechenden Stellen lesen können, daß alles, was wir aus der Akasha-Chronik entziffern, in einer wunderbaren Weise in den alten Legenden enthalten ist. Es wird uns erzählt, und mit Recht, daß die Christus-Wesenheit auch im alten Indien gelehrt worden ist als kosmische Wesenheit jenseits der

Sphäre der sieben heiligen Rishis. Sie wußten, daß diese Wesenheit in der Höhe lebt und sich erst allmählich der Erde nähert. Zarathustra wußte auch, daß er den Blick hinauszuwenden hatte von der Erde zur Sonne; und das althebräische Volk war durch die Eigenschaften und Fähigkeiten, die wir gestern hervorgehoben haben, in der Lage, die Widerspiegelung der Christus-Wesenheit zuerst verkündigt zu erhalten. – Auch das wird uns angedeutet, und zwar in einer Erzählung, wie der Buddha, als er sich eben anschickte, von dem Bodhisattva zu einem Buddha zu werden, in Berührung kam mit dem Vishva Karman, der später der Christus genannt wurde. Die Legende erzählt ja, daß er, als sein neunundzwanzigstes Jahr heranrückte, jene berühmte Ausfahrt aus seinem Palaste machte, wo er bis dahin gehegt und gepflegt worden war. Da sah er zuerst einen alten Mann, dann einen Kranken, dann einen Leichnam, und lernte so nach und nach das Elend des Lebens kennen; dann sah er einen Mönch, der dieses Leben verlassen hatte, in dem Alter, Krankheit und Tod sind. Da beschloß er, so erzählt die Legende, die eine tiefe Wahrheit verkündet, zunächst nicht gleich hinauszuziehen, sondern erst noch einmal zurückzukehren. Aber bei dieser Ausfahrt, so sagt uns diese Legende, wurde er von den geistigen Höhen herein geschmückt mit jener Kraft, welche der Götterkünstler Vishva Karman, der ihm erschien, auf die Erde heruntersandte. Geschmückt wurde der Bodhisattva mit der Kraft des Vishva Karman selbst, der später der Christus genannt wurde. Also etwas Äußerliches war der Christus noch für ihn, war noch nicht mit ihm vereinigt. Damals hatte sich auch der Bodhisattva dem dreißigsten Jahre genähert; damals aber hätte er noch nicht vollständig die Christus-Aufnahme in einem menschlichen Leib bewirken können. Dazu mußte er erst reif sein. Gerade durch sein Buddha-Dasein hat er sich erst reif gemacht. Und als er in dem Nirmanakaya erschien, hatte er die Aufgabe, diesen Leib des nathanischen Jesus, den er nicht selber einnahm, reif zu machen für die Aufnahme des Vishva Karman, des Christus.

So hatten die Kräfte der Erdenentwickelung zusammengewirkt, um das große Ereignis zustande zu bringen. Nun muß sich uns die Frage auf die Lippen legen: Wie steht dieser Christus, dieser Vishva Karman, zu solchen Wesenheiten wie den Bodhisattvas, von denen zum Beispiel jener Bodhisattva einer war, der später zum Buddha geworden ist?

Mit dieser Frage kommen wir hart an den Rand eines der größten Geheimnisse unserer Erdenentwickelung heran. Es wird im allgemeinen für die heutigen Gefühle und Empfindungen der Menschen schwer, das Gewaltige auch nur zu ahnen, was sich hinter diesem Geheimnis verbirgt. Solcher Wesenheiten, wie der Bodhisattva eine ist, der zum Buddha wurde und der die Mission hatte, die große Lehre vom Mitleid und von der Liebe der Menschheit einzuverleiben, solcher Wesenheiten gibt es im Zusammenhange mit unserem Kosmos, zu dem die Erde gehört, zwölf. Jener Bodhisattva, der fünf bis sechs Jahrhunderte vor unserer Zeitrechnung zum Buddha wurde, ist einer von diesen zwölfen. Alle Bodhisattvas haben eine bestimmte Mission. Wie dieser eine die Mission hatte, die Lehre vom Mitleid und von der Liebe auf die Erde zu bringen, so haben auch die anderen ihre Missionen, die in den verschiedenen Erdenepochen erfüllt werden müssen. Der Buddha steht der Erdenmission deshalb besonders nahe, weil die Entwickelung der moralischen Gesinnung gerade die Aufgabe unseres Zeitalters ist, von dem Zeitpunkte an, da der Bodhisattva fünf bis sechs Jahrhunderte vor unserer Zeitrechnung erschien, bis dieser Bodhisattva von seinem Bodhisattva-Nachfolger abgelöst werden wird, der später auf der Erde als der Maitreya Buddha zu leben hat. So geht überhaupt die Erdenentwickelung vorwärts: die Bodhisattvas steigen herab und haben der Erdenentwickelung das, was Gegenstand ihrer Mission ist, von Zeit zu Zeit einzuverleiben. Würden wir die ganze Erdenentwickelung überblicken, so fänden wir eben zwölf solcher Bodhisattvas. Sie gehören jener gewaltigen Geistergemeinschaft an, welche also von Zeit zu Zeit einen der Bodhisattvas als einen besonderen Sendboten auf die

Erde zu senden hat, als einen der großen Lehrer. Gleichsam eine große Loge von zwölf Bodhisattvas haben wir als regierende Loge unserer ganzen Erdenentwickelung anzuerkennen. Diese zwölf Bodhisattvas decken sich im wesentlichen mit dem Begriffe, den wir auf niederen Stufen des Daseins als den Begriff des Lehrers kennen. Lehrer sind sie, große Inspiratoren für diesen oder jenen Teil dessen, was sich die Menschen anzueignen haben.

Woher empfangen die Bodhisattvas das, was sie von Epoche zu Epoche zu verkünden haben? Wenn Sie hineinschauen könnten in die große Geistloge der Bodhisattvas, in den Kreis der zwölf Bodhisattvas, so würden Sie finden, daß inmitten der zwölf Bodhisattvas in unserem Weltendasein ein dreizehntes Wesen sitzt, das wir nicht in demselben Sinne einen Lehrer nennen können wie die zwölf Bodhisattvas, sondern das wir nennen müssen dasjenige Wesen, von dem die Weisheit selber substantiell ausströmt. Daher sagt man ganz richtig, wenn man den Tatbestand bezeichnen will: Die zwölf Bodhisattvas sitzen in der großen Geistloge um ihren Mittelpunkt herum; sie sind in dem Anschauen der großen Wesenheit versunken, die ihnen alles zuströmt, was sie dann als ihre Mission in die Erdenentwickelung hineinzutragen haben. So strömt von diesem Dreizehnten das aus, was die anderen zu lehren haben. Sie sind die Lehrer, die Inspiratoren, der Dreizehnte ist als Wesenheit selber das, was die anderen lehren. Über ihn verkünden sie immer von Epoche zu Epoche. Dieser Dreizehnte ist derjenige, den die alten Rishis nannten Vishva Karman, den Zarathustra nannte Ahura Mazdao; das ist der, den wir den Christus nennen. Und so steht er zu allen Bodhisattvas, so ist er der Führer und Lenker der großen Loge der Bodhisattvas. Und so ist der Inhalt der Verkündigung durch den ganzen Chor der Bodhisattvas hindurch die Lehre von dem Christus, von dem Vishva Karman. – Derjenige, der fünf bis sechs Jahrhunderte vor unserer Zeitrechnung vom Bodhisattva zum Buddha geworden ist, er wurde geschmückt mit den Kräften des Vishva Karman. Derjenige, der als nathanischer Jesus den Christus in sich aufgenommen hatte, er wurde nicht bloß «geschmückt», sondern «gesalbt», das heißt durchdrungen, durchtränkt von dem Vishva Karman, von dem Christus.

Überall, wo Menschen eine Ahnung oder auch durch die Einweihung eine Erkenntnis hatten von diesem Tatbestand, von diesen großen Geheimnissen der Menschheitsentwickelung, da bildete sich wie in einem Symbolum, wie in einem Bilde dieses Geheimnis ab. Wir sehen, wie zum Beispiel in jenen wenig bekannten, geheimnisvollen Mysterien des europäischen Nordens, in den Drotten-Mysterien, vor der Erscheinung des Christentums ein irdisches Symbolum von dem geistigen Tatbestand der Loge der zwölf Bodhisattvas geschaffen wurde. In den Drotten-Mysterien gehörte in den alten Zeiten Europas immer zu denjenigen, die innerhalb der geistigen Entwickelung die Lehrer waren, eine Gemeinschaft von Zwölf. Die hatten zu verkündigen. Und einen Dreizehnten hatten sie, der nicht lehrte, sondern der durch seine bloße Gegenwart die Weisheit ausstrahlte, welche die anderen empfingen. Das war das Bild auf der Erde von einem himmlischen, geistigen Tatbestand. – Und anderseits werden wir in dem Gedicht «Die Geheimnisse», wo Goethe auf seine Rosenkreuzer-Inspiration hingewiesen hat, daran erinnert, wie Zwölf herumsitzen um einen Dreizehnten und wie dieser nicht ein großer Lehrer zu sein braucht; denn der Bruder Markus soll von den Zwölfen – nachdem der Dreizehnte von ihnen gegangen sein wird in seiner Einfachheit als dieser Dreizehnte angesprochen werden. Er soll der Bringer nicht einer Lehre, sondern der spirituellen Substanz selber sein. Und überall, wo man eine Ahnung oder eine Erkenntnis von diesem hohen Tatbestand hatte, war es so.

Es war also mit der Johannes-Taufe im Jordan derjenige Zeitpunkt für die Menschheitsentwickelung eingetreten, wo dieser himmlische Dreizehnte als die geistige Substanz selber auf der Erde erschien, von der alle anderen – Bodhisattvas und Buddhas – zu lehren hatten; und es waren jene gewaltigen Vorbereitungen notwendig, damit sich diese Wesenheit in einen menschlichen Leib hineinsenken konnte. Das ist das Geheimnis der Jordan-Taufe. Und das ist das Wesen, das uns in den Evangelien geschildert wird: Vishva Karman, Ahura Mazdao oder der Christus, wie er später genannt worden ist, in dem Leibe des nathanischen Jesus. Als solcher sollte dieses Wesen durch die drei Jahre auf der Erde wandeln in Menschengestalt, Mensch unter Menschen, in jener geprüften Erdenwesenheit, die bis zu ihrem dreißigsten Jahre das alles erlebt hatte, was wir im Laufe dieser Vorträge gehört haben. Diesen nathanischen Jesus durchleuchtete, durchströmte die Wesenheit, die sich früher in den leuchtenden und wärmenden Sonnenstrahlen verbarg, die aus dem Kosmos herunterleuchteten, jene Wesenheit also, welche mit der Sonne bei ihrer Trennung von der Erde weggegangen war.

Nunmehr können wir uns aber noch eine andere Frage vorlegen, die Frage: Warum hat sich diese Wesenheit so spät erst mit der Menschheitsentwickelung auf der Erde vereinigt? Warum ist sie nicht früher auf die Erde heruntergestiegen? Warum durchdrang sie nicht früher einen menschlichen Ätherleib, wie sie ihn bei der Johannes-Taufe im Jordan durchdrungen hat? Das können wir begreifen, wenn wir etwas genauer noch jenes Ereignis verstehen, das uns im Alten Testament als der Sündenfall dargelegt wird. Dieses Ereignis besteht darin, daß gewisse Wesenheiten, die auf der Stufe der alten Mondenentwickelung stehengeblieben waren, in der alten lemurischen Zeit ihren Einzug hielten in den menschlichen Astralleib. Derselbe ist damals durchdrungen worden von den luziferischen Wesenheiten. Das wird uns bildlich dargestellt in dem Sündenfalle des Paradieses. Dadurch, daß diese Kräfte in den menschlichen Astralleib eindrangen, ist der Mensch tiefer in die Erdenangelegenheiten verstrickt worden, als es sonst geschehen wäre. Wenn er diesen luziferischen Einfluß nicht erhalten hätte, würde er gleichsam in höheren Sphären, weniger in die Erdenmaterie hineinverstrickt, seine Entwikkelungslaufbahn auf der Erde vollendet haben. Der Mensch ist dadurch früher heruntergestiegen auf die Erde, als er eigentlich hätte heruntersteigen sollen. Wäre nun sonst nichts eingetreten, wäre nur das alles geschehen, was eben jetzt angedeutet worden ist, so hätte sich damals die ganze Wirkung der luziferischen Kräfte, welche im Astralleib des Menschen verankert waren, auch im menschlichen Ätherleibe geltend gemacht. Das aber mußten die Weltenmächte verhindern. Daher mußte etwas ganz Besonderes eintreten. – Was damit gemeint ist, wird noch von einer anderen Seite her klarwerden durch meine demnächst erscheinende «Geheimwissenschaft». – Der Mensch durfte nicht so bleiben, wie er war, nachdem er die luziferischen Kräfte in seinen Astralleib aufgenommen hatte. Er mußte behütet werden vor der Wirkung der luziferischen Kräfte auf seinen Ätherleib. Das wurde dadurch erreicht, daß der Mensch damals unfähig gemacht wurde, seinen vollen Ätherleib zu benutzen. Es wurde ein Teil des Ätherleibes der Willkür des Menschen entzogen. Wäre diese Wohltat der Götter nicht gekommen, hätte der Mensch die Kraft über seinen vollen Ätherleib beibehalten, so hätte er nimmermehr den Weg durch die Erdenentwickelung in entsprechender Weise finden können. Gewisse Teile des menschlichen Ätherleibes haben damals herausgezogen werden müssen, um aufgespart zu werden für spätere Zeiten. Versuchen wir jetzt einmal uns vor das geistige Auge zu führen, welche Teile dieses waren.

Der Mensch besteht zunächst aus den Teilen, die wir auch draußen in der Welt sehen, aus dem Erdigen oder Festen, aus Wasser oder Flüssigem und aus Luft oder Gasförmigem. Das sind die Elemente, die den physischen Menschenleib bilden, wie sie auch alles Physische bilden. Das Ätherische beginnt mit dem ersten Ätherzustande, den wir den Zustand des Feueräthers oder des Feuers schlechtweg nennen. Feuer oder Wärme, was die heutige Physik nicht als ein Substantielles, sondern nur als eine bloße Bewegung ansieht, ist aber der erste Zustand des Äthers. Der zweite Ätherzustand ist der Lichtäther oder Licht schlechtweg, und der dritte Zustand ist das, was für den Menschen zunächst gar nicht in seiner ursprünglichen Gestalt erscheint; nur einen Abglanz, gleichsam einen Schatten dieses Äthers kann der Mensch in der physischen

Welt wahrnehmen als Ton, als Schall. Aber dem, was äußerlich Schall ist, liegt etwas Feineres, Ätherisches, etwas Geistiges zugrunde, so daß wir den physischen Ton nur als ein Schattenbild des geistigen Tones, des Tonäthers oder auch Zahlenäthers zu bezeichnen haben. Das vierte Äthergebiet ist der Lebensäther, das, was allem eigentlichen Leben zugrunde liegt.

Wie nun der heutige physische Mensch ist, so prägt sich alles, was sein Seelenhaftes ist, in seiner physischen Leiblichkeit und in seiner ätherischen Leiblichkeit aus. Aber alles Seelische ist sozusagen gewissen Substanzen des Ätherischen zugeteilt. Was wir den Willen nennen, drückt sich ätherisch aus in dem, was wir das Feuer nennen. Wer nur ein wenig empfänglich ist für gewisse empfindungsgemäße Zusammenhänge, der wird fühlen, daß man ein gewisses Recht hat, so von dem Willen zu sprechen, daß dieser Wille, der sich physisch im Blute ausdrückt, in dem Feuerelement des Ätherischen lebt; physisch drückt er sich im Blute aus, beziehungsweise in der Bewegung des Blutes. Was wir Gefühl nennen, drückt sich aus in dem Teile des Ätherleibes, der dem Lichtäther entspricht. Weil das so ist, deshalb sieht auch der Hellseher die Willensimpulse des Menschen wie Feuerflammen, die seinen Ätherleib durchzucken und in den Astralleib hineinstrahlen, und die Gefühle sieht er als Lichtformen. Was aber der Mensch als sein Denken in seiner Seele erlebt und was wir in den Worten aussprechen, das sind auch nur Schattenbilder des Denkens, wie Sie sich ja leicht denken können, weil ja der physische Ton auch nur ein Schattenbild eines Höheren ist. Die Worte haben ihr Organ in dem Tonäther. Unseren Worten liegen zugrunde die Gedanken, die Worte sind Ausdrucksformen für die Gedanken. Diese Ausdrucksformen erfüllen den ätherischen Raum, indem sie ihre Schwingungen durch den Tonäther schicken. Was Ton ist, das ist eben nur die Abschattung der eigentlichen Gedankenschwingungen. Das aber, was das Innerliche aller unserer Gedanken ist, was unseren Gedanken Sinn gibt, das gehört seinem ätherischen Zustande nach dem eigentlichen Lebensäther an.

Sinn	—	Lebensäther
Denken	—	Tonäther
— — —	— —	— — —
Gefühl	—	Lichtäther
Wille	—	Feueräther
		Luft
		Wasser
		Erde

Von diesen vier Ätherformen wurden in der lemurischen Zeit nach dem luziferischen Einflusse dem Menschen nur die zwei unteren zur freien, willkürlichen Verfügung gelassen: Feueräther und Lichtäther; dagegen wurden die zwei oberen Ätherarten dem Menschen entzogen. Das ist der innere Sinn, wenn uns gesagt wird: Nachdem die Menschen durch den luziferischen Einfluß die Unterscheidung von Gut und Böse erlangt hatten – bildlich ausgedrückt durch den Genuß vom «Baume der Erkenntnis» –, wurde ihnen entzogen der Genuß vom «Baume des Lebens». Das heißt, es wurde ihnen entzogen, was frei, willkürlich durchdrungen hätte den Gedankenäther und den Sinnesäther. Dadurch mußten sich die Menschen nun in folgender Weise entwickeln: In jedes Menschen Willkür war das gestellt, was seinem Willen entspricht. Der Mensch kann seinen Willen als seinen persönlichen geltend machen, ebenso auch seine Gefühle. Gefühl und Wille ist dem einzelnen Menschen für das Persönliche freigegeben, daher das Individuelle der Gefühlswelt und der Willenswelt. Das Individuelle hört aber sofort auf, wenn wir aufsteigen vom Gefühl zum Denken, ja sogar schon zu dem Ausdruck der Gedanken, zu den Worten auf dem physischen Plan. Während jeder Mensch seine Gefühle und seinen Willen persönlich hat, kommen wir sofort in etwas Allgemeines hinein, wenn wir in die Wortwelt und in die Gedankenwelt hinaufrücken. Es kann nicht jeder sich seine eigenen Gedanken machen. Wenn die Gedanken so individuell wären wie die Gefühle, so würden wir uns nie verstehen. Es wurden also Gedanke und Sinn der menschlichen Willkür entzogen und vorläufig in der Göttersphäre aufbewahrt, um später erst dem Menschen gegeben zu werden. Daher können wir auf dem Erdenkreis überall individuelle Menschen finden mit individuellen Gefühlen und individuellen Willensimpulsen, aber wir haben überall gleiches Denken, gleiche Sprache bei den Völkern. Wo eine gemeinsame Sprache ist, da herrscht eine gemeinsame Volksgottheit. Diese Sphäre ist der menschlichen Willkür entzogen; da wirken vorläufig die Götter hinein.

Wenn nun Zarathustra mit seinen Schülern hinaufwies in das Reich des Geistigen, so konnte er sagen: Aus dem Himmel herunter strömt die Wärme, das Feuer, aus dem Himmel herunter strömt das Licht. Das sind die Kleider von Ahura Mazdao. Aber hinter diesen Kleidern verbirgt sich das, was noch nicht heruntergestiegen ist, was noch in den geistigen Höhen oben geblieben ist, was in den physischen Gedanken und den physischen Worten des Menschen nur einen Schatten hinuntergeworfen hat. – Hinter der Sonnenwärme, hinter dem Sonnenlichte verbirgt sich das, was im Tone, im Sinn lebt, was sich nur denjenigen verkündete, die hinter das Licht schauen konnten, was sich verhält zu dem irdischen Wort wie das himmlische Wort zu dem vor der Menschheit vorläufig bewahrten Teile des Lebens. Daher sagte Zarathustra: Blicket hinauf zu Ahura Mazdao! Ihr seht, wie er sich offenbart in dem physischen Kleide des Lichtes und der Wärme. Dahinter ist aber das göttliche Schöpfungswort; das nähert sich der Erde.

Was ist Vishva Karman? Was ist Ahura Mazdao? Was ist der Christus in seiner wahren Gestalt? Das göttliche Schöpfungswort! Daher tritt uns in der Zarathustra-Lehre die merkwürdige Mitteilung entgegen, daß Zarathustra eingeweiht wird, um in dem Lichte seinen Ahura Mazdao wahrzunehmen, aber auch noch das göttliche Schöpfungswort, Honover, das herniedersteigen sollte auf die Erde und das zuerst herniedergestiegen ist bei der Johannes-Taufe in einen einzelnen menschlichen Ätherleib. Was seit der lemurischen Zeit aufgespart worden ist, das Wort, das Geistwort, drang bei der Johannes-Taufe aus den Ätherhöhen ein in den Ätherleib des nathanischen Jesus. Und als die Taufe vollendet war, was war geschehen? Das Wort war Fleisch geworden.

Was haben Zarathustra oder die, welche um seine Geheimnisse wußten, von jeher verkündet? Als Sehende haben sie verkündet das «Wort», das sich hinter der Wärme und dem Licht verbirgt. «Diener des Wortes» waren sie. Und der Schreiber des Lukas-Evangeliums schrieb das auf, was die «Selbstseher» verkündet haben, die dadurch «Diener des Wortes» geworden sind.

So sehen wir wieder an diesem Beispiel, wie die Evangelien wörtlich zu nehmen sind. Was wegen des luziferischen Prinzips so lange der Menschheit vorenthalten werden mußte, das war in einer einzelnen Persönlichkeit zunächst Fleisch geworden, war heruntergestiegen auf die Erde, lebte auf der Erde. Daher ist diese Wesenheit das größte Vorbild derer, die allmählich seine Natur verstehen werden. Daher muß unsere Weisheit auf der Erde sich zum Beispiele nehmen die Bodhisattvas. Diese haben immer die Aufgabe, das zu verkündigen, was der Dreizehnte unter ihnen ist. Wir aber haben unsere Geisteswissenschaft zusammenzunehmen, haben unsere Weisheit, unsere Kenntnisse, die Ergebnisse der Geistesforschung dazu zu benutzen, um Wesen und Natur des Vishva Karman, des Ahura Mazdao – des Christus zu durchdringen.

ACHTER VORTRAG

BASEL, 24. SEPTEMBER 1909

Wir haben versucht, uns darüber Vorstellungen zu bilden, was eigentlich den ersten Kapiteln des Lukas-Evangeliums zugrunde liegt. Nur wenn man jene Vorgänge kennt, die sich innerhalb der Menschheitsevolution abgespielt haben und die uns so lange beschäftigen mußten, um sie eingehend zu besprechen, kann man enträtseln, was der Schreiber des Lukas-Evangeliums wie eine Art Vorgeschichte des großen Christus-Ereignisses erzählt hat. Man wird dadurch in die Lage versetzt, zu wissen, wer derjenige war, der dann im dreißigsten Jahre seines Lebens jenes Weltenprinzip aufgenommen hat, das wir ja auch charakterisiert haben: das Christus-Prinzip. Zum Verständnis dessen, was der Schreiber des Lukas-Evangeliums uns von der Persönlichkeit und der Wirksamkeit des Christus Jesus erzählt – das heißt derjenigen Individualität, die dann drei Jahre in der Welt wirkte und welche den Christus innerhalb eines Menschenleibes darstellt –, ist nun aber notwendig, daß wir mit einigen Strichen auf die Menschheitsentwickelung hinweisen und Eigenschaften dieser Menschheitsentwickelung berücksichtigen, von denen sich unsere Zeit so wenig einen Begriff machen kann. Unsere Zeit ist in vieler Beziehung außerordentlich kurzsichtig und glaubt, alles, was heute oder im Laufe von ungefähr zwei bis drei Jahrhunderten mit der Menschheit geschieht, was dieser Zeit als Gesetze der Menschheitsentwikkelung zugrunde liegt, das wäre immer dagewesen, und namentlich das, was heute nicht gilt, habe immer nicht gegolten. Deshalb wird es für den heutigen Menschen so schwer, Erzählungen, die sich auf eine Vergangenheit beziehen wie diejenige, in welcher der Christus auf der Erde gelebt hat, zu begreifen und unbefangen hinzunehmen.

Die Taten des Christus auf der Erde erzählt uns der Schreiber des Lukas-Evangeliums. Er erzählt sie uns so, daß wir, wenn wir wirklich auf den Sinn seiner Darstellungen eingehen, immer mehr und mehr einen Begriff empfangen müssen von dem, was eigentlich die Menschheitsentwickelung damals war. Wir müssen schon ein wenig wieder auf das aufmerksam machen, was im Laufe unserer anthroposophischen Betrachtungen öfter gesagt worden ist: daß unsere gegenwärtige Menschheit ihren Ausgangspunkt zunächst von der atlantischen Katastrophe genommen hat, daß unsere Vorfahren – das heißt unsere eigenen Seelen in anderen Leibern – in der alten Atlantis gelebt haben, auf jenem Kontinent, den wir zu suchen haben zwischen Europa und Afrika einerseits und Amerika andererseits. Dann kam die große atlantische Katastrophe, wodurch das Antlitz der Erde umgestaltet wurde. Die Menschenmassen sind von der Atlantis nach dem Osten und nach dem Westen gezogen und haben so die Erde besiedelt, wie wir das für die nachatlantische Zeit bezeichnet haben. Da entstanden dann in der nachatlantischen Zeit die verschiedenen Kulturen, die wir charakterisiert haben als die alte indische Kultur, als die urpersische Kultur, die ägyptisch-chaldäische Kultur, die griechisch-lateinische Kultur und jene, in der wir heute leben.

Nun macht man sich von der Menschheitsentwickelung eine ganz falsche Vorstellung, wenn man glaubt, daß der Mensch während dieses Zeitraumes der nachatlantischen Entwickelung immer so beschaffen war, wie er heute ist. Er hat sich immer wieder verändert; gewaltige Veränderungen gingen mit der Menschennatur vor sich. Die äußeren geschichtlichen Dokumente berichten ja nur von wenigen Jahrtausenden. Einzig und allein jene für die äußere Forschung unzugängliche Urkunde, die wir die Akasha-Chronik nennen und die wir auch bei diesem Zyklus ein wenig charakterisiert haben, gibt uns Aufschluß über die Entwickelung seit der atlantischen Katastrophe. – Da finden wir, daß sich nach der atlantischen Katastrophe zunächst die altindische Kultur entwickelt hat, in welcher die Menschen mehr noch in ihrem Ätherleibe lebten und noch nicht so stark in ihrem physischen Leibe, wie das später der Fall war. Der weitaus größte Teil der indischen

Bevölkerung war, ohne daß er freilich das heutige Ich-Bewußtsein entwickelt hatte, hellsichtig, dumpf-dämmerhaft hellsichtig. Sein Bewußtsein war ähnlich einem Traumbewußtsein, aber dafür war es ein Bewußtsein, das noch hineinschaute in die Untergründe des Daseins, in die geistige Welt. Nun sind wir gewohnt, bei unseren Vorstellungen hervorzuheben, wie es für den heutigen Menschen notwendig ist zu wissen – weil es ihm vorwärtshelfen kann in die Zukunft hinein –, was mit der Erkenntnis und der Erkenntnisform zusammenhängt. Wir betonen immer, wie diese unsere Vorfahren im alten Indien die Welt erkannt, angeschaut haben, wie sie noch viel hellsehender waren als in späterer Zeit. Wenn wir aber das Lukas-Evangelium verstehen wollen, so müssen wir noch eine andere Eigenschaft dieser unserer Vorfahren hervorheben.

In dieser Zeit, als noch der Ätherleib viel mehr auf allen Seiten über den physischen Leib hinausragte und mit diesem noch nicht so dicht verbunden war wie das heute der Fall ist, da hatte auch noch alles, was seelische Kräfte und Eigenschaften des Menschen sind, eine größere Gewalt über den physischen Leib. Aber je mehr der Ätherleib in den physischen Leib hineindrang, desto schwächer wurde er und desto weniger Macht hatte er über den physischen Leib. Bei den alten Atlantiern ragte der Kopfteil des Ätherleibes noch stark über den physischen Leib hinaus. In gewissem Maße war das aber auch noch bei den alten Indern der Fall. Das gestattete ihnen, auf der einen Seite das hellsichtige Bewußtsein zu entfalten, aber andererseits auch eine große Macht zu haben über die Vorgänge im physischen Leibe.

Obwohl sie weit auseinanderliegen, können wir einen alten indischen Leib mit einem Leibe unserer Zeit vergleichen. In unserer Zeit ist der Ätherleib am tiefsten hineingestiegen in den physischen Leib, ist am meisten mit den Tatsachen des physischen Leibes verbunden. Wir sind heute hart an der Grenze, wo der Ätherleib wieder heraustritt, sich freimacht von dem physischen Leibe und mehr selbständig wird; und indem die Menschheit der Zukunft entgegeneilt, wird der Ätherleib immer mehr und mehr herauskommen aus dem physischen Leibe. Heute ist die Menschheit über den tiefsten Punkt, wo die größte Gemeinschaft des Ätherleibes mit dem physischen Leibe vorhanden war, schon etwas hinaus. Wenn wir einen alten indischen Leib mit einem heutigen Leib vergleichen, so können wir sagen: Beim indischen Leib ist der Ätherleib noch verhältnismäßig frei, und die Seele kann Kräfte entfalten, die in den physischen Leib hineinwirken. Der Ätherleib nimmt die Kräfte der Seele auf, weil er noch nicht so an den physischen Leib gebunden ist; dafür aber beherrscht er auch mehr den physischen Leib, und die Folge davon ist, daß die Wirkungen, die in dieser Zeit auf die Seele ausgeübt werden, in ungeheurem Maße auch auf den Leib wirken. Wenn in der indischen Zeit ein Mensch, der einen anderen Menschen haßte, ein haßerfülltes Wort sprach, so stach dieses Wort den anderen – es wirkte bis in das physische Gefüge hinein. Die Seele wirkte noch auf den Ätherleib und der Ätherleib auf den physischen Leib. Diese Kraft ist heute ja dem Ätherleibe genommen worden. Und wenn andererseits ein Wort der Liebe gesprochen wurde, so wirkte das erweiternd, erwärmend, aufschließend auf den anderen Menschen und auch so auf den physischen Leib. Daher war es damals sehr wichtig, ob ein liebes oder ein haßerfülltes Wort gesprochen wurde, denn das wirkte auf alle Vorgänge des Leibes. Diese Wirkung nahm in der Menschheit immer mehr und mehr ab, je mehr der Ätherleib in den physischen Leib hineinstieg. Heute ist das anders. Heute wirkt ein Wort, das wir sprechen, zunächst nur auf die Seele, und recht selten sind die Menschen geworden, welche ein haßerfülltes, ein liebloses Wort so fühlen, als ob es ihnen etwas zusammenschnürte, ein liebeerfülltes Wort dagegen so, wie wenn es sie erweiterte und beseligte. Jene eigenartigen Wirkungen, die wir heute noch in unserem physischen Herzen als die Wirkung eines liebe- oder haßerfüllten Wortes spüren können, sind von einer ungeheuren Intensität gewesen im Aufgange unserer nachatlantischen Entwickelung. Daher konnte man sozusagen mit diesen Einwirkungen auf die Seele etwas ganz anderes anfangen, als man heute damit anfangen kann. Denn heute hängt es ja nicht davon ab, wie ein Wort gesprochen wird. Es kann ein Wort mit noch so warmer Liebe gesprochen sein, wenn es aufstößt auf die heutige Menschenorganisation, so wird es stets mehr oder weniger zurückgeworfen, es dringt nicht hinein, denn das hängt nicht nur davon ab, wie es gesprochen wird, sondern auch davon, wie es aufgenommen werden kann.

Heute ist es also nicht möglich, so unmittelbar auf die Seele des Menschen zu wirken, daß das auch wirklich bis in seine ganze physische Organisation hineindringt. Nicht unmittelbar ist das möglich. In gewisser Weise wird es aber doch möglich sein, denn wir nähern uns ja jener Zukunft, in der das Geistige wiederum seine Bedeutung haben wird. Wir können auch heute schon wieder darauf hinweisen, wie das in der Zukunft sein wird. Wir können in unserem jetzigen Menschheitszyklus heute auf diesem Felde sehr wenig tun, damit das, was in unserer eigenen Seele an Liebe, an Wohlwollen, an Weisheit lebt, sich unmittelbar hinüberergießt in die andere Seele und dort diejenige Stärke gewinnt, die bis in den physischen Leib hinein wirkt. Wir müssen uns heute sagen, daß wir eine solche Wirkung nur nach und nach erzeugen können. Aber diese geistige Wirkungsweise beginnt wieder. Und sie beginnt gerade auf dem Boden, wo die geisteswissenschaftliche Weltanschauung gepflanzt wird, denn diese Weltanschauung ist der Anfang der Verstärkung der Seelenwirkungen. Das ist heute nur in wenigen Fällen möglich, daß ein Wort physische Wirkungen erzielt. Aber es ist möglich, daß sich Menschen zusammentun, um eine Summe geistiger Wahrheiten in ihre Seelen aufzunehmen. Diese geistigen Wahrheiten werden sich nach und nach verstärken, werden in den Seelen Gewalt gewinnen und dadurch auch die Kraft, bis in die physische Organisation hinein zu wirken und diese darnach zu formen, wie sie selber sind. So wird in der Zukunft wiederum das Seelisch-Geistige eine große Gewalt gewinnen über das Physische und wird sich dieses Physische als sein Nachbild formen.

In jenen alten Zeiten der indischen Urkultur war zum Beispiel auch das, was man «heilen» nennt, etwas anderes als später, denn das hängt alles mit dem zusammen, was eben gesagt worden ist. Weil man mit dem, was auf die Seele wirkte, eine ungeheure Wirkung auf den Leib erzielen konnte, deshalb konnte man mit dem vom richtigen Willensimpuls durchströmten Wort auf die Seele des anderen Menschen so wirken, daß diese Seele wiederum die Wirkung übertrug auf den Ätherleib und dieser wieder auf den physischen Leib. Hatte man eine Ahnung davon, welche Wirkung man auf die andere Seele ausüben wollte, so konnte man bei erkrankter Organisation die richtige Wirkung in der angedeuteten Weise auf die Seele ausüben und dadurch auf den physischen Leib, was dann die Gesundheit herbeiführte. Nun denken Sie sich dies im höchsten Maße gesteigert, so daß der indische Arzt vorzugsweise jene Seeleneinflüsse und -einwirkungen beherrschte, die dabei in Frage kommen, dann müssen Sie sich klar sein, daß alles Heilen in der indischen Zeit ein viel geistigerer Vorgang war, als es heute sein kann – ausdrücklich ist gesagt: als es heute sein kann. Aber wir nähern uns wieder solchen Wirkungsweisen. Was aus kosmischen, aus geistigen Höhen als eine Weltanschauung, als eine Summe von Wahrheiten heruntergeholt wird, welche dem großen geistigen Inhalte der Welt entsprechen, das wird in die Menschenseelen einfließen und das wird, indem die Menschheit der Zukunft entgegenlebt, selbst ein Gesundungsmittel sein aus dem innersten Wesen des Menschen heraus. Geisteswissenschaft ist das große Heilmittel der Seelen im Leben in die Zukunft hinein. Nur müssen wir verstehen, daß die Menschheit auf einem absteigenden Wege der Entwickelung war, daß die geistigen Wirkungen immer mehr und mehr zurückgegangen sind, daß wir im Tiefstande der Entwickelung stehen und daß wir uns nur ganz allmählich hinaufheben können zu den Höhen, auf denen wir einstmals gestanden haben.

Ganz langsam verloren sich jene Wirkungen, die im alten Indien in so eminentem Maße vorhanden waren. Noch eine ähnliche

Organisation – so daß von Seele zu Seele gewirkt werden konnte – war zum Beispiel in der altägyptischen Kultur vorhanden. Je weiter wir in der ägyptischen Kultur zurückgehen, desto mehr finden wir, daß eine unmittelbare Wirkung von einer Seele auf die andere da war, die dann übergehen konnte auf die physische Organisation. Viel weniger war sie vorhanden in der alten persischen Zeit. Denn diese hatte eine andere Aufgabe; sie war dazu berufen, den ersten Anstoß zu geben zu dem Hineindringen in die physische Welt. In bezug auf diejenigen Eigenschaften, welche ich jetzt charakterisiert habe, steht das Ägyptertum dem Indertum viel näher als der persischen Kultur. Im Persertum beginnt die Seele bereits, sich sozusagen immer mehr in sich zu verschließen, immer weniger Gewalt über die äußere Organisation zu haben, weil sie das Selbstbewußtsein immer mehr und mehr in sich ausbilden sollte. Deshalb mußte mit jener Richtung, die sich die Herrschaft des Geistigen über das Physische bewahrt hatte, eine andere Kulturströmung zusammenströmen, die vorzugsweise auf die innerliche Vertiefung, auf die Erzeugung des Selbstbewußtseins angelegt war; und eine Art von Ausgleich finden diese beiden Strömungen in dem, was wir die griechisch-lateinische Kultur nennen. Das ist die vierte nachatlantische Kulturperiode. Da ist die Menschheit bereits so weit in die physische Welt herabgestiegen, daß jetzt eine Art Gleichgewicht zwischen dem Physischen und dem Seelisch-Geistigen eintritt. Das heißt, in dieser vierten Kulturperiode ist es so, daß der Geist und die Seele etwa so viel Herrschaft über den Leib haben, als der Leib wiederum Herrschaft hat über die Seele. Eine Art Ausgleich zwischen den beiden ist eingetreten: die Menschheit ist heruntergestiegen bis zum Gleichgewichtszustand.

Nun muß aber die Menschheit erst wieder eine Art Weltenprüfung durchmachen, um wiederum in die geistigen Höhen hinaufsteigen zu können. Daher ist es gekommen, daß die Menschheit seit der griechisch-lateinischen Zeit eigentlich noch tiefer in die physische Materialität heruntergestiegen ist. Alles, was mit dem

Körperlichen, mit dem Physischen zu tun hat, ist noch tiefer heruntergestiegen. Der Mensch wurde in der Zeit, in welcher wir leben, in der fünften nachatlantischen Kulturepoche, im Grunde genommen unter die Gleichgewichtslinie heruntergetrieben und konnte sich zunächst nur in seinem Innern erheben, konnte ein Bewußtsein aufnehmen von der geistigen Welt, das einen mehr theoretischen Charakter hatte. Er mußte sich innerlich stärken.

So sehen wir in der griechisch-lateinischen Kultur einen verhältnismäßigen Gleichgewichtszustand, während jetzt, in unserer Zeit, das Physische ein Übergewicht erlangt hat und das Geistig-Seelische beherrscht. Wir sehen, daß das Geistig-Seelische in gewisser Beziehung ohnmächtig geworden ist; es kann nur mehr theoretisch aufgenommen werden. Es hat sich das Innere des Menschen durch die Jahrhunderte hindurch darauf beschränken müssen, sich innerlich zu stärken in einer Kräftigung, die nicht in dem offenbaren Bewußtsein sich abspielt. Nach und nach muß es wieder stärker und kräftiger werden, damit darüber auch ein neues Bewußtsein entwickelt werden kann. Und wenn es bei einer gewissen Stärke angelangt sein wird – das wird in der sechsten nachatlantischen Kulturperiode der Fall sein –, dann wird das Geistig-Seelische dadurch, daß der Mensch immer mehr und mehr geistige Nahrung aufgenommen hat, von dieser geistigen Nahrung nicht mehr eine theoretische, sondern eine lebendige Weisheit, eine lebendige Wahrheit haben. Dann wird dieses Geistige so stark sein, daß es nun wiederum – und zwar jetzt von der anderen Seite her – die Herrschaft über den physischen Leib gewinnen wird.

Wie können wir also die Mission der Geisteswissenschaft von diesem Gesichtspunkte aus für die Menschheit eigentlich erklären? Wenn in unserer Zeit die Geisteswissenschaft immer mehr zu etwas wird, das innerlich lebendig wird in der Seele, das imstande sein wird, nicht nur den Verstand, den Intellekt der Menschen anzuregen, sondern immer mehr und mehr die Seele zu erwärmen, dann wird die Seele so stark werden, daß sie die Herrschaft über das Physische gewinnt. Dazu sind natürlich gewisse Übergänge notwendig; dazu ist mancherlei notwendig, was sich zunächst sogar wie ein Abfallen ausnimmt, wie Schäden. Aber das sind Übergangsformen, die jenem Zukunftszustande weichen werden, wo die Menschen in ihre Ideen das spirituelle Leben aufnehmen werden und wo für die gesamte Menschheit jener Zustand eintreten wird, welcher die Herrschaft des Seelisch-Geistigen über das Physisch-Materielle bedeuten wird. Und ein jeder Mensch, den heute die geisteswissenschaftlichen Weistümer nicht nur interessieren, weil sie seinen Verstand anregen, sondern der entzückt sein kann von den geisteswissenschaftlichen Wahrheiten, der seine innerliche, lebendige Befriedigung daran haben kann, der wird ein Vorläufer derjenigen Menschen sein, die wiederum die rechte Herrschaft der Seele über den Leib gewonnen haben werden.

Wir können in unserer Zeit schon die großen Wahrheiten hinstellen über solche Vorgänge, wie wir sie in den letzten Tagen haben vor unsere Seele treten lassen, jene gewaltigen Vorgänge von dem Zusammenfließen des Buddha-Elementes mit dem Zarathustra-Element, alles, was vorgegangen ist im Beginne unserer Zeitrechnung in Palästina. Wir konnten darstellen, wie die Weisheit im Fortschritte der Welt sich jene zwei Kindheitsgestalten des nathanischen und des salomonischen Jesus geschaffen hat und durch diese großen, gewaltigen Vorgänge jene Weltenströmungen hat zusammenfließen lassen, die vorher getrennt über die Erde geflossen sind.

Es kann eine doppelte Anschauung von allem geben, was wir in den letzten Tagen auf uns haben wirken lassen. Da könnte jemand sagen: Das sieht für das heutige Bewußtsein zunächst etwas phantastisch aus, aber wenn ich alles auf die Waagschale lege, was an äußeren Wirkungen da ist, so erscheint es mir sehr plausibel, und erst dann sind mir die Evangelien erklärlich, wenn ich voraussetze, was mir aus der Akasha-Chronik erzählt wird. Es kann sich jemand von dem, was ihm zum Beispiel über die zwei

Jesusgestalten und so weiter erzählt wird, interessiert fühlen, es kann sein Interesse befriedigen. Er kann sagen: Jetzt kann ich mir vieles erklären, was ich mir vorher nicht erklären konnte. – Und ein anderer wieder könnte dann sagen: Es gibt für mich jetzt noch etwas anderes. Wenn ich alle diese Vorgänge überblicke, wenn ich alles überschaue, was aus der okkulten Forschung gesagt wird über jenes wunderbare Herniederwirken des Nirmanakaya des Buddha, was zugrunde liegt jener Verkündigung der Hirten und so weiter, und wenn ich auch die andere Strömung nehme. und sehe, wie der Stern die Gesinnungsgenossen des Zarathustra leitete, als ihr Führer wieder erschien auf der Erde, wenn ich da sehe, wie Weltenströmung zu Weltenströmung fließt, wie sich vereinigt, was erst getrennt gegangen ist, wenn ich das alles auf meine Seele wirken lasse, dann habe ich vor allem einen Eindruck: den Eindruck, daß das alles unbeschreiblich schön ist im Laufe des Weltenwerdens! – Diesen Eindruck kann man auch haben, daß es herrlich, gewaltig, großartig ist. Da ist in Wahrheit etwas, an dem unsere Seele Feuer fangen, was uns erglühen lassen kann für die wirklichen Weltenvorgänge.

Und das ist das Beste, was wir aus den großen Wahrheiten gewinnen können. Die kleinen Wahrheiten werden unsere Erkenntnisbedürfnisse befriedigen, und die großen werden unsere Seele warm machen, und wir werden sagen: Was so durch die Weltenvorgänge geht, das ist zu gleicher Zeit ein ungeheuer Schönes, Wenn wir es so in seiner Schönheit, in seiner Herrlichkeit empfinden, dann fängt es an, in uns Wurzel zu fassen, dann dringt es hinaus über das bloße theoretische Verständnis. – Wie sagt doch im Sinne des Lukas-Evangeliums der Christus Jesus?

> «Der Säemann ging aus, seinen Samen zu säen. Und da er säte, fiel das eine an den Weg und ward zertreten, und die Vögel des Himmels fraßen es auf:
> und anderes fiel auf felsigen Boden, und wie es aufging, verdorrte es, weil es keine Feuchtigkeit hatte;

und anderes fiel mitten unter die Dornen, und die Dornen wuchsen
mit heran und erstickten es;
und anderes fiel auf das gute Land und wuchs und brachte hundertfältige Frucht» (Lukas 8, 5-8).

So ist es auch mit der anthroposophischen Weltanschauung. Auf sie ist anwendbar, was der Christus Jesus seinen Schülern als Erklärung dieses Gleichnisses vom Säemann gibt. Der Same ist das Reich der Götter, das Reich der Himmel, das Reich des Geistes. Dieses Reich des Geistes soll als Same einströmen in die Menschenseelen, soll wirksam werden auf der Erde. Da sind nun solche Menschen, die in sich nur jene Seelenkräfte haben, welche die spirituelle Weltanschauung, das Reich der göttlich-geistigen Wesenheiten zurückstoßen. Es wird aufgefressen von den Hindernissen in der menschlichen Seele, wird gleich, ehe es irgendwie keimen kann, zurückgestoßen. Das gilt für viele Menschen gegenüber den Worten des Christus Jesus, das gilt heute für viele gegenüber dem, was die Anthroposophie in die Welt zu bringen hat: es wird zurückgestoßen, die Vögel sozusagen fressen es auf und lassen es überhaupt nicht in einen Grund und Boden eindringen. – Dann aber kann es zwar zu einer Seele gesprochen werden – sei es das Wort des Christus Jesus, sei es das Wort der spirituellen Weisheit –, aber die Seele ist nicht tief genug. Die Seele ist gerade so weit vorbereitet, daß sie verstehen kann, daß das ganz plausible Wahrheiten sind, aber das vereinigt sich nicht mit ihrer eigenen Substanz und Wesenheit. Sie kann die Weisheit vielleicht sogar wieder von sich geben, aber sie ist nicht mit ihr eins geworden; sie gleicht dem Samenkorn, das auf den Felsen gefallen ist und nicht sprießen kann. – Und das dritte Samenkorn ist in den Dornenstrauch gefallen; da keimt es zwar, aber es kann nicht aufsprießen. Das heißt, der Christus Jesus erklärt, daß es Menschen gibt, die in ihrer Seele so erfüllt sind von den Sorgen und Interessen des gewöhnlichen Lebens, daß sie zwar imstande sind, das Wort der spirituellen Wahrheit zu verstehen, aber alles andere in der Seele wirkt so wie ein Dornenstrauch, der es immer zurückhält. Es gibt auch heute Seelen – sie sind sehr zahlreich –, die würden gerne in sich die geisteswissenschaftlichen Wahrheiten verarbeiten, wenn nicht das andere, das äußere Leben, so an sie heranträte, daß es sie immer wieder niederhielte. Und nur wenige sind imstande, die spirituellen Wahrheiten zu entfalten als etwas Freies, wie das vierte Samenkorn. Das sind die, welche beginnen, das anthroposophische Element als lebendige Wahrheit zu empfinden, die es als das Lebenselement in die Seele aufnehmen und ganz darinnen leben; das sind zugleich die, welche die Vorläufer für die Wirksamkeit der spirituellen Wahrheiten in der Zukunft sind. Niemand aber, der nicht durch seine eigene innere Seelenkraft das richtige Vertrauen, die richtige Überzeugungskraft von der Wirkungsweise dieser spirituellen Weisheit hat, kann durch irgend etwas Äußerliches heute von der Wahrheit und der Wirkungskraft der spirituellen Weisheit überzeugt werden.

Denn ist es ein Beweis gegen die Wirksamkeit der spirituellen Weisheit, wenn sie heute bei so und so vielen Menschen nicht schon physisch wirkt? Im Gegenteil, man könnte sagen, es ist ein Beweis für die Gesundheit der spirituellen Weisheit, daß sie jene mächtigen physischen Leiber, auf die sie trifft, oftmals im negativen Sinne berührt, wie zum Beispiel ein Stadtkind mit einer schwachen physischen Gesundheit, das von frühester Kindheit auf nur Stadtluft eingesogen hat und sich in einer gewissen Weise dadurch geschwächt hat, nicht gesund zu werden braucht, wenn es in die scharfe, gesunde Bergesluft hinauskommt, sondern vielleicht gerade recht krank wird. So wenig das ein Beweis ist gegen das Gesunde der Bergesluft, so wenig ist es ein Beweis gegen die Wirkungsweise der spirituellen Weistümer, wenn sie, eindringend in gewisse menschliche Organisationen, auch vorübergehend Unheil anrichten können. Denn sie dringen an das heran, was seit Jahrhunderten und Jahrtausenden in den Menschenkörpern vererbt ist; sie treffen ja nicht etwas anderes als das, was zu ihnen nicht paßt.

In der äußeren Welt können wir noch nicht in dieser Beziehung die Beweisgründe suchen; wir müssen in diese Weistümer eindringen und uns die starke Überzeugung für sie verschaffen. Wie viele Indizienbeweise auch in der Außenwelt sein können, wir müssen in das Innere einzudringen die Möglichkeit haben, müssen in uns selbst die Überzeugung ausbilden und uns sagen: Wenn diese anthroposophischen Weistümer heute da oder dort zu angreifend sind, so ist das deshalb, weil sie an ungesunde Verhältnisse der Menschen geraten sind. Deshalb ist die spirituelle Weisheit doch gesund, aber nicht immer die Menschen. Deshalb ist es auch begreiflich, daß nicht alles heute enthüllt wird, was an spiritueller Weisheit an die Menschen im Laufe der Zeit herankommen kann. Es wird schon dafür gesorgt, daß der Schaden nicht zu groß wird; man schickt nicht die Stadtkinder hinaus in für sie zehrende Bergesluft. Daher aber kann nur von Zeit zu Zeit dasjenige mitgeteilt werden, was im Durchschnitt die Menschen vertragen können. Wenn das, was zum Beispiel noch an tieferen Weistümern vorhanden ist, ganz enthüllt würde, dann würde es so sein, daß Menschen mit gewissen Organisationen darunter zusammenbrechen würden wie die physisch gestörte Gesundheit in der Bergesluft. Nach und nach nur können die großen Weistümer der Menschheit enthüllt werden; aber es wird geschehen, und es wird zu einem umfassenden Gesunden der Menschheit werden.

Das alles liegt hinter dem, was wir zusammenfassen in dem Begriffe der geisteswissenschaftlichen Bewegung. Langsam müssen sich die Menschen das wieder erobern, was sie verlieren mußten: die Herrschaft des Geistig-Seelischen über das Materielle. Langsam ist es verlorengegangen, von der Entwickelung der indischen Kultur an bis in die griechisch-lateinische Zeit hinein. Es waren in der griechisch-lateinischen Zeit immer noch Menschen da, die als Erbstück aus alten Zeiten jenes Herausgehobensein des Ätherleibes hatten, die in ihrer ganzen Organisation zugänglich waren für seelisch-geistige Wirkungen. Deshalb mußte in dieser

Zeit gerade der Christus Jesus erscheinen. Wäre er in unserer Zeit erschienen, so hätte er nicht wirken können, wie er damals gewirkt hat, und nicht das große Vorbild hinstellen können wie damals. In unserer Zeit würde er auf Menschenorganisationen auftreffen, die viel tiefer hineingestiegen sind in die physische Materie. Er selber müßte heute in eine physische Organisation hineinsteigen, in der jene mächtige Wirkung vom Seelisch-Geistigen auf die physische Organisation nicht mehr möglich sein könnte wie damals.

Das gilt aber nicht nur für den Christus Jesus, das gilt auch für alle ähnlichen Erscheinungen, und wir verstehen die Menschheitsevolution nur, wenn wir sie von diesem Gesichtspunkte aus durchleuchten. Das gilt zum Beispiel auch für den Buddha und sein Auftreten auf der Erde. Wir haben gesehen, was der Buddha für eine Mission hatte. Er hat zuerst hingestellt, was man nennen kann die große Lehre von der Liebe und dem Mitleid und allein, was damit zusammenhängt und was umschrieben ist in dem achtgliedrigen Pfad. Meinen Sie, wenn der Buddha heute erscheinen würde, er würde in derselben Weise das hinstellen können? Nein. Denn heute ist eine physische Organisation nicht möglich, die den Buddha jene Entwickelung durchmachen ließe, die er zu seiner Zeit durchgemacht hat. Die physischen Organisationen ändern sich fortwährend. Es mußte genau jener Zeitpunkt eingehalten werden, damit gerade eine solche Musterorganisation hingestellt werden konnte, damit der Buddha heruntersteigen und jene menschliche Organisation benutzen konnte, um einmal die gewaltige Tat des achtgliedrigen Pfades hinzustellen, die fortwirken soll, damit die Menschen sie geistig durchdringen. Heute ist die Menschheit darauf angewiesen, nach und nach diesen achtgliedrigen Pfad geistig-seelisch sich anzueignen. Es nimmt sich sonderbar aus, ist aber doch so: Alles, was hinterher die Menschheit in allen philosophischen und moralischen Lehren geleistet hat, das ist nur ein ganz schwacher Anfang, um das zu erreichen, was der Buddha einmal hingestellt hat. Mögen die Menschen noch so sehr alle möglichen Philosophien bewundern, mögen sie schwärmen von Kantianismus und sonstigen Dingen, alles das ist nur eine Kleinigkeit, ist nur ein Elementarstes gegen die umfassenden Grundsätze des achtgliedrigen Pfades. Und nur langsam kann die Menschheit wieder aufsteigen, um zu verstehen, was hinter den Worten des achtgliedrigen Pfades liegt. Zuerst wird so etwas im richtigen Zeitpunkte in einer umfassenden Tatsache hingestellt; dann geht von da aus die Entwickelung weiter. Es nimmt die Menschheit von da den Ausgangspunkt und erlangt erst nach langer Zeit das, was zuerst als eine gewaltige Tat vorbildlich hingestellt wurde. So stand der Buddha in seiner Zeit da und brachte der Welt die Lehre von der Liebe und dem Mitleid als ein Wahrzeichen für kommende Geschlechter, die sich nach und nach die Fähigkeit erobern sollen, aus sich heraus das zu erkennen, was in dem achtgliedrigen Pfade liegt. Und in dem sechsten Kulturzeitraume wird es schon eine gute Anzahl von Menschen geben, die dazu fähig sein werden. Oh, wir haben es noch ziemlich weit bis dahin, daß die Menschen sich sagen: Was der Buddha im fünften, sechsten Jahrhundert vor unserer Zeitrechnung vorbildlich hingestellt hat, das können wir jetzt aus unserer eigenen Seele heraus gewinnen; wir sind jetzt in unserer eigenen Seele ähnlich geworden dem Buddha.

So muß die Menschheit nach und nach aufsteigen zum Gipfel. Die ersten Bekenner sind die, welche mit der betreffenden Individualität hineinragen in eine große Zeit und sich dann die Erbstücke mitbringen, um so etwas zu verstehen. Die übrige große Menschheit geht langsam hinauf und erlangt das erst viel später, was ihr als ein zu Erreichendes angegeben wird. Dann aber, wenn eine größere Anzahl von Menschen dahin gelangt sein wird, den achtgliedrigen Pfad aus ureigener Erkenntnis der Seele als ihr Eigenes zu haben – nicht als etwas, was sie aus dem Buddhismus haben, was ihnen darin vorerzählt wird –, dann werden diese selben Menschen auch schon in bezug auf etwas anderes sehr weit gekommen sein. Lesen Sie nach in der Zeitschrift «Lucifer-Gnosis» «Wie erlangt man Erkenntnisse der höheren Welten?», wie die Entwickelung der sechzehnblättrigen Lotusblume mit dem achtgliedrigen Pfade zusammenhängt. Die Menschen werden dann dahin gelangt sein, gerade die sechzehnblättrige Lotusblume zu entwickeln durch den achtgliedrigen Pfad. Das hängt innig zusammen. Und für denjenigen, der in die Menschheitsentwickelung hineinschauen kann, gibt es ein Zeichen dafür, wie weit die Menschheit in der Entwickelung gediehen ist. Sie ist so weit gediehen, wie sie gediehen ist in der Entwickelung der sechzehnblättrigen Lotusblume, die eines der ersten Organe ist, deren sich die Menschen in der Zukunft bedienen werden. Wenn aber dieses Organ entwickelt sein wird, dann wird eine gewisse Herrschaft des Seelisch-Geistigen über das Physische eingetreten sein. Nur der, der sich heute darauf einläßt, eine geistige Entwickelung im esoterischen Sinne durchzumachen, kann davon sprechen, daß er auf dem Wege ist, sich richtig den achtgliedrigen Pfad einzuverleiben. Der andere «studiert» ihn. Das ist natürlich auch sehr nützlich; es wird eben eine Anregung sein.

So sehen wir aber auch, daß im Grunde genommen das Geistig-Seelische nur bei denjenigen Menschen wirken kann, die bereits beginnen, mit ihrer eigenen Seele ganz organisch zu verbinden, was ihnen als spirituelle Weisheit gegeben wird. In demselben Maße, wie der achtgliedrige Pfad eigenes Erlebnis der Seele wird, wirkt er auch wieder auf das Physische zurück. Jetzt freilich können die ganz gescheiten Menschen der Gegenwart, die am Materialismus hängen, kommen und sagen: Da haben wir ganz besondere Erfahrungen gemacht; da hatten wir diesen oder jenen, der angefangen hat, eine spirituelle Entwickelung zu pflegen, das heißt, in deinem Sinne die spirituellen Weisheiten in sich lebendig zu machen, er ist aber mit fünfzig Jahren gestorben; also haben sie wenig zur Verlängerung seines Lebens beigetragen. – Das ist eine recht gescheite Wahrheit, man kann sie immer wieder erleben. Es ist nur schade, daß nicht die gegenteiligen Instanzen ins Feld geführt werden, nämlich wie lange der Betreffende gelebt haben würde, wenn er keine spirituelle Entwickelung durchgemacht hätte – ob er nicht dann vielleicht nur vierzig Jahre alt geworden wäre! Diese Frage müßte man ja erst entscheiden. Man konstatiert immer nur das, was da ist, und gibt nicht acht auf das, was nicht da ist. Das ist das Wesentliche, daß man die Dinge so ansieht.

Nach und nach also ist der Menschheit die Herrschaft des Geistig-Seelischen über das Physische hingeschwunden, bis in den vierten Kulturzeitraum hinein, in welchem der Christus erschien und in welchem noch genügend Menschen vorhanden waren, an denen man sehen konnte, wie das Geistige auf das Physische wirkt. Da mußte der Christus erscheinen. Wäre er später erschienen, so hätten alle die Dinge nicht gezeigt werden können, die damals gezeigt worden sind. Es mußte eine solche große Erscheinung in die Welt, aber gerade zur rechten Zeit, hineintreten.

Was bedeutet denn das Hineintreten des Christus in die Welt? Daß der Mensch, indem er den Christus richtig versteht, sich nun voll seines Selbstbewußtseins bedienen lernt, daß er sein ganzes Ich-Bewußtsein damit durchdringen lernt, daß sein Ich ganz und gar Herrschaft gewinnt über alles, was in ihm ist, das bedeutet das Hineintreten des Christus in die Welt. Dieses Ich, dieses seiner selbst bewußte Ich wird es sein, das sich wieder alles zurückerobert, was der Menschheit verlorengegangen ist durch die Zeiträume hindurch. Aber genau ebenso, wie der achtgliedrige Pfad durch den Buddha zuerst hingestellt werden mußte, so mußte zuerst einmal vor Ablauf der alten Zeiten die Herrschaft dieses Ich-Prinzips über alles, was in der Welt an Vorgängen der äußeren Leiblichkeit vorhanden sein kann, sichtbarlich hingestellt werden. In unserer Zeit würde es nicht mehr möglich sein, daß, indem das Christus-Prinzip in die Welt hereinträte, auf die Umgebung jene gewaltigen Heilwirkungen ausgehen könnten, die in der damaligen Zeit ausgegangen sind. Dazu war jene Zeit notwendig, in der es noch Menschen gab, die so weit ihre Ätherleiber herausragen hatten, daß sie durch das bloße Wort, durch die bloßen Berührungen so gewaltige Wirkungen empfangen konnten, von denen heute höchstens schwache Nachklänge vorhanden sein können.

Und die Menschheit fing an, das Ich zu entwickeln, damit sie zuerst den Christus verstehen kann, um, davon ausgehend, wieder zurückzugewinnen, was sie einst verloren hat. An den letzten Exemplaren der Menschheit aus der Vorzeit mußte gezeigt werden, wie das Ich, das jetzt voll in einem Menschen vorhanden war, in dem Christus Jesus, so, wie es am Ende der Erdenzeit einst in den übrigen Menschen sein wird, auf allen Gebieten mächtig auf die Menschen der damaligen Zeit wirkte. Das stellt der Schreiber des Lukas-Evangeliums dar, um uns zu zeigen: Jetzt trägt der Christus in die Welt hinein ein Ich, das den menschlichen physischen Leib, den Ätherleib und Astralleib in der Art durchdringt, daß es Wirkungen ausüben kann, welche die ganze Organisation der Leiblichkeit beeinflussen können, sie auch gesundend beeinflussen können. Hingestellt mußte diese Tatsache werden, um zu zeigen: Wenn die Menschen alles, was als Kraft von dem Christus-Ich ausgehen kann, in der Zukunft, in Jahrhunderttausenden sich angeeignet haben werden, dann werden von den Menschen-Ichen Wirkungen ausgehen können, wie sie damals von dem Christus in die Menschheit hineingestrahlt sind. Das mußte gezeigt werden auf allen Gebieten; das konnte aber nur gezeigt werden für die damalige Menschheit.

Es wurde gezeigt, daß es Krankheiten gibt, welche im astralischen Leibe des Menschen ihren Ursprung haben. Wie sie sich äußern, das hängt zusammen mit der Wesenheit des ganzen Menschen. Wenn heute der Mensch schlechte moralische Eigenschaften hat, so sind diese vielleicht nur darauf beschränkt, daß sie schlechte Eigenschaften seiner Seele sind. Weil die Seele heute nicht jene Herrschaft über den Leib hat, die sie zur Zeit des Christus Jesus hatte, so wird nicht leicht jede Sünde auch zu einer äußeren Krankheit. Nach und nach nähern wir uns schon jenem Zustande wieder, wo der Ätherleib wieder herausrückt. Daher beginnt für die Menschheit eine Epoche, wo gar sehr darauf geachtet werden muß, daß die seelischen Untugenden in moralischer und intellektueller Beziehung sich nicht als Krankheiten physisch äußern. Diese Zeit fängt jetzt schon an. Und viele von jenen Krankheiten, die als halb seelische, halb körperliche Krankheiten – die nervösen Erkrankungen unserer Zeit – hingestellt werden, bezeichnen den Anfang dieser Epoche. Weil die heutigen Menschen das Unharmonische der Außenwelt in ihren Wahrnehmungen und in ihrem Denken in sich aufgenommen haben, können sich natürlich solche Dinge nur äußern in Erscheinungen wie Hysterie und ähnlichem. Das hängt aber zusammen mit der Eigenart der geistigen Entwickelung, der wir entgegengehen: dem Herauslösen des Ätherleibes.

In der Zeit, als der Christus auf der Erde erschien, waren zahlreiche Menschen in seiner Umgebung, bei denen Sünde, namentlich aber Charakterversündigung von aus früherer Zeit herrührenden schlechten Eigenschaften sich in Krankheiten äußerten. Das, was im Grunde genommen im Astralleib als Versündigung liegt und als Krankheit erscheint, das wird im Lukas-Evangelium Besessenheit genannt, wo der Mensch fremde Geister in seinen Astralleib hereinzieht, wo er nicht durch seine besseren Qualitäten Herr ist über seine ganze Menschlichkeit. Bei jenen Menschen, die noch die alte Trennung des Ätherleibes vom physischen Leibe hatten, äußerte es sich in hervorragendem Maße in jenen Zeiten darin, daß schlechte Eigenschaften, schlechte Qualitäten so wirkten, wie sie uns der Schreiber des Lukas-Evangeliums als Krankheitsformen schildert, die sich als Besessenheit darstellen. – Nun zeigt uns das Lukas-Evangelium, wie solche Menschen durch die Nähe und den Zuspruch jener Individualität, die in dem Christus Jesus war, geheilt wurden, wie das, was als Böses wirkte, aus solchen Individualitäten herausgetrieben wurde. Das wird als ein Vorbild dafür hingestellt, wie die guten Eigenschaften am Ende der Erdenzeit auf alle Eigenschaften gesundend wirken werden.

Man merkt das Feinere gewöhnlich nicht, was sich hinter manchem verbirgt, so daß auch da noch die Rede ist von ganz anderen Erkrankungen, wie sie uns in dem Kapitel geschildert werden, das gewöhnlich genannt wird die «Heilung des Gichtbrüchigen»

(Lukas 5, 17-26). Eigentlich sollte es heißen die «Heilung eines Gelähmten», denn im griechischen Texte steht an dieser Stelle das Wort «paralelyménos»; das bedeutet einen, der an seinen Gliedern gelähmt ist. Von diesen Krankheitsformen wußte man in jenen Zeiten noch, daß sie von den Eigenschaften des Ätherleibes herrühren. Und indem uns geschildert wird, daß der Christus Jesus auch solche heut, die gelähmt sind, wird uns gesagt, daß durch die Kräfte seiner Individualität nicht nur Wirkungen bis in die Astralleiber hinein erzielt werden, sondern bis in die Ätherleiber, so daß auch solche Menschen, die in ihrem Ätherleibe schadhaft sind, heilende Wirkungen erleben können. Gerade wo der Christus von dem spricht, was als «tiefere Sünde» bis in den Ätherleib hinein seinen Sitz hat, da gebraucht er einen besonderen Ausdruck. Das weist ersichtlich darauf hin, daß das krankmachende Geistige erst weggeschafft werden muß; denn er spricht nicht gleich zu dem Gelähmten: «Stehe auf und wandle», sondern er geht auf die Ursache, die als Krankheit bis in den Ätherleib hinein wirkt, und sagt: «Deine Sünden sind dir vergeben», das heißt: was sich als Sünde in den Ätherleib hineingefressen hat, das muß erst fort. Auf diese feineren Unterscheidungen geht aber die gewöhnliche Bibelforschung nicht ein, sie sieht nicht, daß hier gezeigt ist, wie diese Individualität Einfluß hatte auf die Geheimnisse des Astralleibes und auch auf die des Ätherleibes. Ja, sie hatte sogar auf die Geheimnisse des physischen Leibes Einfluß.

Warum wird in diesem Zusammenhange von den Geheimnissen des physischen Leibes als sozusagen von den obersten Geheimnissen gesprochen? Sogar für das äußere Leben ist zunächst die Einwirkung von Astralleib zu Astralleib die offenbarste. Sie können einen Menschen verletzen, wenn Sie zum Beispiel ein haßerfülltes Wort sagen. Das ist ein Vorgang in seinem astralischen Leibe. Er hört das verletzende Wort, er empfindet das als Leid in seinem astralischen Leibe. Da haben Sie den Austausch zwischen Astralleib und Astralleib. Viel verborgener ist schon das, was Austausch ist zwischen Ätherleib und Ätherleib; dazu gehören schon feinere Wirkungen von Mensch zu Mensch, die heute gar nicht mehr beachtet werden. Aber die verborgensten sind die Wirkungen, welche auf den physischen Leib gehen, weil der physische Leib am meisten durch die dichte Materialität die Wirkungen des Geistigen verhüllt. Nun aber soll uns auch gezeigt werden, daß der Christus Jesus Herrschaft hat über den physischen Leib. Wie wird das gezeigt? Da berühren wir ein Kapitel, das den heutigen materialistisch denkenden Menschen ganz unverständlich sein würde. – Es ist gut, daß nur vorbereitete Kenner der Geisteswissenschaft bei diesem Zyklus beisammen sind; denn wer nur von der Straße hereinkäme, der würde das, was heute gesprochen wird, für ganzen Wahnsinn halten, auch wenn er das andere nur für halben oder viertel Wahnsinn hielte.

Der Christus Jesus zeigt, daß er durchschauen kann durch die physische Leiblichkeit und bis in dieselbe hineinwirken kann. Das wird dadurch gezeigt, daß er auch durch seine Kraft auf diejenigen Krankheiten heilend wirken kann, die im physischen Leibe wurzeln. Dazu muß man aber die geheimnisvollen Wirkungen kennen, die vom physischen Leibe des einen Menschen auf den physischen Leib des anderen Menschen hin wirken, wenn man im physischen Leibe die Krankheiten beheben will. Wenn man geistig wirken will, so kann man nicht den Menschen als ein in seiner Haut abgeschlossenes Wesen betrachten. Es ist hier schon oft gesagt worden, daß unser Finger gescheiter ist als wir. Unser Finger weiß, daß das Blut in ihm nur dadurch fließen kann, daß es in dem ganzen Leibe ordentlich fließt, und er weiß, daß er verdorren muß, wenn er von dem übrigen Organismus getrennt wird. So müßte der Mensch auch wissen, wenn er die Verhältnisse seines Leibes durchschauen würde, daß er seiner physischen Organisation nach zur ganzen Menschheit gehört, daß fortwährend Wirkungen von dem einen auf den anderen übergehen und daß man gar nicht seine physische Gesundheit als Einzelmensch abtrennen kann von der Gesundheit der ganzen Menschheit. In den gröberen Wirkungen werden das heute die Menschen auch zugeben, in bezug auf die feineren Wirkungen aber nicht, weil sie die Tatsachen nicht wissen können. Hier im Lukas-Evangelium wird aber auf die feineren Wirkungen hingedeutet. Lesen Sie im 8. Kapitel, wo es heißt:

> «Als aber Jesus zurückkam, empfing ihn die Menge; denn alles wartete auf ihn.
> Und siehe, es kam ein Mann mit Namen Jairus, der war Oberer der Synagoge, und er fiel Jesus zu Füßen und bat ihn, in sein Haus zu kommen;
> denn er hatte eine einzige Tochter von ungefähr zwölf Jahren, die lag im Sterben. Als er aber hinging, drängte ihn die Menge.
> Und eine Frau, die seit zwölf Jahren am Blutfluß litt und all ihr Vermögen an Ärzte gewendet hatte, und niemand vermochte sie zu heilen,
> trat von hinten herzu und rührte die Quaste seines Kleides an, und alsbald stand ihr Blutfluß stille» (Lukas 8, 40-44).

Also der Christus Jesus soll das zwölfjährige Töchterchen des Jairus heilen. Wie kann es nur geheilt werden, denn es ist nahe am Tode? Das kann man nur verstehen, wenn man weiß, wie seine physische Krankheit zusammenhängt mit einer anderen Erscheinung bei einem anderen Menschen, und daß es nicht geheilt werden kann, ohne daß man diese andere Erscheinung ins Auge faßt. Denn als das jetzt zwölfjährige Mädchen geboren wurde, da gab es eine gewisse Beziehung zu einer anderen Persönlichkeit, die tief im Karma begründet war. Deshalb wird uns jetzt erzählt, daß sich von hinten an den Christus Jesus heran ein Weib drängte, das seit zwölf Jahren an einer gewissen Krankheit litt, und den Saum seines Kleides berührte. Warum wird dieses Weib hier erwähnt? Weil sie in ihrem Karma verknüpft war mit diesem Kinde des Jairus. Dieses zwölfjährige Mädchen und die seit zwölf Jahren kranke Frau hängen zusammen, und nicht umsonst wird uns wie ein Zahlengeheimnis dies hingestellt. Da tritt diese Frau mit einer zwölf Jahre dauernden Krankheit an Jesus heran, und sie wird geheilt – und jetzt erst konnte er in das Haus des Jairus hineingehen, und nun konnte das zwölfjährige Mädchen geheilt werden, das schon für tot gehalten wurde.

So tief muß man in die Dinge hineingehen, um das Karma, das von Mensch zu Mensch geht, zu erfassen. Dann kann man sehen, wie die dritte der Wirkungsweisen des Christus Jesus – die auf den ganzen menschlichen Organismus – gezeigt wird. Insbesondere mit Rücksicht darauf muß man die höhere Wirksamkeit des Christus betrachten, wie sie uns im Lukas-Evangelium gezeigt wird.

So werden wir in anschaulicher Weise darauf hingewiesen, wie auf alle übrigen Glieder des Menschen die Ich-Wesenheit des Christus wirkte. Das ist das, worauf es ankommt. Und der Schreiber des Lukas-Evangeliums, der insbesondere in diesen Partien auf die Darstellung der Heilwirkungen ausgeht, wollte zeigen, wie die Heilwirkungen des Ich uns darstellen die Entfaltung des Ich auf einem hohen Gipfel der Menschheitsentwickelung, und er zeigt, wie der Christus wirken mußte auf den astralischen Leib, auf den Ätherleib und auf den physischen Leib der Menschen. Lukas hat gleichsam das große Ideal der Menschheitsentwickelung hingestellt: Sehet hin auf eure Zukunft; heute ist euer Ich, wie es sich herausentwickelt hat, noch schwach, es hat noch wenig Herrschaft. Aber es wird nach und nach Herr werden über den Astralleib, über den Ätherleib und über den physischen Leib und wird dieselben umgestalten. Vor euch ist das große Ideal des Christus hingestellt, der der Menschheit zeigt, wie die Herrschaft des Ich über den Astralleib, Ätherleib und physischen Leib sein kann.

Das sind solche Wahrheiten, wie sie den Evangelien zugrunde liegen, und die nur diejenigen schreiben konnten, die sich nicht auf äußere Dokumente stützten, sondern auf das Zeugnis derjenigen, die «Selbstseher» und «Diener des Wortes» waren. Nach und nach wird sich die Menschheit erst eine Überzeugung von dem aneignen, was hinter den Evangelien liegt. Dann aber wird sie sich allmählich das, was den religiösen Urkunden zugrunde liegt, in solcher Intensität und Stärke zu eigen machen, daß es wirklich auf alle übrigen Glieder der menschlichen Organisation wirken kann.

NEUNTER VORTRAG

BASEL, 25. SEPTEMBER 1909

Es wird Ihnen bereits aus dem gestrigen Vortrage hervorgegangen sein, daß man eine Urkunde wie das Lukas-Evangelium nur verstehen kann, wenn man die Entwickelung der Menschheit in jenem höheren Sinne auffaßt, der uns durch die Geisteswissenschaft an die Hand gegeben wird, das heißt, wenn man wirklich die Veränderungen ins Auge faßt, die sich im Laufe der Menschheitsentwickelung vollzogen haben und die den ganzen Menschen in seiner Organisation anders gemacht haben. Wenn wir uns jenen radikalen Vorgang, der sich zur Zeit des Christus Jesus mit der Menschheit vollzogen hat, verständlich machen wollen – was notwendig ist zum Begreifen des Lukas-Evangeliums –, so ist es gut, daß wir ihn vergleichen mit dem, was sich zwar nicht so rasch, sondern mehr nach und nach, aber doch auch deutlich wahrnehmbar für den, der sehen kann, in unserer Zeit vollzieht.

Um das zu verstehen, müssen wir erst einmal gründlich mit einem anderen Urteile brechen, das so häufig ausgesprochen wird, und an dem die menschliche Bequemlichkeit so gerne hängt. Das ist das Urteil, die Natur oder die Entwickelung mache keine Sprünge. Es kann, wenn man die gewöhnliche Auffassung dieses Satzes zugrunde legt, gar keinen falscheren Satz geben als gerade diesen. Die Natur macht fortwährend Sprünge! Und das ist gerade das Wesentliche, daß Sprünge geschehen. Sehen wir uns zum Beispiel an, wie sich der Pflanzenkeim entwickelt. Wenn er das erste Blättchen herauswachsen läßt, so ist das ein bedeutsamer Sprung. Ein weiterer bedeutsamer Sprung findet statt, wenn die Pflanze übergeht vom Blatt zur Blüte, dann wieder, wenn es vom äußeren zum inneren Teil der Blüte geht, und ein weiterer, ganz bedeutsamer Sprung geschieht in der Ausbildung der Frucht. Es geschehen fortwährend Sprünge, und wer das nicht berücksichtigt, wird die Natur nicht begreifen. Er wird glauben, wenn er die

Menschheitsentwickelung betrachtet und an einem Jahrhundert bemerkt, daß da die Entwickelung im Schneckenschritte vorwärtsgeht, daß dann auch zu anderen Zeiten die Entwickelung in demselben Tempo vorwärtsgehen müsse. Es kann aber durchaus sein, daß die Entwickelung zu einer gewissen Zeit langsam geht wie bei der grünen Pflanze vom ersten grünen Blatt bis zum letzten; wie aber dann bei der Pflanze ein Sprung geschieht, wenn sich das letzte Blatt entwickelt hat und die Blüte ansetzt, so geschehen in der Menschheitsentwickelung fortwährend Sprünge.

Und ein solcher bedeutsamer Sprung geschah in der Zeit, als der Christus Jesus auf Erden auftrat. Da geschah ein solcher Sprung, daß in verhältnismäßig kurzer Zeit die Eigenschaften des alten Hellsehens und die Herrschaft des Geistigen über das Leibliche sich verwandelten, so daß nur noch wenig vorhanden war von hellseherischer Kraft und von Wirksamkeit des Seelisch-Geistigen über das Leibliche. Daher mußte, bevor jener Umschwung geschah, noch einmal zusammengefaßt werden, was von alten Zeiten als Erbschaft vorhanden war. Darinnen mußte der Christus Jesus wirken. Dann konnte das Neue aufgenommen werden in der Menschheit und konnte sich nun langsam und allmählich entwickeln.

Auf anderem Gebiete geschieht, nicht ganz so rasch, aber doch auch ein Sprung in unserer Zeit. Er vollzieht sich zwar in längerem Zeitraum, aber er muß für die, welche unsere Zeit verstehen wollen, durchaus begreiflich erscheinen. Wir machen uns am besten einen Begriff davon, wenn wir hinhören auf Menschen, die heute, von diesem oder jenem geistigen Gebiete ausgehend, an die Geisteswissenschaft herankommen. Es kann zum Beispiel, was öfters vorkommt, ein Vertreter dieser oder jener Religionsgemeinschaft zu einem geisteswissenschaftlichen Vortrage kommen. Was ich jetzt ausspreche, ist etwas, was durchaus erklärlich ist, und soll kein Tadel sein. Ein solcher Mensch hört sich also einen geisteswissenschaftlichen Vortrag an, der sich etwa gerade mit dem Wesen des Christentums befaßt, und sagt hinterher: Das ist ja alles sehr schön, und im Grunde genommen widerspricht es gar nicht dem, was wir von der Kanzel oder vom Lehrstuhle herab auch sagen; aber wir sagen es so, daß es jeder verstehen kann. Was dagegen hier gesagt wird, das ist so, daß es nur einzelne verstehen können. – Das ist etwas, was sehr häufig geschieht. Wer so etwas sagt oder meint, daß nur das das einzig Mögliche ist, wie *er* das Christentum auffaßt oder verkündet, der berücksichtigt eines nicht: daß man die Verpflichtung hat, nicht nach seinen Liebhabereien, sondern nach den Tatsachen zu urteilen. Und einmal mußte von mir einem solchen Menschen geantwortet werden: Sie haben vielleicht den Glauben, daß Sie die christlichen Wahrheiten für alle Menschen verkünden. Aber unser Glaube entscheidet nichts in diesem Falle, sondern es entscheiden die Tatsachen. Gehen alle Leute zu Ihnen in die Kirche hinein? Die Tatsachen beweisen das Gegenteil! Für diejenigen, für welche Sie das Richtige treffen, ist eben die Geisteswissenschaft nicht da; sondern sie ist für diejenigen da, die etwas anderes brauchen. – Wir müssen eben nach den Tatsachen urteilen und nicht nach unseren Liebhabereien; und das ist in der Regel für die Menschen sehr schwierig, ihre Liebhabereien von den Tatsachen zu unterscheiden.

Wenn nun solche Menschen gar nicht von der Meinung kuriert werden könnten, daß sie das Richtige treffen, und jeden anderen perhorreszieren, der anders spricht als sie, und wenn gegen solche Menschen das spirituelle Leben gar nicht aufkommen könnte, was würde da geschehen? Immer zahlreicher würden dann die Menschen werden, die nicht die Art der Verkündigung der geistigen Tatsachen hören könnten, wie sie in dieser oder jener Geistesströmung bisher üblich war. Immer weniger Menschen würde es geben, die dahin gehen, wo so etwas zu hören ist. Und wenn es dann keine geisteswissenschaftliche Strömung gäbe, so würden diese Menschen gar nichts haben, keine Befriedigung ihrer geistigen Bedürfnisse; sie würden verkommen, denn es würde ihnen keine Nahrung gegeben. Es hängt aber nicht von dem Willen des einzelnen ab, wie man die geistige Nahrung zugeformt bekommt –

das hängt ab von der Entwickelung. Wir sind jetzt an der Tatsache und an dem Zeitpunkte angekommen, wo die Menschen Befriedigung haben wollen für ihre geistigen Bedürfnisse, für die Interpretation der Evangelien und so weiter. Aber nicht darauf kommt es an, wie wir die geistige Nahrung geben wollen, sondern wie die Menschenseele sie verlangt. Die Sehnsucht der menschlichen Seele nach der Geisteswissenschaft ist heute geboren. Und es hängt gar nicht von denen ab, die etwas anderes lehren wollen, ob sie die geistigen Bedürfnisse der Zeit befriedigen; denn sie werden immer weniger Zuhörer bekommen.

Wir leben in einer Zeit, in welcher immer mehr aus den Menschenherzen die Möglichkeit verschwindet, die Bibel so hinzunehmen, wie sie während der letzten vier bis fünf Jahrhunderte der europäischen Kulturentwickelung hingenommen worden ist. Entweder wird die Menschheit die Geisteswissenschaft bekommen und durch die Geisteswissenschaft die Bibel in einem neuen Sinne verstehen lernen, oder die Menschen werden dahin kommen, wie es bei vielen schon heute der Fall ist, welche die Anthroposophie nicht kennen, daß sie nicht mehr hinhorchen können auf die Bibel. Die Menschheit würde die Bibel vollständig verlieren, die Bibel würde verschwinden, und ungeheure Geistesgüter würden der Menschheit verlorengehen – die wichtigsten Geistesgüter unserer Erdenentwickelung. Das muß eingesehen werden. Wir stehen an einem solchen Sprunge unserer Entwickelung. Das Menschenherz verlangt nach geisteswissenschaftlicher Erklärung der Bibel. Wird der Menschheit diese geisteswissenschaftliche Erklärung der Bibel, so wird die Bibel zum Segen der Menschheit erhalten bleiben; wird ihr diese Erklärung nicht, so wird die Bibel verlorengehen. Das sollten sich diejenigen sagen, welche glauben, ihre Liebhabereien, ihre hergebrachte Art, die Bibel zu nehmen, unbedingt aufrechterhalten zu müssen. So können wir jenen Sprung charakterisieren, den wir jetzt in der Menschheitsentwickelung machen. Wer diese Tatsache kennt, den kann nichts beirren in der Pflege der anthroposophischen Geistesströmung, weil er sie als eine Notwendigkeit für die Menschheitsentwickelung erkennt.

Nun ist das, was jetzt geschieht, von einem höheren Gesichtspunkte aus betrachtet, sogar verhältnismäßig etwas Kleines gegenüber dem, was damals geschah, als der Christus Jesus auf der Erde erschien. Zu jener Zeit war die Menschheitsentwickelung so, daß sozusagen noch die letzten Ausläufer jener Entwickelung vorhanden waren, die seit uralten Zeiten, sogar seit der vorherigen Verkörperung unserer Erde, stattgefunden hat. Der Mensch entwickelte sich im wesentlichen in seinem physischen Leib, Ätherleib und Astralleib. Er hatte zwar schon längst das Ich eingegliedert, aber dieses Ich spielte zu jener Zeit noch eine untergeordnete Rolle. Das vollständig selbstbewußte Ich war noch überdeckt von den drei Hüllen: physischer Leib, Ätherleib und Astralleib, bis zur Zeit der Erscheinung des Christus Jesus.

Nehmen wir an, der Christus Jesus wäre nicht auf die Erde gekommen. Was würde da geschehen sein? Da wäre die Menschheitsentwickelung so fortgeschritten, daß das Ich voll herausgekommen wäre. Aber in demselben Maße wie das Ich voll herausgekommen wäre, würden alle früheren hervorragenden Fähigkeiten des Astralleibes, Ätherleibes und physischen Leibes geschwunden sein; alles alte Hellsehen, alle alte Herrschaft von Seele und Geist über den Leib würden geschwunden sein, denn das wäre die Notwendigkeit der Entwickelung gewesen. Der Mensch wäre ein selbstbewußtes Ich geworden, aber ein Ich, das den Menschen immer mehr zum Egoismus geführt hätte, das immer mehr dazu geführt hätte, die Liebe auf der Erde ersterben zu machen, die Liebe von der Erde verschwinden zu machen. Iche wären die Menschen auch geworden, aber ganz egoistische Iche. Das ist das Wesentliche.

Die Menschheit war in dem damaligen Zeitpunkte reif, um zu der Entwickelung des Selbstes, des Ich, aufzusteigen; daher war sie aber zu gleicher Zeit darüber hinaus, in der alten Weise auf sich wirken zu lassen. In der alten hebräischen Entwickelung konnte zum Beispiel das Gesetz, die Verkündigung vom Sinai deshalb wirken, weil das Ich noch nicht völlig herausgetreten war und dem astralischen Leibe, der als Höchstes dastand, sozusagen eingeflößt und eingeprägt wurde, was er tun und fühlen sollte, um in der Außenwelt in der richtigen Weise zu handeln. So war das Gesetz vom Sinai wie eine Vorverkündigung erflossen, aber wie eine letzte Vorverkündigung, bevor das Ich völlig herausgekommen war. Wenn das Ich herausgekommen wäre und wenn nichts anderes eingetreten wäre, würde der Mensch nur auf sein Ich geschaut haben. Die Menschheit war eben reif zu der Entwickelung des Ich, aber das Ich wäre so ein leeres Ich gewesen, ein Ich, das nur an sich gedacht hätte und nichts für die anderen Menschen oder für die Welt hätte wirken wollen.

Diesem Ich den Inhalt zu geben, dieses Ich nach und nach zu einer solchen Entwickelung anzutreiben, daß es von sich aus jene Kraft ausströmt, die wir die Kraft der Liebe nennen, das war die Tat des Christus auf der Erde. Wie ein leeres Gefäß wäre das Ich ohne den Christus geworden; wie ein sich immer mehr und mehr mit Liebe erfüllendes Gefäß steht das Ich da durch die Erscheinung des Christus. Daher konnte der Christus zu seiner Umgebung sagen: Ihr sagt, wenn ihr Wolken heranziehen seht, es komme dieses oder jenes Wetter; so beurteilt ihr das Wetter nach den äußeren Zeichen. Die Zeichen der Zeit aber versteht ihr nicht. Denn würdet ihr sie verstehen und beurteilen können, was um euch herum vorgeht, dann würdet ihr wissen, daß in das Ich der Gott eindringen muß, der es durchdringt und imprägniert; dann würdet ihr nicht sagen: Wir können auch mit dem leben, was von den Vorzeiten her überliefert ist. – Was von den Vorzeiten stammt, das geben euch die Schriftgelehrten und Pharisäer, welche das Alte bewahren und nichts hinzukommen lassen wollen zu dem, was vorher an die Menschen herangetreten ist. Das ist aber ein Sauerteig, der nichts weiter wirken wird in der Menschheitsevolution. Wer aber sagt: Ich will stehenbleiben bei Moses und den Propheten –, der versteht nicht die Zeichen der Zeit, der weiß nicht, welcher Übergang in der Menschheit sich vollzieht (Lukas 12, 54-59). In bedeutungsvollen Worten sagte der Christus Jesus zu seiner Umgebung, daß es gar nicht von der Liebhaberei des einzelnen abhänge, ob man nun christlich werden wolle oder nicht, sondern von der Notwendigkeit in der Fortentwickelung der Menschheit. Begreiflich machen wollte er mit den Reden, die uns im Lukas-Evangelium überliefert sind als die von den «Zeichen der Zeit», daß der alte Sauerteig bei den Schriftgelehrten und Pharisäern, die nur das Alte bewahren, nicht mehr ausreiche, und glauben, daß er ausreiche, könne nur derjenige, der nicht die Verpflichtung fühlt, nach den Notwendigkeiten zu urteilen, die für die Entwickelung der Welt gelehrt werden, der alles nach seinen Liebhabereien beurteilt. Daher nannte der Christus Jesus das, was die Schriftgelehrten und Pharisäer wollten, eine Unwahrheit, etwas, was nicht mehr mit der äußeren Welt stimmt. Das würde der Ausdruck eigentlich bedeuten.

Wir können uns die Gefühlskraft seiner Rede am besten vor die Seele rücken, wenn wir sie mit den entsprechenden Vorgängen in unserer Zeit vergleichen. Wie müßte man denn in bezug auf das Angedeutete in unserer Zeit sprechen, wenn man ganz auf unsere Zeit übertragen wollte, was der Christus Jesus von den Schriftgelehrten und Pharisäern gesagt hat? Haben wir in unserer Zeit etwas Ähnliches wie die Schriftgelehrten? Ja, wir haben etwas Ähnliches! Und das sind die, welche nicht mehr mitgehen wollen mit der tieferen Erklärung der Evangelien, die da stehenbleiben wollen bei dem, was ihnen ihre ohne die Geisteswissenschaft erworbenen Fähigkeiten über die Evangelien sagen können; das sind die, welche nicht mitgehen wollen die Schritte in die Untergründe der Evangelien, die durch die Geisteswissenschaft gemacht werden. Das ist im Grunde genommen überall da der Fall, wo man versucht – gleichgültig, ob in mehr fortschrittlicher oder mehr rückschrittlicher Weise –, die Evangelien zu interpretieren. Denn die Kraft, um die Evangelien interpretieren zu können, wächst einzig und allein auf geisteswissenschaftlichem Boden.

Nur aus der Geisteswissenschaft ist die Wahrheit über die Evangelien zu gewinnen! Daher ist auch alles andere, was heute über die Evangelien geforscht wird, so trostlos, läßt so kalt, wenn wir wirklich nach der Wahrheit forschen wollen. Nur haben wir heute zu den Schriftgelehrten und Pharisäern noch eine dritte Sorte von Menschen erhalten, die Naturgelehrten, so daß wir heute von drei Kategorien sprechen können, die überhaupt alles ausschließen wollen, was zum Geistigen führt, was der Mensch sich an Fähigkeiten erwerben kann, um zu den geistigen Grundlagen der Naturerscheinungen zu kommen. Und diejenigen, welche man für die heutige Zeit, wenn man im Sinne des Christus Jesus redet, mittreffen muß, die sitzen heute vielfach auf den Lehrstühlen; sie haben es in der Hand, die Naturerscheinungen zusammenzustellen, und lehnen die geistigen Erklärungen ab. Sie sind es, die den Fortschritt der Menschheitsentwickelung aufhalten, denn der Fortschritt der Menschheit wird überall da aufgehalten, wo man die Zeichen der Zeit in dem angedeuteten Sinne nicht erkennen will.

In unserer Zeit würde es der Nachfolge des Christus Jesus nur entsprechen, wenn man den Mut fände, so wie er sich gegen die wandte, die nur Moses und die Propheten gelten lassen wollten, überall sich gegen diejenigen zu wenden, die den Fortschritt der Menschheit zurückschrauben wollen, indem sie sich gegen die anthroposophische Interpretation der Schriftwerke auf der einen Seite und der Naturwerke auf der anderen Seite wenden. Es sind zuweilen wirklich gutmeinende Leute, die gern einmal da oder dort hinein einen vagen Frieden vermitteln möchten. Allen solchen Leuten müßte etwas davon ins Herz wachsen, was gerade der Christus Jesus im Sinne des Lukas-Evangeliums gesprochen hat.

Es gehört zu den schönsten und eindringlichsten Gleichnissen des Lukas-Evangeliums jenes, das gewöhnlich genannt wird das Gleichnis von dem ungerechten Hausverwalter (Lukas 16, 1-13). Da wird erzählt: Ein reicher Mann hatte einen Hausverwalter, von dem ihm gesagt worden war, daß er ihm sein Gut verschwende. Er beschloß daher, diesen Hausverwalter zu entlassen. Dieser aber war im höchsten Grade darüber bestürzt und fragte sich: Was soll ich nun tun? Ich kann mich nicht dadurch ernähren, daß ich irgendwie Ackerbauer werde, denn das verstehe ich nicht; ich kann auch nicht Bettler werden, denn zu betteln schäme ich mich. Da kam er auf ein Auskunftsmittel. Er sagte sich: Ich habe ja als Verwalter immer die Leute, die mit mir in Berührung kamen, so behandelt, daß ich nur auf die Interessen meines Herrn gesehen habe. Daher haben sie mich nicht besonders gern, weil ich auf ihre Interessen nicht gesehen habe; ich muß etwas tun, damit sie mich aufnehmen bei sich, damit ich nicht zugrunde gehe; ich werde etwas tun, damit die Leute sehen, daß ich Wohlwollen für sie habe. – Da kam er zu einem der Schuldner seines Herrn, fragte ihn: Wieviel bist du schuldig? – und ließ ihn die Hälfte der Schuld abstreichen. Ebenso machte er es bei den anderen. Auf diese Weise suchte er das Wohlwollen der Schuldner zu erreichen, damit er, wenn ihn sein Herr fortjagt, zu den Leuten gehen und Aufnahme finden könne und nicht Hungers sterbe. Das ist der Zweck. – Nun heißt es im Evangelium weiter, worüber vielleicht dieser oder jener, der das Lukas-Evangelium liest, recht erstaunt sein könnte (Vers 8): «Und der Herr lobte den ungerechten Haushalter, daß er klüglich getan hatte.» Es hat wirklich von der Sorte der Leute, die heute die Evangelien erklären, welche gegeben, die sich Gedanken machten, welcher «Herr» damit gemeint sei, trotzdem da ganz deutlich steht, daß Jesus selber den Verwalter wegen seiner Klugheit gelobt hat. Und dann heißt es weiter: «denn die Kinder dieser Welt sind klüger denn die Kinder des Lichtes in ihrem Geschlechte». So steht es seit Jahrhunderten in der Bibel. Man möchte sich fragen, ob denn niemand darüber nachgedacht hat, was das heißen soll: «die Kinder dieser Welt sind klüger denn die Kinder des Lichtes in ihrem Geschlechte». «In ihrem Geschlechte» steht überall in den verschiedenen Bibelübersetzungen. Wenn jemand mit bloß einiger Kenntnis den griechischen Text übersetzen würde – er müßte ihn natürlich richtig übersetzen –, dann aber hieße es richtig: «denn die Kinder dieser Welt sind klüger als die Kinder des Lichtes *in ihrer Art»!* Das heißt, nach ihrer Art sind die Kinder der Welt klüger als die Kinder des Lichtes, nach dem, wie sie es verstehen, sind sie klüger, meinte der Christus. Diejenigen, die seit Jahrhunderten diese Stelle übersetzt haben, haben einfach bis heute die Bezeichnung «in ihrer Art» verwechselt mit einem Wort, das zwar in der griechischen Sprache sehr ähnlich klingt: *ôÞí ãåíåÜí* =(ten genean), sie haben es mit «Geschlecht» verwechselt, weil man unter Umständen dieses Wort auch für den anderen Begriff brauchte. Ist es möglich, so möchte man fragen, daß sich durch Jahrhunderte hindurch eine solche Sache fortschleppte und daß neuere Menschen auftreten, von denen gesagt wird, daß sie gute Bibelübersetzungen zustande gebracht haben und sich bemüht haben, den richtigen Text herzustellen, die es nicht anders machen? Bei *Weizsäcker* zum Beispiel steht es gerade so! So sonderbar es ist, es ist geradeso, wie wenn die Menschen ihre allerersten Schulkenntnisse verlernten, wenn sie sich anschicken, die wahre Gestalt der biblischen Urkunden zu erforschen.

Vor allen Dingen wird die geisteswissenschaftliche Weltanschauung dazu führen müssen, die biblischen Urkunden der Welt wieder so zu geben wie sie sind. Denn die Welt hat heute die Bibel nicht, und sie kann sich gar keine Vorstellung machen, wie diese Bücher sind. Man könnte geradezu fragen: Sind das die biblischen Bücher? Nein, sie sind es in den wichtigsten Teilen geradezu nicht! Ich will Ihnen das auch noch näher zeigen.

Was soll denn überhaupt mit diesem Gleichnis vom ungerechten Haushalter gesagt werden? Das ist klar darin ausgedrückt. Der Hausverwalter hat sich überlegt: Wenn ich hier fortgehen muß, dann muß ich mich bei den Leuten beliebt machen. Er hat eingesehen, daß man nicht «zweien Herren» dienen kann. So sollt ihr einsehen – sagte der Christus zu seiner Umgebung –, daß ihr auch nicht zweien Herren dienen könnt, demjenigen, der jetzt als Gott in die Herzen einziehen soll, und demjenigen, den bisher die

Schriftgelehrten verkündet haben, welche die Prophetenbücher interpretiert haben; denn ihr könnt nicht dem Gotte dienen, der als Christus-Prinzip in eure Seelen einziehen soll und die Menschheit in ihrer Entwickelung um ein Mächtiges vorwärtsbringen soll, und dem Gotte, der als ein Hindernis sich davorlegen würde in dieser Entwickelung. – Denn alles, was in einer verflossenen Zeit richtig war, das wird zu einem Hemmnis in der späteren Entwikkelung. Darauf beruht in gewisser Weise die Entwickelung, daß dasjenige, was für eine Zeit richtig ist, zum Hindernis wird, wenn es hineingetragen wird in eine spätere Zeit. Diejenigen Mächte, welche die Hindernisse dirigieren, nannte man damals mit einem technischen Ausdruck den Mammon. – Ihr könnt nicht dem Gott, der den Fortschritt will, und dem Mammon, dem Gott der Hindernisse, dienen. Sehet euch den Verwalter an, wie er als ein Kind der Welt einsah, wie man nicht einmal mit dem gewöhnlichen Mammon zwei Herren dienen kann! So sollt ihr einsehen, indem ihr euch erhebt, daß ihr Kinder des Lichtes werdet, daß ihr nicht zwei Herren dienen könnt (Lukas 16, 11-13).

Ebenso muß der, der in unserer Zeit lebt, einsehen, daß es eine Vermittlung nicht gibt zwischen dem Gotte Mammon in unserer Zeit – zwischen den Schriftgelehrten und Naturgelehrten – und der Richtung, welche der Menschheit heute die Nahrung geben muß, die sie braucht. Das ist christlich gesprochen. Das ist für unsere Zeit in entsprechende Worte gekleidet, was der Christus Jesus im Sinne des Lukas-Evangeliums seiner Umgebung hatte sagen wollen in dem Gleichnis, daß man nicht zweien Herren dienen kann, wie er es anschaulich machte an dem Hausverwalter.

Wir müssen die Evangelien lebendig verstehen. Geisteswissenschaft selber soll etwas Lebendiges werden! Daher soll alles, was sie anfaßt, unter ihrem Einflusse Leben gewinnen. Das Evangelium soll uns etwas sein, was in unsere eigenen geistigen Fähigkeiten einfließt. Wir sollen nicht nur davon schwatzen, daß man zur Zeit des Christus Jesus die Schriftgelehrten und Pharisäer abweisen konnte, denn dann gedächten wir wieder nur einer verflossenen Zeit. Sondern wir sollen wissen, wie in unserer Zeit dasjenige lebendig wird, und wo in unserer Zeit die Nachfolge dessen liegt, was der Christus Jesus für seine Zeit als den Gott Mammon bezeichnete. Das ist das lebendige Verstehen. Das ist aber auch das, was eine tiefe, bedeutsame Rolle in dem spielt, was uns im Lukas-Evangelium erzählt wird. Denn es verbindet sich mit dieser Anschauung, die eben jetzt klargemacht worden ist, mit dem Gleichnis, das nur im Lukas-Evangelium steht, einer der allerwichtigsten Begriffe im Evangelium überhaupt; und wir können uns diesen allerwichtigsten Begriff des Evangeliums nur in unser Gemüt schreiben, wenn wir in der Lage sind, uns noch einmal in gewisser anderer Weise die Beziehung des Buddha und des von ihm gegebenen Einschlages zu dem Christus Jesus herstellen zu können.

Wir haben gesagt, daß der Buddha die große Lehre vom Mitleid und von der Liebe vor die Menschheit hingestellt hat. Hier haben wir einen der Fälle, wo das, was im Okkultismus gesagt wird, ganz genau genommen werden muß; denn sonst könnte jemand sagen: Du sprichst einmal davon, daß der Christus die Liebe auf die Erde gebracht hat, und dann wird ein andermal gesagt, daß der Buddha die Lehre von der Liebe gebracht hat. Wird denn aber beide Male dasselbe gesagt? Das eine Mal sage ich, daß Buddha die Lehre von der Liebe auf die Erde gebracht hat, und das andere Mal dagegen, der Christus habe die Liebe selber als eine lebendige Kraft auf die Erde gebracht. Das ist der große Unterschied. Wo die tiefsten Sachen für die Menschheit in Betracht kommen, da muß man eben genau hinhorchen; denn sonst geschieht es, daß die Dinge, die an einem Orte mitgeteilt werden, wenn sie sich verbreiten, an einem anderen Orte in einer ganz anderen Gestalt erscheinen und daß dann gesagt wird: Ja, der hat, um allen gerecht zu werden, eigentlich zwei Verkündiger der Liebe aufgestellt. – Auf genaues Hinhorchen kommt es gerade auf dem Felde des Okkultismus an. Wenn wir die in dieser Weise in Worte gekleideten bedeutsamen Wahrheiten wirklich verstehen, dann erscheinen sie uns im richtigen Lichte.

Wir wissen, daß die Umschreibung der großen Lehre vom Mitleid und von der Liebe, wie sie Buddha gebracht hat, im achtgliedrigen Pfade liegt, und wir fragen uns: Was stellt eigentlich dieser achtgliedrige Pfad für ein Ziel dar? Wir können die Frage auch so stellen: Wohin gelangt der Mensch, der nun wirklich aus den Tiefen seiner Seele heraus den achtgliedrigen Pfad als sein Lebensideal hinstellt, wenn er sich dieses Ziel so vor Augen setzt, daß er sagt: Wie werde ich am vollkommensten? Wie reinige und läutere ich mein Ich in der allervollkommensten Weise? Was muß ich alles tun, um in möglichst vollkommener Weise mein Ich in die Welt zu stellen? Er wird sich sagen: Wenn ich alles beobachte, was im achtgliedrigen Pfade gesagt wird, dann wird mein Ich das denkbar vollkommenste werden, denn alles geht auf die Läuterung und Veredelung des Ich; alles, was aus diesem wunderbaren achtgliedrigen Pfade herausstrahlen kann, soll sich sozusagen in uns hineinarbeiten, alles ist Arbeit unseres Ich an seiner Vervollkommnung. Das ist das Wesentliche. Wenn also die Menschheit das, was der Buddha als das «Rad des Gesetzes» rollen ließ, wie der technische Ausdruck heißt, weiter bei sich entwickeln würde, so würde sie nach und nach dazu kommen, möglichst vollkommene Iche zu haben, beziehungsweise zu wissen, welches die vollkommensten Iche sind. Im Gedanken, als Weisheit, würde die Menschheit die vollkommensten Iche haben. Wir könnten auch sagen: Buddha hat der Menschheit die Weisheit von der Liebe und dem Mitleid gebracht, und wenn wir unseren Astralleib so durchsetzen, daß er ganz ein Produkt des achtgliedrigen Pfades ist, dann wissen wir, was wir wissen sollen über die Gesetze von der Lehre des achtgliedrigen Pfades.

Aber es ist ein Unterschied zwischen der Weisheit, dem Gedanken, und der lebendigen Kraft, die wirkt. Und es ist ein Unterschied, zu wissen, wie das Ich sein muß, und die lebendige Kraft in sich einfließen zu lassen, die dann wieder von dem Ich ausfließen kann in alle Welt, so wie von dem Christus ausfließend diese Kraft wirkte auf die Astralleiber, Ätherleiber und physischen

Leiber seiner Umgebung. Zu wissen, was der Inhalt der Lehre vom Mitleid und von der Liebe ist, das ist der Menschheit möglich geworden durch den Einschlag, den der große Buddha gebracht hat. Was dagegen der Christus gebracht hat, das ist zunächst eine lebendige Kraft, ist nicht Lehre. Er selber hat sich hingegeben, er ist heruntergestiegen, um nicht bloß in die menschlichen Astralleiber einzufließen, sondern in das Ich, damit dieses die Kraft hat, das Substantielle der Liebe von sich strahlen zu lassen. Das Substantielle, den lebendigen Inhalt der Liebe, nicht bloß den weisheitsvollen Inhalt der Liebe hat der Christus auf die Erde gebracht. Darum handelt es sich.

Es ist jetzt neunzehnhundert Jahre und etwa fünf Jahrhunderte her, daß der große Buddha auf der Erde gelebt hat. Und es werden noch – das ist etwas, was uns die okkulten Tatsachen lehren – etwa dreitausend Jahre über die Erdenentwickelung dahingehen. Dann werden die Menschen in größerer Anzahl so weit sein, daß sie aus ihrer eigenen moralischen Gesinnung, aus ihrer eigenen Seele und dem eigenen Herzen heraus den achtgliedrigen Pfad, die Weisheit des Buddha entwickeln können. Der Buddha mußte einmal da sein. Von da ging jene Kraft aus, welche die Menschen nach und nach als die Weisheit des achtgliedrigen Pfades entwikkeln werden. Dann, nach ungefähr dreitausend Jahren von jetzt ab, werden sie ihn zu ihrem Eigentum haben. Die Menschen werden selbst diese Lehre entwickeln können, sie nicht bloß von außen aufnehmen, sondern aus sich entwickeln und sich sagen: Dieser achtgliedrige Pfad sprießt aus uns hervor als die Weisheit vom Mitleid und der Liebe.

Wenn nichts weiter eingetreten wäre, als daß der große Buddha das «Rad des Gesetzes» hätte rollen lassen, dann würde zwar die Menschheit von jetzt ab nach dreitausend Jahren auch die Fähigkeit erlangt haben, die Lehre vom Mitleid und von der Liebe zu wissen; aber etwas anderes ist es, auch die Kraft erlangt zu haben, um wirklich darinnen zu leben. Und das ist der Unterschied: nicht nur vom Mitleid und der Liebe zu wissen, sondern unter dem Einflusse einer Individualität auch diese Kraft zu entwickeln. Diese Fähigkeit ging von dem Christus aus. Er goß die Liebe selber in die Menschen hinein, und sie wird immer mehr wachsen. Und wenn die Menschen am Ende ihrer Entwickelung angekommen sein werden, dann werden sie in Weisheit wissen, welches der Inhalt der Lehre vom Mitleid und von der Liebe ist; das werden sie dem Buddha zu verdanken haben. Aber sie werden zu gleicher Zeit die Fähigkeit haben, die Liebe herausströmen zu lassen aus dem Ich über die Menschheit; das wird die Menschheit dem Christus zu verdanken haben.

So mußten diese beiden zusammenwirken, und so mußte es geschildert werden, um das Lukas-Evangelium verständlich zu machen. Das tritt uns aber auch sogleich entgegen, wenn wir die Worte, die uns im Lukas-Evangelium gegeben werden, im richtigen Sinne zu deuten wissen (Lukas 2, 13-14). Da sind die Hirten, die herbeieilen, um die Verkündigung zu empfangen. Da oben ist die Engelschar, die nichts anderes ist als der geistig imaginative Ausdruck für den Nirmanakaya des Buddha. Was wird ihnen verkündet von dem, was da oben ist? Die Offenbarung des weisheitsvollen Gottes aus den Höhen! Das verkündet ihnen der Nirmanakaya des Buddha, der als Engelschar über dem nathanischen Jesuskindlein schwebt. Aber noch etwas anderes wird hinzugefügt: «Und Frieden den Menschen auf der Erde unten, die durchdrungen sind von einem guten Willen», das heißt denjenigen Menschen, in denen die wirkliche lebendige Kraft der Liebe aufkeimt. Das ist es, was sich nach und nach auf der Erde verwirklichen muß durch den Einschlag, den der Christus gegeben hat. Er brachte die lebendige Kraft hinzu zu dem, was die «Offenbarung aus den Höhen» war. Das brachte er in jedes Menschenherz hinein und brachte jeder Menschenseele etwas, wovon diese Menschenseele überfließen konnte. Er gab ihr nicht bloß etwas, was eine Lehre war, die man aufnehmen konnte als Gedanke und Idee, sondern eine Kraft, die hinausfließen kann aus dieser Menschenseele. Und keine andere Kraft als jene, die als Christus-Kraft in der Menschenseele wirken kann, und welche die Menschenseele überströmen lassen kann, ist diejenige, welche ständig – zum Beispiel im Lukas-Evangelium und in den anderen Evangelien – als die Kraft des Glaubens bezeichnet wird. Das ist Glaube im Sinne der Evangelien. Derjenige hat den Glauben, der in sich aufnimmt den Christus, so daß der Christus in ihm lebt, daß sein Ich nicht bloß als ein leeres Gefäß in ihm lebt, sondern einen überfließenden Inhalt hat. Und dieser überfließende Inhalt ist kein anderer als der Inhalt der Liebe.

Warum konnte denn der Christus mit seinen Worten jenes große Beispiel der «Heilung durch das Wort» hinstellen? Er konnte es, weil er der erste war, der das «Rad der Liebe» – nicht das «Rad des Gesetzes» – als eine freie Fähigkeit und Kraft der Menschenseele rollen ließ, weil er im höchsten Maße die Liebe in sich hatte, so überfließend und überschäumend, daß sie überfloß in diejenigen, die in seiner Umgebung gesund werden sollten; weil sein Wort, das er sprach – sei es «Stehe auf und wandle» oder «Deine Sünden sind dir vergeben» oder ein anderes Wort, aus seiner im Innern überfließenden Liebe hervorging. Er sprach Worte, die aus einem Überlaufen der Liebe über das Maß des Ich hinaus gesprochen waren. Und die, welche sich ein wenig mit dieser Tatsache erfüllen konnten, nannte der Christus Gläubige. Nur diesen Gedanken müssen wir jetzt mit dem Begriffe des Glaubens – einem der wesentlichsten im Neuen Testament – verbinden. Glauben ist die Fähigkeit des Hinübergehens über sich selbst, des Hinausfließens über das, was das Ich zu seiner eigenen Vervollkommnung zunächst tun kann. Daher lehrt der Christus, da er in den Leib des nathanischen Jesus eingezogen ist und sich dort mit der Kraft des Buddha verbunden hat, nicht etwa: Wie soll sich das Ich möglichst vervollkommnen? – sondern: Wie soll das Ich überfließen? Wie kann es über sich hinausgehen? – Er sagt es oft mit einfachen Worten, wie die Worte des Lukas-Evangeliums überhaupt zu den einfältigsten Herzen sprechen können. Er sagt: Es ist nicht genug, daß ihr nur denen etwas gebt, von denen ihr genau wißt, daß sie es euch wieder zurückgeben, denn das tun die Sünder auch. Wenn sie genau wissen, daß sie wieder zurückbekommen, was sie gegeben haben, dann haben sie es noch nicht aus der überschäumenden Liebe getan. Wenn ihr aber gebt und wißt, daß ihr es nicht wiederbekommt, dann habt ihr es aus der wirklichen Liebe heraus getan; dann ist das die Liebe, die das Ich nicht umschließt, sondern die dieses Ich aus sich entlassen muß als eine Kraft, die aus dem Menschen ausfließt (Lukas 6, 33-34). Und in den mannigfaltigsten Variationen sagt der Christus, wie das Ich überschäumen soll, wie aus dem Überfluß des Ich heraus, aus einem Gefühl, das aus sich herauskann, in der Welt gewirkt werden soll.

Das sind die wärmsten Worte im Lukas-Evangelium, wo von dieser überschäumenden Liebe geredet wird. Das Lukas-Evangelium enthält diese Kraft der überströmenden Liebe, wenn wir die Worte so auf uns wirken lassen, daß wir sie finden, diese überströmende Liebe, daß sie alle unsere Worte so durchdringt, daß sie die entsprechende Kraft haben, ihre Wirkung in der Außenwelt zu tun. Ein anderer Evangelist, der aus seinen Vorbedingungen heraus jene überströmende Liebe weniger betont hat, hat wenigstens in kurzen Worten dieses Geheimnis des Christentums zusammengefaßt, indem er sagt: Aus der Überfülle des Ich heraus fließt die Liebe. Und sie soll natürlich auch einfließen in alles, was wir sprechen und handeln. Im Matthäus-Evangelium haben Sie noch in der lateinischen Übersetzung die echten, ursprünglichen Worte wie eine kurze Zusammenfassung all der schönen Liebespreisungen, die im Lukas-Evangelium enthalten sind. Da heißt es lateinisch: «Ex abundantia cordis os loquitur»: Aus dem Überfließen des Herzens heraus spricht der Mund (Matthäus 12, 34). Eines der höchsten christlichen Ideale! Der Mund spricht aus dem überfließenden Herzen heraus, aus dem, was das Herz nicht umschließt. Das Herz wird vom Blute bewegt, und das Blut ist der Ausdruck des Ich. Das heißt also: Aus dem, was das Herz nicht umschließt, spricht ein überquellendes Ich, ein Ich, das Kraft aus sich ausstrahlt – denn diese Kraft ist die Kraft des Glaubens. Das sind die Worte, die wirklich die Christus-Kraft enthalten: «Aus dem Überfließen des Herzens heraus spricht der Mund.» Das ist ein Kardinalsatz von dem Wesen des Christentums.

Und nun lesen Sie in der heutigen Bibel. Was steht an dieser Stelle? «Wes das Herz voll ist, des geht der Mund über.» Das sind Worte, die hingereicht haben, um einen Kardinalsatz des Christentums durch Jahrhunderte hindurch zu verdecken. Die Menschheit ist nicht darauf gekommen, was es für ein Unding ist, zu sagen, daß das Herz, wenn es voll ist, sich ausschütte. Gewöhnlich schütten sich die Dinge in der Welt erst aus, wenn sie mehr als voll sind, wenn sie übergehen. So hat sich die Menschheit – das soll keine Kritik sein – notwendigerweise in eine Vorstellung eingesponnen, welche einen allerwichtigsten, einen Kardinalsatz des Christentums geradezu verdeckt hat, und wurde nicht einmal darauf aufmerksam, daß an dieser Stelle eine völlige Unmöglichkeit steht. Wenn gesagt wird, die deutsche Sprache vertrage nicht, daß wörtlich übersetzt wird «Ex abundantia cordis os loquitur» mit «Aus dem Überfließen des Herzens spricht der Mund», und wenn das damit belegt wird, daß man auch nicht sagen kann, der Überfluß des Kachelofens mache das Zimmer warm, so ist das eben ein Unding. Denn wenn Sie den Kachelofen nur so weit heizen, daß die Wärme bis an seine Wände dringt, so wird das Zimmer nicht warm; es wird erst warm, wenn gerade ein Überfluß an Wärme eintritt, so daß die Wärme aus dem Ofen herausdringt. So stoßen wir hier auf eine wichtige Sache. Ein Kardinalsatz des Christentums, auf dem ein Teil des Lukas-Evangeliums aufgebaut ist, wird zugedeckt, so daß die Menschheit gerade an wichtigster Stelle nicht hat, was im Evangelium steht.

Diese Kraft, die aus dem menschlichen Herzen heraus überfließen kann, ist die Christus-Kraft. «Herz» steht hier für «Ich». Was das Ich über sich hinaus schaffen kann, das fließt hinaus durch das Wort. Das Ich wird erst am Ende der Erdenentwickelung so sein, daß es den ganzen Christus in sich hat. Vorläufig ist der Christus etwas, was aus dem Herzen überschäumt. Wenn man das Herz nur voll haben will, so hat man überhaupt den Christus nicht. Daher deckt man gerade das Christentum zu, wenn man diesen Satz nicht in seinem vollen Ernste und in seiner vollen Würde nimmt. Die wichtigsten Dinge, das Wesen des Christentums wird richtig zutage treten durch das, was die Geisteswissenschaft als Erklärung der hohen Urkunden des Christentums zu sagen hat. Durch das Lesen in der Akasha-Chronik der geistigen Welt deckt sie den ursprünglichen Sinn auf und ist dadurch in der Lage, die Urkunden in ihrer Wahrheit zu lesen.

Und jetzt werden wir verstehen, wie die Menschheit in die Zukunft hinein vorwärtsschreitet. Derjenige, der sich fünf bis sechs Jahrhunderte vor unserer Zeitrechnung vom Bodhisattva zum Buddha entwickelt hat, ist damit so in die geistige Welt aufgestiegen, daß er nun als Nirmanakaya wirkt. Er ist damit auf eine höhere Stufe gehoben worden und braucht nicht mehr in einen physischen Leib hinunterzusteigen. Die Wirkungsweisen, die er als Bodhisattva hatte, sind in einer anderen Art wieder vorhanden. Als er damals vom Bodhisattva zum Buddha wurde, übergab er das Amt des Bodhisattva an einen anderen. Da wurde ein anderer sein Nachfolger, ein anderer zum Bodhisattva. Das drückt die buddhistische Legende durch etwas aus, was für das tiefere Christentum eine tiefe Wahrheit ist. Es wird erzählt, bevor die Individualität des Bodhisattva zu ihrem Buddha-Werden heruntergestiegen ist, habe sie die himmlische Tiara abgenommen und dem ihr folgenden Bodhisattva aufgesetzt. Der folgende Bodhisattva wirkt weiter mit seiner etwas anders gearteten Mission. Auch ihm ist es vorgesetzt, ein Buddha zu werden. Gerade zu jener Zeit, wenn eine Anzahl Menschen aus sich selbst heraus die Lehre vom achtgliedrigen Pfade entwickelt haben werden – in etwa dreitausend Jahren –, wird derjenige zum Buddha werden, der zum Bodhisattva geworden ist, als sein Vorgänger Buddha wurde. Fünf bis sechs Jahrhunderte vor unserer Zeitrechnung wurde er mit seiner Mission betraut; er wird ein Buddha werden nach dreitausend Jahren, von unserer Zeit angefangen gerechnet. Das ist derjenige, den die orientalische Lehre als den Maitreya Buddha kennt. Damit der jetzige Bodhisattva zum Maitreya Buddha werden kann, muß eine größere Anzahl von Menschen aus dem eigenen Herzen heraus die Lehre vom achtgliedrigen Pfade entwickelt haben; die Menschen werden dann in einer größeren Anzahl so weise sein, daß sie das können. Dann wird derjenige, der jetzt Bodhisattva ist, eine neue Kraft in die Welt bringen.

Wenn nun bis dahin nichts weiter geschehen würde, so würde er zwar Menschen finden, die durch innere Versenkung die Lehre vom achtgliedrigen Pfade ausdenken können, aber nicht solche Menschen, die aus dem innersten Wesen ihrer Seele heraus die überschäumende Kraft der Liebe, die lebendige Liebe haben. Diese lebendige Kraft der Liebe muß in der Zwischenzeit einströmen, damit der Maitreya Buddha nicht nur Menschen findet, die einsehen, was Liebe ist, sondern Menschen, die in sich die Kraft der Liebe haben. Dazu mußte der Christus auf die Erde herabsteigen, eine Wesenheit, die nur drei Jahre auf der Erde war, vorher aber nicht auf der Erde verkörpert war, wie Sie aus allen Ausführungen entnehmen konnten, welche Ihnen bisher gegeben worden sind. Die dreijährige Anwesenheit des Christus auf der Erde – von der Johannes-Taufe bis zum Mysterium von Golgatha – war die Ursache dazu, daß sich auf der Erde hinfort die Liebe immer mehr und mehr in das menschliche Herz, in die menschliche Seele ergießen wird, in das menschliche Ich mit anderen Worten; so daß die Menschen immer mehr und mehr von dem Christus durchzogen sein werden, damit am Ende der Erdenentwickelung das Ich des Menschen ganz ein Christus-erfülltes sein wird. So wie die Lehre vom Mitleid und von der Liebe zuerst durch den Bodhisattva angeregt werden mußte, so mußte die Substanz der Liebe durch denjenigen auf die Erde gebracht werden, der sie aus Himmelshöhen herunterbrachte und sie nach und nach zum Eigentum des eigenen menschlichen Ich werden läßt. Wir dürfen nicht sagen, daß die Liebe vorher nicht dagewesen wäre. Es war nicht jene Liebe vorher da, die unmittelbar Eigentum des menschlichen

Ich sein konnte; es war eine Liebe, die inspiriert wurde, die der Christus herunterströmen ließ aus kosmischen Höhen, die ebenso unbewußt einströmte, wie der Bodhisattva vorher unbewußt einströmen ließ die Lehre von dem achtgliedrigen Pfad. Wie sich der Buddha zum achtgliedrigen Pfade verhält, so verhält sich das Christus-Wesen zu dem, was es vorher war, bevor es heruntersteigen konnte, um Menschengestalt anzunehmen. Es war für den Christus ein Fortschritt, Menschengestalt anzunehmen. Das ist das Wesentliche dabei.

Der Nachfolger des Buddha, der heute ein Bodhisattva ist, ist denjenigen, die in der Geisteswissenschaft bewandert sind, wohl bekannt, und es wird schon einmal die Zeit kommen, wo über diese Tatsachen ausführlich gesprochen werden wird, wo auch der Name dieses Bodhisattva zu nennen ist, der dann zum Maitreya Buddha werden wird. Jetzt, wo schon so viele der Außenwelt unbekannte Tatsachen gesagt worden sind, müssen wir uns darauf beschränken, nur darauf hinzuweisen. Wenn dieser Bodhisattva auf der Erde erscheinen und zum Maitreya Buddha werden wird, dann wird er auf der Erde vorfinden die Saat des Christus. Das werden jene Menschen sein, welche sagen werden: Nicht nur mein Kopf ist angefüllt mit der Weisheit des achtgliedrigen Pfades, ich habe nicht nur die Lehre, die Weisheit von der Liebe, sondern mein Herz ist voll von der lebendigen Substanz der Liebe, von dem, was überfließt und hinausstrahlt in die Welt. Mit solchen Menschen wird dann der Maitreya Buddha seine weitere Mission in der Fortentwickelung der Welt ausführen können.

So schließen sich die Dinge zusammen, und so erst verstehen wir das Lukas-Evangelium in seiner Tiefe. Es spricht uns nicht von einer Lehre; es spricht uns von jener Wesenheit, die in die Erdenwesen, in die menschliche Organisation substantiell einfloß. Das ist eine Tatsache, die man im Okkultismus so ausdrückt, daß man sagt: Die Bodhisattvas, welche zu Buddhas werden, können die Erdenmenschen in bezug auf ihren Geist durch Weisheit erlösen, sie können aber niemals den ganzen Menschen erlösen. Denn der ganze Mensch kann nur erlöst werden, wenn nicht nur Weisheit, sondern wenn warme Liebeskraft seine ganze Organisation durchströmt. Die Seelen zu erlösen durch die Flut von Liebe, welche der Christus auf die Erde gebracht hat, das war die Aufgabe des Christus. Die Weisheit von der Liebe zu bringen, war die Aufgabe der Bodhisattvas und des Buddha, die Kraft der Liebe der Menschheit zu bringen, war die Aufgabe des Christus. Das müssen wir unterscheiden.

ZEHNTER VORTRAG

BASEL, 26. SEPTEMBER 1909

Was uns heute beschäftigen soll, ist die Hinführung der verschiedenen Erkenntnisse, die wir in den letzten Tagen gewonnen haben, zu dem Gipfelpunkte des Ganzen, wie es uns gerade an der Hand des Lukas-Evangeliums aus der Geistesforschung heraus erscheinen kann, zu jenem Gipfelpunkte, den wir das Mysterium von Golgatha nennen.

Wir haben gestern versucht, in eindringlicher Weise zu schildern, was eigentlich an jenem Zeitpunkte der Menschheitsentwikkelung geschehen ist, als der Christus durch drei Jahre hindurch auf der Erde wandelte, und wir haben in den vorhergehenden Vorträgen zu charakterisieren versucht, wie dieses Ereignis überhaupt durch den Zusammenfluß jener Geistesströmungen, die wir betrachtet haben, zustandekommen konnte. Gerade der Schreiber des Lukas-Evangeliums charakterisiert uns die ganze Mission des Christus Jesus auf der Erde in einer wunderbaren Weise, wenn wir nur das, was er schildert, im Lichte jener Erkenntnisse zu sehen vermögen, die aus der Akasha-Chronik gewonnen sind.

Es könnte jemand nun die Frage aufwerfen: Wie kommt es denn, da sich doch die buddhistische Geistesströmung ganz organisch in die christliche Lehre hineinverwebt, daß innerhalb der christlichen Lehre keine Andeutungen geschehen von dem großen Gesetze des Karma, von jener Ausgleichung, die im Verlaufe der einzelnen Inkarnationen des Menschen geschieht? Es wäre aber nur ein Mißverständnis, wenn man glauben wollte, daß das, was wir durch das Gesetz des Karma erkennen sollen, nicht auch in der Verkündigung des Lukas-Evangeliums liege. Es liegt darin. Nur müssen wir uns klar sein, wenn wir so etwas richtig verstehen wollen, daß die Bedürfnisse der Seelen der Menschen zu den verschiedenen Zeiten eben verschiedene sind und daß die großen Missionare der Weltentwickelung nicht immer die Aufgabe haben, die absolute Wahrheit in abstrakter Gestalt den Menschen zu geben. Denn die würden die Menschen auf den verschiedenen Reifestufen gar nicht verstehen, sondern die großen Missionare müssen so zu den Menschen sprechen, daß diese das Richtige in einer entsprechenden Epoche erhalten. In dem, was die Menschheit durch den Einschlag des großen Buddha erhalten hat, ist alles das als Weisheit enthalten, was in Verbindung mit der Lehre vom Mitleid und von der Liebe und der Umschreibung dieser Lehre in dem achtgliedrigen Pfade zu einem weisheitsvollen Verständnis der Lehre vom Karma führen kann. Und es heißt: nicht alles in der Menschenseele suchen, was zu der Lehre vom Karma und der damit verbundenen Lehre von der Reinkarnation führt, wenn man, von diesem ausgehend, nicht zu dieser Lehre kommt.

Gestern ist geschildert worden, wie dreitausend Jahre nach unserer eigenen Zeit ein großer Teil der Menschheit so weit sein wird, daß er die Lehre vom achtgliedrigen Pfade und damit – wie wir heute hinzufügen können – auch die Lehre von Karma und Reinkarnation aus sich selbst heraus gewinnen kann. Dies muß aber nach und nach geschehen, muß ganz allmählich geschehen. Denn ebensowenig, wie bei der Pflanze, unmittelbar nachdem wir den Keim in die Erde gesenkt haben, sich gleich die Blüte entwickeln kann, sondern wie sich nach notwendigen Gesetzen erst Blatt für Blatt entwickeln muß, ebenso ist notwendig, daß die geistige Entwickelung, die sich durch die Menschheit hindurchzieht, von Stufe zu Stufe geht und daß zur richtigen Zeit das Richtige erscheint. Wer, durchströmt von den Fähigkeiten, welche ihm die Geisteswissenschaft geben kann, sich heute in die eigene Seele versenkt, findet die Lehre von Karma und Reinkarnation als eine notwendige Lehre. Aber beachten Sie, daß die Entwickelung nicht umsonst ist, daß es wirklich so ist, daß erst in unserer Zeit die Seelen wieder reif geworden sind, um in sich zu finden, was man die Lehre von Karma und Reinkarnation nennt. Es wäre nicht gut gewesen, wenn etwa einige Jahrhunderte vorher diese Lehre exoterisch verkündet worden wäre, und es wäre für die Menschheitsentwickelung nicht gut gewesen, wenn das, was heute Inhalt der Geisteswissenschaft ist, wonach die Menschenseelen lechzen, und womit die Erforschung der Untergründe der Evangelien verbunden ist, schon vor ein paar Jahrhunderten der Menschheit in offener Gestalt verkündet worden wäre. Denn dazu war notwendig, daß diese Seelen der Menschheit danach lechzten und Fähigkeiten entwickelten, um die Lehre von Karma und Reinkarnation aufzunehmen. Dazu war notwendig, daß diese Seelen durch frühere Inkarnationen, auch der nachchristlichen Zeit, schon durchgegangen sind und das erlebt haben, was man erlebt, bevor man eben reif ist, um die Lehre von Karma und Reinkarnation zu empfangen. Hätte man in den ersten Jahrhunderten des Christentums die Lehre von Karma und Reinkarnation so offen verkündet, wie dies heute geschieht, so würde das geheißen haben, von der Menschheitsentwickelung dasselbe zu verlangen, was man verlangen würde, wenn aus der Pflanze statt des grünen Blattes gleich unmittelbar die Blüte herauswachsen sollte.

So ist die Menschheit erst heute dazu herangereift, die Lehre von Karma und Reinkarnation ihrem geistigen Inhalt nach in sich aufzunehmen. Es ist daher durchaus nicht zu verwundern, daß in dem, was der Menschheit seit Jahrhunderten aus den Evangelien übergeben worden ist, manches steht, was eigentlich ein ganz falsches Bild vom Christentum gibt. Es ist das Evangelium den Menschen sozusagen in einer gewissen Beziehung verfrüht übergeben worden, und erst heute reift die Menschheit heran, in der Seele alle Fähigkeiten zu entwickeln, welche zu einem Verständnisse dessen führen können, was in den Evangelien eigentlich enthalten ist. Es war durchaus notwendig, daß das, was als Verkündigung des Christus Jesus erfolgte, auf den damaligen Zustand, auf die damalige Verfassung der Menschenseelen Rücksicht nahm; so daß man damals nicht in abstrakten Lehren Reinkarnation und Karma lehrte, sondern daß man solche Gefühle in die Menschenseele einströmen ließ, durch welche die Seelen erst nach und nach reif wurden, die Lehre von Reinkarnation und Karma aufzunehmen.

Das heißt, man mußte in der damaligen Zeit das sagen, was nach und nach zum Verständnis der Lehre von Karma und Reinkarnation führen konnte, und nicht die Lehre selber.

Sagten das der Christus Jesus und die, welche um ihn waren? Um das zu verstehen, müssen wir das Lukas-Evangelium aufschlagen und es in richtiger Weise vor unsere Seele treten lassen. Und wenn wir es mit dem Verständnis für diese Dinge richtig vor unsere Seelen treten lassen, so werden wir schon lesen, wie damals gerade das Karmagesetz den Menschen verkündet werden konnte.

> «Selig seid ihr, die ihr arm seid, denn euch wird das Reich der Himmel werden.
> Selig seid ihr, die ihr jetzt hungert, denn ihr werdet gesättigt werden.
> Selig seid ihr, die ihr jetzt weinet, denn ihr werdet lachen.
> Selig seid ihr, wenn euch die Leute hassen, wenn sie euch ausschließen und beschimpfen und euren Namen ausstoßen als einen bösen wegen des Sohnes des Menschen.
> Freuet euch an diesem Tage und jubelt, denn siehe euer Lohn ist groß in den geistigen Welten» (Lukas 6, 20-23).

Hier haben wir die Lehre von der Ausgleichung, welche, ohne auf die Lehre von Karma und Reinkarnation in abstrakter Weise einzugehen, bemüht ist, die gefühlsmäßige Gewißheit in die Seelen fließen zu lassen, daß der, welcher auf irgendeinem Gebiete noch eine Zeit hungert, den Ausgleich erfahren wird. Diese Gefühle mußten in die Menschenseelen einfließen. Und die Seelen, die damals lebten, und in die sich diese Lehre damals in dieser Form hineingegossen hat, sie waren erst, als sie wieder verkörpert waren, reif, um als Weisheit die Lehre von Karma und Reinkarnation aufzunehmen.

So mußte zu jener Zeit in die Seelen hinüberfließen, was in den Seelen heranreifen sollte. Denn es war eine vollständig neue Zeit gekommen, eine Zeit, in welcher sich die Menschen in völliger Reife anschickten, ihr Ich, ihr Selbstbewußtsein, zu entwickeln. Während früher die Menschen die Offenbarungen empfingen und deren Wirkungen im Astralleibe, Ätherleibe und physischen Leibe hatten, sollte jetzt das Ich vollbewußt werden. Aber es sollte sich erst nach und nach mit den Kräften anfüllen, die es erhalten sollte. Nur das eine Ich, das damals auf der Erde wandelte und in seiner Leiblichkeit dazu vorbereitet war, das als nathanischer Jesus die Individualität des Zarathustra in sich verkörpert hatte, nur dieses Ich konnte das allumfassende Christus-Prinzip in sich verwirklichen. Die anderen Menschen müssen nun nach und nach in der Nachfolge des Christus das entwickeln, was damals in der einen Persönlichkeit drei Jahre hindurch auf der Erde war. Nur die Anregung sozusagen, den Keim, konnte damals der Christus Jesus in die Menschheit hineinverpflanzen, und dieser Keim muß nun nach und nach wachsen und sich entfalten. Auch dafür wurde vorgesorgt, daß immer in entsprechend richtigen Zeiten diejenigen Menschen innerhalb der Erdenentwickelung erscheinen können, die nun das bringen können, wofür die Menschheit in einer späteren Zeit reif wird. Der, welcher damals auf der Erde als der Christus erschienen ist, mußte dafür sorgen, daß die Menschheit unmittelbar nach seinem Erscheinen die Verkündigung hatte, so wie sie dieselbe verstehen konnte; und er mußte auch Vorsorge treffen, daß später Individualitäten erschienen, die in dem Maße für die Seelen in spiritueller Beziehung sorgten, als diese später reifer geworden sind.

Die Art und Weise nun, wie der Christus für die Zeiten vorgesorgt hat, die auf das Ereignis von Golgatha folgten, schildert uns der Schreiber des Johannes-Evangeliums. Er zeigt uns, wie der Christus selber in Lazarus jene Individualität auferweckte, die dann als Johannes weiterwirkte, und von der die Lehre in der Form ausging, wie sie in den Vorträgen über das Johannes-Evangelium beschrieben worden ist. Aber der Christus mußte auch dafür vorsorgen, daß in späteren Zeiten jene Individualität kommen konnte, welche ganz sachgemäß im Sinne der weiteren Entwickelung das in die Menschheit hineinbringen konnte, wofür die Menschen später reif sein konnten. Dazu mußte der Christus aber eine andere Individualität auferwecken. Wie das geschah, schildert uns treulich der Schreiber des Lukas-Evangeliums. Während er sagt, daß er schildern will, was damals die imaginativen und inspirierten Hellseher über das Ereignis von Palästina sagen konnten, weist er zugleich darauf hin, was einmal gelehrt werden wird von einem anderen; aber erst in der Zukunft wird es gelehrt werden. Und um uns diesen geheimnisvollen Vorgang zu schildern, hat der Schreiber des Lukas-Evangeliums in sein Dokument auch eine Auferweckung hineinverwoben (Lukas 7, 11-17). Was wir über die «Auferweckung des Jünglings zu Nain» lesen, enthält das Geheimnis von dem fortwirkenden Christentum. Während bei der Heilung der Tochter des Jairus, die ich Ihnen vorgestern wenigstens andeutungsweise erklären konnte, die damit verknüpften Geheimnisse so tiefe sind, daß der Christus Jesus nur einige der Menschen mitnimmt, die den Heilungsvorgang ansehen konnten, und ihnen dann den Auftrag gibt, daß es nicht erzählt werden solle, sehen wir eine andere Auferweckung sich so abspielen, daß sie dann gleich erzählt wird. Das eine war ein Heilungsvorgang, der voraussetzte, daß der, der ihn vollzog, tief hineinschaute in die Vorgänge des physischen Leibes. Das andere war eine Auferweckung, eine Initiation. Diejenige Individualität, die in dem Leibe des Jünglings zu Nain enthalten ist, sollte eine Initiation ganz besonderer Art erfahren.

Es gibt verschiedene Arten von Initiation oder Einweihung. Die eine Art besteht darin, daß der Betreffende, der eingeweiht worden ist, unmittelbar nach dem Einweihungsvorgange in sich aufleuchten sieht die Erkenntnisse der höheren Welten, daß er hineinschauen kann in die Vorgänge und Gesetze der geistigen Welten. Eine andere Art der Initiation kann aber so stattfinden, daß zunächst in die betreffende Seele nur der Keim hineinversenkt wird, so daß sie dann noch eine Inkarnation abzuwarten hat; dann tritt dieser Keim heraus, und es wird dann in der späteren Inkarnation der Betreffende ein Initiierter im ausdrücklichen Sinne.

Eine solche Initiation wurde mit dem Jüngling zu Nain vollzogen. Damals wurde seine Seele bei dem Ereignis von Palästina umgewandelt; da hatte sie noch nicht das Bewußtsein, hinaufgestiegen zu sein in die höheren Welten. Erst in der nächsten Inkarnation keimten die Kräfte heraus, die damals in diese Seele gelegt waren. – Es können hier in einem exoterischen Vortrage nicht die Namen genannt werden, welche damals in Betracht kamen, es kann nur darauf hingewiesen werden, daß später in einem gewaltigen Religionslehrer diejenige Individualität erwachte, welche der Christus Jesus in dem Jüngling zu Nain auferweckt hatte, und daß auf diese Weise in späterer Zeit ein neuer Lehrer des Christentums erstehen konnte mit den Kräften, die damals in seine Seele versenkt worden waren.

So hat der Christus dafür gesorgt, daß auch später eine Individualität erscheinen konnte, die das Christentum weiterbrachte. Und diese Individualität, die in dem Jüngling zu Nain auferweckt wurde, ist dazu berufen, später immer mehr und mehr das Christentum mit den Lehren von Reinkarnation und Karma zu durchdringen, jene Lehren mit dem Christentum zu verbinden, welche damals, als der Christus selber auf der Erde wandelte, noch nicht ausdrücklich als Weisheitslehren verkündet werden konnten, weil sie damals erst gefühlsmäßig in die Menschenseelen hineinversenkt werden mußten.

Der Christus Jesus weist in der Tat, auch im Sinne des Lukas-Evangeliums, genügend darauf hin, wie etwas ganz Neues, das Bewußtwerden des Ich, in die Menschheitsentwickelung eingetreten ist; er weist darauf hin, und man muß es nur lesen können, daß die Menschen früher die geistige Welt nicht in ihr selbstbewußtes Ich einströmend gesehen haben, sondern daß sie dieses Geistige in sich einströmend hatten durch ihren physischen Leib, Ätherleib und Astralleib und daß immer ein Grad von Unbewußtheit dabei war, wenn früher göttlich-geistige Kräfte in den Menschen einströmten. Das sollte jetzt anders werden. Früher mußten die Menschen in der Strömung, in die der Christus Jesus unmittelbar hineinversetzt war, das Gesetz vom Sinai empfangen, das nur zum menschlichen Astralleib sprechen konnte. Es war dem Menschen so gegeben, daß es zwar in ihm wirkte, aber nicht unmittelbar aus den Kräften seines Ich heraus wirkte. Diese Kräfte waren erst in den Zeiten des Christus Jesus möglich, weil erst da die Menschen überhaupt zu einem Bewußtsein ihres Ich kamen. Das deutet der Christus Jesus auch im Lukas-Evangelium an da, wo er davon spricht, daß die Menschen allerdings zur Aufnahme eines ganz neuen Prinzips in ihre Seele erst völlig reif werden müssen; das deutet er an, wo er von seinem Vorläufer Johannes dem Täufer spricht (Lukas 7, 18-35).

Wie sah der Christus selbst diese Individualität des Johannes an? Er sagte: Johannes war dazu berufen, vor dem Erscheinen des Christus selbst den Menschen in der reinsten, edelsten Form das zu charakterisieren, was alte Prophetenlehre war, was rein und edel von alten Zeiten heraufströmte. Er sah den Johannes sozusagen als denjenigen an, der als der letzte in reinster, edelster Form brachte, was den alten Zeiten angehörte. Das «Gesetz und die Propheten» gehen bis zu Johannes. Er sollte noch einmal vor die Menschen hinstellen, was alte Lehre und alter Seeleninhalt den Menschen bringen konnte. Denn wie mußte dieser alte Seeleninhalt in den Zeiten vor dem Eintritt des Christus-Prinzips wirken?

Hier haben wir etwas, was auch einmal Lehre der modernen Naturwissenschaft werden wird, wenn diese sich ein wenig inspirieren lassen wird von dem, was Geisteswissenschaft oder Theosophie ist, wenn es ihr auch heute noch ganz sonderbar vorkommen würde. Ich muß hier auf etwas eingehen, was ich allerdings nur streifen kann, was Ihnen aber zeigen wird, in welche Tiefen Geisteswissenschaft gerade in bezug auf die Naturwissenschaft hineinzuleuchten berufen ist. Wenn Sie sich heute auf den Gebieten der Naturwissenschaft umsehen und sehen, wie diese durch die eingeschränkten Fähigkeiten des menschlichen Gedankens in die Geheimnisse des Menschendaseins eindringen will, so können Sie dargestellt finden, daß das Zusammenwirken des männlichen und weiblichen Fruchtkeims den ganzen Menschen zustande bringe. Das ist gerade ein Grundbestreben der modernen Naturwissenschaft, daß sie darstellen will, wie aus dem Zusammenwirken des männlichen und des weiblichen Keims der ganze Mensch wird. Sorgfältig sucht die Mikroskopie in den Substanzen festzustellen, was von den Eigenschaften aus dem männlichen und was aus dem weiblichen Keim herrühren kann, und sie ist befriedigt, wenn sie beweisen zu können glaubt, wie der Mensch wird aus einer Zusammenwirkung von männlichem und weiblichem Keim. Aber die Naturwissenschaft wird durch sich selber gedrängt werden, anzuerkennen, daß nur ein Teil der menschlichen Wesenheit durch das Zusammenwirken von männlichem und weiblichem Keim bestimmt wird und daß es für den heutigen Menschen in dem gegenwärtigen Entwickelungszyklus in der Tat so ist, daß man, selbst wenn man noch so genau weiß, was von dem einen und was von dem anderen Keim kommt, in der Regel nicht den ganzen Menschen erklärt hat.

Es gibt in jedem Menschen etwas, was nicht durch den Keim angeregt wird, sondern was sozusagen jungfräulicher Geburt ist, was sich von ganz anderen Gebieten her in die Keimung ergießt. Es verbindet sich mit dem Keime des Menschen etwas, was nicht von Vater und Mutter abstammt und was doch zu ihm gehört, was doch für ihn bestimmt ist, was sich hineinergießt in sein Ich und was veredelt werden kann, wenn es das Christus-Prinzip aufnimmt. Dasjenige ist im Menschen jungfräulich geboren, was sich im Laufe der Menschheitsentwickelung mit dem Christus verbindet. Und das hängt zusammen – das wird einmal die Naturwissenschaft mit ihren eigenen Mitteln erkennen – mit jenem bedeutsamen Übergange, der sich in der Zeit des Christus Jesus abgespielt hat. Vorher konnte nichts in des Menschen Innern sein, was nicht auf dem Wege des Keimes in die Menschen gekommen ist. Es geschieht wirklich etwas zur Veränderung der Ich-Entwickelung im Laufe der Zeit. Die Menschheit ist seit jener Zeit anders geworden; nur muß sie das, was ihr seit jener Zeit zu den Bestandteilen des bloßen Keimes hinzugefügt wird, nach und nach entwickeln und veredeln durch die Aufnahme des Christus-Prinzips.

Wir nähern uns damit einer sehr subtilen Wahrheit. Und für den, der die moderne Naturwissenschaft kennt, ist es merkwürdig und interessant, wie es heute schon Gebiete gibt, wo die Naturforscher sozusagen mit der Nase darauf hingestoßen werden, daß etwas im Menschen nicht aus dem Keime stammt. Es sind die Vorbedingungen dafür schon da, nur ist der Intellekt der Forscher nicht weit genug, um das, was er selbst in seinen Experimenten, in seinen Beobachtungen gegeben hat, richtig zu erkennen. Denn in dem, was objektiv in den Experimenten vorgeht, wirkt mehr, als die heutige Naturwissenschaft erkennt. Die Naturwissenschaft käme wenig weit, wenn sie nur der Geschicklichkeit der Forscher überlassen wäre. Während dieser oder jener im Laboratorium steht, in der Klinik oder im Kabinette arbeitet, stehen hinter ihm die die Welt lenkenden und leitenden Mächte und lassen an die Oberfläche kommen, was der Forscher nicht versteht, und wozu er nur Werkzeug ist. Es ist daher durchaus auch richtig, daß sogar die objektive Forschung von den «Meistern», das heißt von den höheren individualitäten geleitet wird. Nur werden die Dinge, auf die jetzt hingewiesen ist, gewöhnlich nicht beobachtet. Aber sie werden beobachtet werden, wenn die bewußten Fähigkeiten der Forscher mit dem durchdrungen sein werden, was die spirituelle Lehre der Anthroposophie ist.

Dadurch, daß das stattgefunden hat, was ich jetzt geschildert habe, ist mit den Fähigkeiten des Menschen seit dem Erscheinen des Christus auf der Erde eine große Veränderung vorgegangen. Vorher hat der Mensch nur jene Fähigkeiten benutzen können, die ihm aus dem väterlichen und mütterlichen Keime zugeflossen sind; denn nur diese sind so, daß sie sich in dem Menschen ausgestalten. Wenn wir zwischen Geburt und Tod stehen, entwickeln wir das an Fähigkeiten, was wir aus dem physischen Leibe, Ätherleibe und Astralleibe sind. Vor der Zeit des Christus Jesus waren die Werkzeuge, die der Mensch für sich verwendete, allein zu präparieren aus dem bloßen Keim; nachher kam das hinzu, was jungfräulicher Geburt ist, was gar nicht durch den Keim angeregt ist. Das kann natürlich sehr verdorben werden, wenn der Mensch der bloßen materiellen Anschauung hingegeben ist. Wenn er sich aber der Wärme hingibt, die von dem Christus-Prinzip ausgeht, dann kann es veredelt werden, und er bringt es dann in die folgenden Inkarnationen in einer immer höheren und höheren Art hinein.

Was aber jetzt gesagt worden ist, das setzt voraus, daß wir verstehen, daß in allen jenen Verkündigungen, welche der Christus-Verkündigung vorausgingen, etwas steckte, was an die Fähigkeiten gebunden war, die aus der Abstammung herrührten, welche der Mensch mit dem Keim empfing; und es setzt weiter voraus, daß wir uns bewußt werden müssen, daß der Christus Jesus zu den Fähigkeiten sprechen mußte, die nichts mit dem Keime aus der Erde zu tun haben, sondern die sich verbinden mit dem Keim aus den göttlichen Welten heraus. Alle die, welche vor dem Christus Jesus auftraten, konnten sich, um zu den Menschen zu sprechen, nur jener Fähigkeiten bedienen, die ihnen in ihrer irdischen Wesenheit durch die Keimanlagen übertragen worden sind. Alle die Propheten und Verkünder, so hoch sie waren, selbst wenn sie als Bodhisattvas herunterstiegen, sie mußten sich, um zu verkündigen, der Fähigkeiten bedienen, die durch den Keim gegangen sind. Der Christus Jesus aber sprach zu demjenigen im Menschen, was nicht durch den Keim geht, sondern was aus dem Reiche des Göttlichen ist. Darauf weist er im Sinne des Lukas-Evangeliums hin, wenn er zu seinen Jüngern über das Wesen Johannes des Täufers spricht:

> «Ich sage euch, einen größeren Propheten als Johannes gibt es nicht unter denen, die vom Weibe geboren sind»

das heißt, die in ihrer Wesenheit, wie sie vor uns stehen, erklärt werden dadurch, daß diese Wesenheit durch die physische Geburt aus dem männlichen und weiblichen Keim entstanden ist. Aber er sagt weiter:

> «Der kleinste Teil desjenigen, was nicht aus dem Weibe geboren ist, der sich mit dem Menschen aus dem Reich Gottes verbindet, ist größer als Johannes» (Lukas 7, 28).

So Tiefes verbirgt sich hinter solchen Worten. Wenn die Menschen einmal die Bibel studieren werden, durchleuchtet von dem Wesen der Geisteswissenschaft, dann werden sie sehen, daß in ihr physiologische Wahrheiten enthalten sind, die größer sind als alles, was neues, stümperhaftes physiologisches Denken zutage fördern kann. In einem solchen Worte wie dem eben angeführten liegt der Antrieb zur Erkenntnis einer der größten physiologischen Wahrheiten. So tief ist die Bibel, wenn wir sie in Wahrheit auffassen.

Was ich Ihnen jetzt gesagt habe, erläutert der Christus Jesus in mannigfaltiger Weise auch in anderer Form. Er will darauf hinweisen, wie das, was sich durch ihn in die Welt einleben soll, ein ganz Neues ist, ein ganz anderes, als was jemals früher verkündet worden ist, weil es mit den Fähigkeiten verkündet wird, die herausgeboren sind aus den Reichen der Himmel, die wir nicht vererbt haben. Er weist darauf hin, wie schwierig es für die Menschen ist, sich nach und nach zum Verständnis einer solchen Lehre, eines solchen Evangeliums aufzuschwingen, wie die Menschen verlangen werden, so überzeugt zu werden, wie sie früher überzeugt worden sind. Aber er sagt ihnen zugleich: Von dem Neuen, was da gekommen ist, von der neuen Wahrheit könnt ihr nicht in derselben Art überzeugt werden; denn was als Zeugnis von der alten Form kommen konnte, das könnte euch an der neuen Form nicht überzeugen. Art und Form im Sinne der alten Wahrheit stellen sich am höchsten dar, so wie es der Mensch fassen kann, in der Weise, wie es symbolisiert wird in dem Zeichen des Jonas. In diesem wird durch die alte Art symbolisiert, wie der Mensch allmählich zur Erkenntnis hinaufwächst und in die geistigen Welten eindringt, oder wie er, um biblisch zu sprechen, Prophet wird (Lukas 11, 29-32).

Das ist die alte Art, zur Initiation zu kommen, zuerst seine Seele reif zu machen, alles vorzubereiten, was die Seele reif machen kann, dann durch dreieinhalb Tage hindurch in einen Zustand gebracht zu werden, in welchem man völlig der äußeren Welt entrückt ist und auch den Werkzeugen, mit denen man die äußere Welt wahrnimmt. Daher wurden die, welche in die geistige Welt hinaufgeführt werden sollten, zuerst sorgfältig vorbereitet; ihre Seele wurde zum Erkennen des geistigen Lebens präpariert. Dann wurden sie durch dreieinhalb Tage der Welt entrückt und dazu an einen Ort gebracht, wo sie auch durch ihre äußeren Sinne nichts wahrnehmen konnten, wo ihr Körper in einem todähnlichen Zustande war, und nach dreieinhalb Tagen wurden sie wieder auferweckt; da wurde ihre Seele wieder in den Körper zurückgerufen. Dann waren solche Menschen fähig, sich an das, was sie als Anschauung der höheren Welten empfangen hatten, zu erinnern und selber von den geistigen Welten zu künden. Das war das große Geheimnis der Initiation, daß die lange vorbereitete Seele durch dreieinhalb Tage aus ihrem Körper herausgeführt wurde in eine ganz andere Welt; da war sie abgeschlossen von der äußeren Welt und drang in die geistige Welt ein. Immer gingen unter den Völkern solche Menschen herum, die Verkünder der geistigen Welt sein konnten; sie waren es, die das durchgemacht hatten, was in der Bibel angedeutet wird als das Ruhen des Jonas im Walfisch (Jona 2, 1). Dazu wurde ein solcher vorbereitet, und er trug dann als alter Initiierter, wenn er vor dem Volke erschien, das Zeichen an sich, das die an sich trugen, die selbst die geistige Welt erleben konnten, das Zeichen des Jonas.

Dies war die eine Art der Einweihung. Es gibt – so sagte der Christus – im alten Sinn kein anderes Zeichen denn das Zeichen des Jonas (Lukas 11, 29). Und noch deutlicher drückt er sich aus im Sinne des Lukas-Evangeliums: Es gibt allerdings als eine Erbschaft der alten Zeiten noch dieses, daß man ohne sein Zutun, ohne Initiation dumpf, dämmerhaft hellsehend werden kann und durch Offenbarung von oben in die geistige Welt hinaufgeführt werden könnte. – Er wollte darauf hinweisen, daß es neben der eben geschilderten jene zweite Art von Eingeweihten in die geistige Welt gäbe, daß es solche Menschen gäbe, die herumgingen unter den anderen Menschen und dadurch, daß sie eine entsprechende Abstammung hinter sich hatten, fähig waren, ohne eine besondere Initiation durchgemacht zu haben, in einer Art erhöhten Trancezustandes Offenbarungen von oben zu bekommen. Und der Christus wies darauf hin, daß diese zweifache Art, sich in die geistige Welt zu versetzen, von den alten Zeiten überkommen ist. Er sagte: Sehet hin und erinnert euch an den König Salomo. – In diesem wollte er eine Individualität jener Art hinstellen, welche ohne ihr Zutun, durch Offenbarung von oben, in die geistige Welt hineinschauen konnte. Daher ist auch die Königin von Saba, die zu dem König Salomo kommt, die Trägerin der Weisheit von oben, die Repräsentantin derjenigen, die dazu pradestiniert sind, alle die Erbstücke dumpfen, dämmerhaften Hellsehens zu haben, wie es in der atlantischen Zeit alle Menschen gehabt haben (Lukas 11, 31).

Diese zwei Arten von Eingeweihten gab es: die eine Art, dargestellt durch Salomo und in dem bildhaften Hingehen der Königin von Saba, der Königin des Südens, zu ihm; die andere Art war die, welche im Zeichen des Jonas erfolgte, das heißt die alte Initiation, bei der man in vollem Abgeschlossensein von der Außenwelt während dreieinhalb Tagen durch die geistige Welt durchgeht. Nun fügt der Christus hinzu: «Hier ist mehr denn Salomo ... hier ist mehr denn Jonas» (Lukas 11, 31 und 32), und weist damit darauf hin, daß etwas Neues in die Welt eingetreten ist, daß nicht bloß zu den Ätherleibern von außen durch Offenbarungen gesprochen wird wie bei Salomo und daß nicht gesprochen wird zu den Ätherleibern von innen durch Offenbarungen, die der dazu vorbereitete Astralleib dem Ätherleib mitteilen kann, wie bei denen, die symbolisiert sind durch das Zeichen des Jonas. Der Christus will sagen: Hier ist etwas, wo der Mensch, wenn er sich in seinem Ich dazu reif macht, sich mit dem verbindet, was den Reichen der Himmel angehört, weil die Kräfte aus den Reichen der Himmel sich mit dem jungfräulichen Teil in der Menschenseele verbinden, der den Reichen der Himmel angehört, und den die Menschen verderben können, indem sie sich von dem Christus-Prinzip abwenden, den sie aber auch hegen und pflegen können, wenn sie sich mit dem durchdringen, was von dem Christus-Prinzip ausströmt.

So fügt der Christus Jesus – im Sinne des Lukas-Evangeliums – dasjenige seiner Lehre ein, was als ein neues Element damals auf die Erde gekommen ist, und wir sehen, wie sich alle alten Arten der Verkündigung des Gottesreiches durch das Ereignis von Palästina geändert haben. Daher sagt er zu denen, von welchen er voraussetzen konnte, daß sie ihn durch ihre Präparation ein wenig verstehen können: Wahrhaftig, es sind solche unter euch, die nicht nur in der Weise wie Salomo durch Offenbarung oder durch Initiation im Zeichen des Jonas das Reich Gottes sehen können; würden solche unter euch nichts anderes erlangen, so würden sie in dieser Inkarnation niemals das Reich Gottes sehen, sie würden eher sterben. – Das heißt, vor ihrem Tode würden sie das Reich Gottes nicht sehen, wenn sie nicht etwa initiiert würden; dann aber müßten sie auch einen todähnlichen Zustand durchmachen.

Nun aber wollte der Christus zeigen, daß es auch solche Menschen geben kann, die, ehe sie sterben, durch das, was jetzt als neues Element in die Welt gekommen ist, die Reiche der Himmel zu sehen vermögen. Die Jünger verstanden zunächst nicht, um was es sich handelte. Doch wollte er ihnen zeigen, daß sie es sein sollten, die, ehe sie eines natürlichen Todes stürben oder jenes Todes, den man früher bei der Initiation gestorben ist, die Geheimnisse der Reiche der Himmel erfahren würden. Das ist jene wunderbare Stelle im Lukas-Evangelium, wo der Christus von einer höheren Offenbarung spricht und sagt:

«Ich sage euch aber wahrhaftig: es sind einige unter denen, die hier stehen, welche den Tod nicht kosten werden, bis sie die Reiche der Himmel sehen» (Lukas 9, 27).

Das verstanden sie nicht, daß sie, die um ihn herum waren, dazu ausersehen waren, jene starke Wirkung von jenem Ich, von dem Christus-Prinzip, zu erfahren, durch die sie unmittelbar in die geistige Welt hinauf dringen sollten. Die geistige Welt sollte ihnen offenbar werden ohne das Zeichen des Salomo und ohne das Zeichen des Jonas. Ist das geschehen?

Unmittelbar an diese Worte schließt sich die Szene der Verklärung an, wo drei Jünger, Petrus, Jakobus und Johannes, in die geistige Welt hinaufgeführt werden und ihnen entgegentritt, was in der geistigen Welt als Moses und Elias vorhanden ist, und zugleich das Geistige selbst, was in dem Christus Jesus lebt (Lukas 9, 28-36). Sie schauen für einen Moment in die geistige Welt hinein, um ein Zeugnis dafür zu bekommen, daß man ohne das Zeichen des Salomo und ohne das Zeichen des Jonas in die geistige Welt Einblick erhält. Aber zugleich zeigt sich, daß sie noch Anfänger sind: Sie schlafen gleich ein, nachdem sie durch die Gewalt dessen, was geschieht, aus ihren physischen und Ätherleibern herausgerissen sind. Daher findet der Christus sie schlafend. Daran sollte gezeigt werden, welches die dritte Art, in die geistige Welt hineinzukommen, ist, außer der unter dem Zeichen des Salomo und der unter dem Zeichen des Jonas. Das wußte eben derjenige, der für die damalige Zeit die Zeichen der Zeit zu deuten verstand, daß das Ich sich entwickeln mußte, daß es jetzt unmittelbar inspiriert werden mußte, daß die göttlichen Kräfte unmittelbar in das Ich hineinwirken mußten.

Es sollte aber zu gleicher Zeit gezeigt werden, wie die damaligen Menschen, wenn sie auch Exemplare höchster Art waren, nicht fähig waren, das Christus-Prinzip in sich aufzunehmen. Ein Anfang sollte in dieser Beziehung in der Verklärung gemacht werden, aber zugleich gezeigt werden, daß die Jünger zunächst nicht fähig waren, das Christus-Prinzip ganz aufzunehmen. Daher versagen gleich hinterher ihre Kräfte, als sie das Christus-Prinzip anwenden und einen Menschen heilen wollen, der von einem bösen Geiste gepackt ist; sie können es aber nicht. Da weist der Christus darauf hin, daß sie erst an einem Anfange stehen, indem er sagt: Ich werde noch lange bei euch bleiben müssen, bis eure Kräfte auch in die anderen Menschen einströmen können (Lukas 9,41). Und er heilt dann den, den die Jünger nicht heilen konnten. Dann aber sagt er, sie noch einmal auf alles hinweisend, was sich als Geheimnis dahinter verbarg: «Jetzt ist die Zeit gekommen, daß der Sohn des Menschen ausgeliefert werden soll in Menschenhände», das heißt, wo das, was die Menschen in ihrer Erdenmission aus sich heraus entwickeln sollen, nach und nach in die Menschen einströmen soll, wo das menschliche Ich dem Menschen übergeben werden soll, das sie in der höchsten Gestalt, in dem Christus, erkennen sollen.

> «Nehmt euch diese Worte zu Ohren: es ist an der Zeit, daß der Sohn des Menschen ausgeliefert wird in Menschenhände.
> Sie aber verstanden dieses Wort nicht, und es war vor ihnen verborgen, daß sie es nicht begriffen» (Lukas 9,44-45).

Nun, wieviel Menschen haben bis heute dieses Wort verstanden? Aber immer mehr und mehr Menschen werden dieses Wort verstehen, daß damals das Ich, der Menschensohn, an die Menschen hat ausgeliefert werden sollen. Was für die damalige Zeit als Erklärung beigefügt werden konnte, das fügt der Christus Jesus nun auch bei. Er sagt: So, wie der heutige Mensch vor uns steht, ist er ein Produkt, das entstanden ist aus jenen alten Kräften, die wirksam waren, als noch keine luziferischen Wesenheiten in den Menschen eingegriffen hatten; dann sind die luziferischen Kräfte gekommen und haben den Menschen heruntergezogen. Das alles hat sich in die Fähigkeiten hineinversenkt, welche heute dem

Menschen zu eigen sind. In alles das, was aus dem Keime ist, hat sich in des Menschen Bewußtsein dasjenige hineingemischt, was ihn in eine niedere Sphäre herunterzog.

Der Mensch ist ein zweifaches Wesen. Was er bisher aber an Bewußtsein entwickelt hat, das ist ganz von dem Früheren durchdrungen, von den luziferischen Kräften. Nur das, worinnen Unbewußtes im Menschen waltet, ist dasjenige, was sozusagen wie ein letzter Rest aus der Entwickelung durch Saturn, Sonne und Mond, als noch keine luziferischen Kräfte vorhanden waren, heute als jungfräuliches Teil in den Menschen hineinströmt; aber das kann sich nicht mit dem Menschen verbinden ohne das, was der Mensch durch das Christus-Prinzip in sich ausbilden kann. So wie der Mensch heute vor uns steht, ist er zunächst ein Ergebnis der Vererbung, ein Zusammenfluß dessen, was aus den Keimen heraus stammt. Indem er so heranwächst, ist er von vornherein eine Zweiheit. Nur ist diese Zweiheit schon von luziferischen Kräften durchdrungen. Solange aber der Mensch noch nicht von Selbstbewußtsein durchleuchtet ist, solange er aus seinem eigenen Ich heraus noch nicht zwischen Gut und Böse voll unterscheiden kann, solange zeigt er uns durch den Schleier des Späteren hindurch seine frühere, seine ursprüngliche Natur. Nur das, was an dem heutigen Menschen kindlich ist, hat noch einen letzten Rest jener Wesenheit, die der Mensch gehabt hat, bevor er dem Einfluß der luziferischen Wesenheiten unterlegen ist.

Daher haben wir jetzt den Menschen so vor uns, daß wir einen «kindlichen» Teil und einen «erwachsenen» Teil haben. Der erwachsene Teil ist der von den luziferischen Kräften durchdrungene, aber er macht seinen Einfluß geltend von der allerersten Keimanlage an. Die luziferischen Kräfte durchdringen auch schon das Kind, so daß im gewöhnlichen Leben nicht das zum Vorschein kommen kann, was schon früher, vor dem luziferischen Einfluß, in den Menschen hineinversenkt worden ist. Das muß die Christus-Kraft wieder aufwecken. Die Christus-Kraft muß sich mit dem verbinden, was die besten Kräfte der kindlichen Natur im

Menschen sind. Sie darf nicht an die Fähigkeiten anknüpfen, die der Mensch verdorben hat, an das, was aus der aus dem bloßen Intellekt geborenen Weisheit herstammt, sondern sie muß an das anknüpfen, was aus den alten Zeiten der kindlichen Natur geblieben ist. Das ist das Beste; das muß sie wieder regenerieren und von da ausgehend das andere befruchten.

> «Es fuhr aber der Gedanke unter sie, wer von ihnen der größte sei»

das heißt, wer am meisten geeignet sei, das Christus-Prinzip in sich aufzunehmen.

> «Da aber Jesus ihres Herzens Gedanken wußte, nahm er ein Kind, stellte es neben sich
> und sagte: Wer dieses Kind aufnimmt in meinem Namen,»

das heißt, wer sich im Namen des Christus mit dem verbindet, was aus den vorluziferischen Zeiten geblieben ist –,

> «der nimmt mich auf; und wer mich aufnimmt, der nimmt den auf, der mich gesandt hat» (Lukas 9, 46-48),

das heißt, der diesen Teil des Menschen auf die Erde gesandt hat. Da haben Sie die große Bedeutung dessen betont, was im Menschen kindlich geblieben ist und was gehegt und gepflegt werden soll in der menschlichen Natur.

Man kann sagen: Der Mensch, welcher da vor mir steht, hat eigentlich ganz gute Anlagen. Man kann sich alle Mühe geben, diese Anlagen zu entwickeln, wie der Mensch im gewöhnlichen Leben ja auch gute Fortschritte macht. Wie man es heute macht, so wird man nicht auf das in den Untergründen des Menschen Vorhandene Rücksicht nehmen. Man sollte aber auf das im Menschen kindlich Gebliebene schauen, denn auf dem Umwege über dieses kindlich Gebliebene sollen durch die Christus-Fähigkeit erst wieder die anderen Fähigkeiten erwärmt werden. Das Kindliche sollen wir gescheit machen, damit von da aus die anderen Fähigkeiten wieder gescheit werden. Jeder trägt in dieser Beziehung die kindliche Natur in sich, und diese wird, wenn sie rege ist, auch eine Empfänglichkeit haben für die Verbindung mit dem Christus-Prinzip. Die Kräfte aber, die unter dem luziferischen Einfluß stehen, wenn sie auch noch so hoch sind, sie werden heute nur, wenn sie allein im Menschen wirken, dasjenige, was als Christus-Kraft auf der Erde leben kann, ablehnen und verspotten, wie es der Christus selber vorausgesagt hat.

So wird uns gerade im Sinne des Lukas-Evangeliums klar vor die Seele gestellt, welches der Sinn der neuen Verkündigung ist. Wenn einer, der das Zeichen des Jonas an der Stirne trug, ein alter Initiierter, durch die Menschen schritt, so erkannte man ihn als einen solchen, der von den geistigen Welten zu verkünden hatte. Aber nur diejenigen wußten es, wie ein solcher aussieht, die darüber unterrichtet worden waren; es gehört eine besondere Vorbereitung dazu, um das Zeichen des Jonas zu verstehen. Eine neue Vorbereitung aber sollte dazu gehören, um – mehr als das Zeichen des Salomo und mehr als das Zeichen des Jonas – eine neue Art des Verstehens, eine neue Art, die Seele reif zu machen, hervorzubringen. Die Zeitgenossen des Christus Jesus konnten zunächst nur die alte Art verstehen, und eine den meisten bekannte Art war noch das, was Johannes der Täufer brachte. Daß aber jetzt der Christus Jesus etwas vollständig Neues brachte, daß er Seelen unter denen suchte, die gar nicht so aussahen, wie man sich früher solche Menschen vorgestellt hatte, das war den Leuten etwas ganz Fremdes. Sie hatten vorausgesetzt, daß er bei denen sitzen werde, welche Übungen der alten Art durchmachten, und ihnen seine Lehre verkünden werde. Daher konnten sie nicht verstehen, daß er bei denen sitzt, welche sie als Sünder ansahen. Aber er sagte ihnen: Würde ich das, was ich als ganz Neues der Menschheit zu geben habe, in der alten Art verkünden, würde nicht auch eine ganz neue

Form an die Stelle der alten treten, so würde ich dasselbe machen, wie wenn ich einen neuen Flicken auf ein altes Kleid nähen würde oder wenn ich neuen Wein nehmen und ihn in alte Schläuche geben würde. Was jetzt der Menschheit gegeben werden soll und was mehr ist als das Zeichen des Salomo oder das des Jonas, das muß in neue Schläuche, in neue Formen gegossen werden. Und ihr müßt euch dazu aufraffen, um in einer neuen Form auch die neue Verkündigung zu verstehen (Lukas 5, 36-37).

Die, welche verstehen sollten, sie mußten verstehen durch den gewaltigen Einfluß des Ich, nicht durch das, was sie gelernt hatten, sondern durch das, was übergeströmt war aus der spirituellen Wesenheit des Christus in sie. Dazu aber waren nicht diejenigen ausersehen, die im Sinne der alten Lehren vorbereitet waren, sondern die, welche durch Inkarnationen und Inkarnationen durchgegangen waren und sich trotzdem als einfache Leute zeigten, die durch die in sie übergeströmte Glaubenskraft verstehen konnten. Daher mußte auch vor sie ein Zeichen hingestellt werden, das vor aller Augen sich abspielte. Was sich durch Jahrhunderte und Jahrtausende in den Mysterientempeln abgespielt hatte als das Hindurchgehen durch den «mystischen Tod», das mußte sich auf dem großen Schauplatze der Weltgeschichte abspielen. Alles, was sich geheimnisvoll in den großen Initiationstempeln zugetragen hatte, das trat jetzt heraus und stand da als ein einzelnes Ereignis auf Golgatha. In intensiver Weise trat vor die Menschheit hin, was sonst nur vor die Eingeweihten in den dreieinhalb Tagen getreten war, wo eine alte Initiation vollzogen worden war. Daher mußte der, welcher die Tatsachen kannte, den Vorgang von Golgatha als das schildern, was er war, als die in Historie umgewandelte, auf den äußeren Platz der Weltgeschichte gebrachte alte Initiation.

Das ist es, was sich auf Golgatha zugetragen hat. Was die wenigen Eingeweihten früher in den Initiationstempeln gesehen hatten, das Ruhen während dreieinhalb Tagen in einem todähnlichen Zustande, wodurch sie die Überzeugung gewonnen hatten, daß das Geistige immer das Leibliche überwinden wird, daß das Seelisch-Geistige des Menschen einer geistigen Welt angehört, das sollte sich jetzt einmal vor aller Augen abspielen. Eine Initiation, hinausgetragen auf den Plan der Weltgeschichte, ist das Ereignis von Golgatha. Damit ist diese Initiation aber nicht bloß für diejenigen vollzogen, welche damals um dieses Ereignis herumstanden, sondern für die ganze Menschheit. Und was vom Tode am Kreuz ausgeflossen ist, das strömt von da aus in die ganze Menschheit ein. Ein Strom geistigen Lebens geht von den Blutstropfen aus, die auf Golgatha aus den Wunden des Christus Jesus geflossen sind, ausströmend von da in die ganze Menschheit hinein. Denn als Kraft sollte in die Menschheit gehen, was als Weisheit von anderen Verkündigern ausgeflossen ist. Das ist der große Unterschied zwischen dem Ereignis von Golgatha und der Lehre der anderen Religionsstifter.

Es gehört ein tieferes Verständnis dazu, als es heute vorhanden ist, um richtig aufzufassen, was damals auf Golgatha geschehen ist. Dasjenige, woran das menschliche Ich physisch gehängt wurde, als die Erdenentwickelung begann, das ist das Blut. Das Blut ist der äußere Ausdruck des menschlichen Ich. Die Menschen würden ihr Ich immer stärker und stärker gemacht haben und ohne die Erscheinung des Christus in eine Entwickelung des Egoismus hineingekommen sein. Davor wurden sie bewahrt durch das Ereignis von Golgatha. Was mußte fließen? Dasjenige, was das überschüssige Substantielle des Ich ist, das Blut mußte ausfließen. Was damit begonnen hat, als auf dem Ölberge die Schweißtropfen von dem Erlöser wie Blutstropfen herunterrannen, das mußte fortgesetzt werden, indem aus den Wunden des Christus Jesus auf Golgatha das Blut floß. Was damals als Blut geflossen ist, das ist das Zeichen für das, was als das Überschüssige des Egoismus in der Menschennatur hingeopfert werden mußte. Daher müssen wir tiefer eindringen in die spirituelle Bedeutung des Opfers auf Golgatha. Was auf Golgatha geschah, das ist nicht für den Chemiker – als den Menschen mit dem nur äußeren intellektuellen Blick – durchsichtig. Wenn jemand das Blut, das auf Golgatha geflossen ist, chemisch untersucht haben würde, so würde er dasselbe an Stoffen gefunden haben, was er in dem Blute von anderen Menschen finden würde. Wer aber dieses Blut mit den Mitteln der okkulten Forschung untersucht, der findet, daß es in der Tat ein anderes Blut ist. Es ist das überschüssige Blut der Menschheit, durch welches die Menschen in Egoismus hätten verkommen müssen, wenn nicht die unendliche Liebe gekommen wäre und dieses Blut hätte fließen können. Die unendliche Liebe ist beigemischt dem Blute, das auf Golgatha geflossen ist, und der okkulte Forscher findet diese unendliche Liebe, wie sie das Blut auf Golgatha ganz durchdringt. Und weil der Schreiber des Lukas-Evangeliums insbesondere schildern wollte, wie die unendliche Liebe durch den Christus in die Welt gekommen ist, die den Egoismus allmählich herauszutreiben hat, so bleibt er in dieser Rolle. Ein jeder Evangelist schildert das, was er nach seiner besonderen Rolle gerade schildern muß.

Wenn wir noch tiefer in diese Zusammenhänge hineinleuchten könnten, so würden wir finden, daß alle Widersprüche fortfallen, welche die materialistische Forschung etwa finden könnte, wie die Widersprüche in der Vorgeschichte des Jesus von Nazareth dadurch weggefallen sind, daß wir gesehen haben, wie es sich mit dieser Jugendgeschichte verhält. Jeder der Evangelienschreiber schildert das, was nach seinem Gesichtspunkte ihm besonders nahelag; daher schildert Lukas das, was seine Berichterstatter, die «Selbstseher» und «Diener des Wortes», nach ihrer besonderen Präparation haben wahrnehmen können. Die anderen Evangelisten nehmen anderes wahr, der Schreiber des Lukas-Evangeliums nimmt das wahr, was die ausströmende Liebe ist, die auch da verzeiht, wo ihr das für die physische Welt Furchtbarste angetan ist, so daß noch vollständig zu Recht von dem Kreuze von Golgatha die Worte heruntertönen, die der Ausdruck dieses Liebeideals sind – Verzeihung auch dann, wenn einem das Ärgste angetan ist –: «Vater, vergib ihnen, denn sie wissen nicht, was sie tun» (Lukas 23, 34). Verzeihung erfleht der, der da an dem Kreuze von Golgatha das Unendliche vollzieht, aus seiner unendlichen Liebe für die, welche ihn gekreuzigt haben.

Und noch einmal das Evangelium von der Macht des Glaubens. Bekräftigt werden sollte, daß es in der menschlichen Natur etwas gibt, was aus ihr ausströmen kann, was nur vorhanden zu sein braucht, um den Menschen der Sinneswelt zu entreißen, wenn er auch noch so sehr mit ihr verknüpft ist. Denken wir uns einen Menschen, der durch alle möglichen Verbrechen mit der Sinneswelt verwachsen ist, so daß das Gericht der Sinneswelt die Strafe vollzieht; denken wir uns aber, er habe sich das gerettet, was die Kraft des Glaubens in ihm aufkeimen lassen kann; dann wird er sich von einem anderen, der das nicht in sich aufkeimen lassen kann, so unterscheiden, wie der eine der beiden Verbrecher sich von dem anderen unterschied. Der eine hat den Glauben nicht; an ihm hat sich das Strafgericht vollzogen. Der andere aber hat diesen Glauben wie ein schwaches Licht, das hineinscheint in die geistige Welt, daher kann er den Zusammenhang mit dem Geistigen nicht verlieren. Darum muß ihm gesagt werden: Heute noch – wo du weißt, daß du verbunden bist mit der geistigen Welt – wirst du mit mir in dem sein, was im Paradiese ist (Lukas 23, 43).

So ertönen auch die Wahrheiten vom Glauben und der Hoffnung zu der Wahrheit von der Liebe hinzu aus dem Lukas-Evangelium vom Kreuze herab.

Und dann ist noch eines zu erfüllen aus jenem Seelengebiete heraus, das uns insbesondere der Schreiber des Lukas-Evangeliums schildern will. Der Mensch kann, wenn er von jener Liebe durchdrungen ist, die von dem Kreuz auf Golgatha herunterströmte, in die Zukunft hineinsehen und sagen: Auf der Erde muß allmählich die Entwickelung so stattfinden, daß dasjenige, was als Geist in mir lebt, nach und nach das ganze physische Erdendasein umgestaltet. Was vor dem luziferischen Einfluß da war, das Vater-Prinzip, der Geist, den wir empfangen, wir werden ihn allmählich dem Vater-Prinzip wiedergeben; aber wir werden unseren ganzen Geist durchströmt sein lassen von dem Christus-

Prinzip, und unsere Hände werden zum Ausdruck bringen, was in unseren Seelen lebt als ein klares, deutliches Bild. Wie unsere Hände nicht von uns, sondern von dem Vater-Prinzip geschaffen sind, so werden sie durchströmt werden von dem Christus-Prinzip. Und indem die Menschen durch Inkarnationen und Inkarnationen durchgehen, wird nach und nach in das, was die Menschen in ihren äußeren Leibern verrichten, das einströmen, was als Geistiges herunterströmt von dem Mysterium von Golgatha bis in das Vater-Prinzip, so daß die äußere Welt durchdrungen werden wird von dem Christus-Prinzip. Nachleben werden die Menschen jene Gelassenheit, die vom Kreuz von Golgatha heruntertönte und die zur höchsten Hoffnung für die Zukunft führt, zu dem Ideal: Ich lasse in mir aufkeimen den Glauben, lasse in mir aufkeimen die Liebe; dann werden Glaube und Liebe in mir leben, und ich weiß dann, daß sie, wenn sie stark genug sind, alles Äußere durchdringen werden. Dann weiß ich auch, daß das Vater-Prinzip in mir von ihnen durchdrungen sein wird. – Die Hoffnung von der Menschheitszukunft wird hinzukommen zu Glaube und Liebe, und verstehen werden die Menschen, daß sie sich nach der Zukunft hin jene Gelassenheit aneignen müssen: Habe ich nur den Glauben, habe ich nur die Liebe, so darf ich mich der Hoffnung hingeben, daß das, was von dem Christus Jesus in mir ist, nach und nach hinübergehen wird nach außen. Dann werden die Menschen die Worte verstehen, die als hohes Ideal von dem Kreuze heruntertönen:

> «Vater, in deine Hände befehle ich meinen Geist» (Lukas 23, 46).

So tönen Worte der Liebe, so tönen Worte des Glaubens und der Hoffnung vom Kreuze herunter in dem Evangelium, wo geschildert wird, wie in der Seele des Jesus von Nazareth die früher getrennten Geistesströmungen zusammengeflossen sind. Was ehedem der Menschheit als Weisheit geworden war, das ist als

Seelenkraft, als das hohe Ideal des Christus in sie eingeströmt. Und es ist die Aufgabe der Menschenseele, das, was uns durch eine solche Urkunde wie das Lukas-Evangelium verkündet wird, immer besser zu verstehen, damit lebendiger und immer lebendiger in den Menschenseelen die tief eindringenden Töne werden, die in den drei Worten liegen, die von dem Kreuze heruntertönen. Wenn die Menschen mit den Fähigkeiten, die sich durch die spirituellen Wahrheiten, die uns die Geisteswissenschaft geben kann, in ihnen entwickeln werden, so fühlen werden, daß ihnen nicht mehr eine tote Mitteilung, sondern ein lebendiges Wort von dem Kreuze herunterströmt, dann werden sie sagen: Wir beginnen zu begreifen, daß ein lebendiges Wort in einer solchen religiösen Urkunde enthalten ist, wie sie Lukas geschrieben hat. So muß die Geisteswissenschaft allmählich enthüllen, was in den religiösen Urkunden verborgen liegt.

Durch die Reihe dieser Vorträge suchten wir soviel als möglich von dem tiefen Sinn des Lukas-Evangeliums zu ergründen. Es ist natürlich auch diesem Evangelium gegenüber so, daß ein Vortragszyklus nicht ausreichend ist, um alles zu enthüllen. Daher werden Sie begreifen, daß vieles unerklärt geblieben ist, ohne daß wir besonders betonen, daß vieles unerklärt bleiben muß in einem Dokument mit einem solchen universellen Inhalt. Aber wenn Sie sich auf den Weg begeben, der einmal mit einem solchen Vortragszyklus angedeutet ist, so werden Sie auch immer tiefer und tiefer in solche Wahrheiten hineindringen können, und Ihre Seelen werden immer mehr zu dem Empfangen eines solchen lebendigen Wortes heranreifen, das unter dem äußeren Worte verborgen ist. Die Geisteswissenschaft oder Theosophie ist keine neue Lehre. Sie ist ein Instrument, um das zu begreifen, was der Menschheit zunächst gegeben ist. Und so ist uns Geisteswissenschaft ein Instrument, um die religiösen Urkunden der christlichen Offenbarung zu begreifen. Verstehen Sie Geisteswissenschaft in diesem Sinne, so werden Sie nicht mehr sagen: Da ist eine christliche Theosophie, da ist eine andere Theosophie. – Es gibt nur eine einzige Theosophie oder Geisteswissenschaft, nur ein einziges Instrument zur Verkündigung der Wahrheit. Und wir wenden es *an,* um die Schätze des Geisteslebens der Menschheit zu heben. Dieselbe Geisteswissenschaft ist es, die wir anwenden, um einmal die Bhagavad Gita, ein anderes Mal das Lukas-Evangelium zu erklären. Das ist das Große an der geisteswissenschaftlichen Strömung, daß sie in jeglichen Schatz eindringen kann, der auf geistigem Gebiete der Menschheit gegeben ist, aber wir würden sie falsch verstehen, wenn wir uns verschließen wollten gegen irgendeine der Verkündigungen, die der Menschheit gegeben worden sind.

Nehmen Sie gerade in dieser Gesinnung die Verkündigung des Lukas-Evangeliums auf und verstehen Sie, wie es ganz durchströmt ist von der Inspiration der Liebe. Dann wird das, was Sie am Lukas-Evangelium durch Geisteswissenschaft immer besser erkennen lernen, in Ihre Seele fließen und dazu beitragen können, nicht nur zu durchschauen, was die Geheimnisse des Umkreises sind, was uns die geistigen Untergründe des Daseins offenbart, sondern es wird Ihnen aus einem solchen Verständnis der Geisteswissenschaft, die auch das Lukas-Evangelium durchdringen kann, das strömen, was die eindringlichen Grundworte besagen: «Und Frieden in den Seelen der Menschen, in denen ein guter Wille lebt.» Denn mehr als irgendeine Urkunde ist gerade das Lukas-Evangelium geeignet, wenn wir es ganz verstehen, jene warme Liebe in die Menschenseele hineinzugießen, durch welche der Friede auf der Erde lebt, das schönste der Spiegelbilder, das erscheinen kann, wenn sich die göttlichen Geheimnisse auf der Erde offenbaren können. Was sich offenbaren kann, das muß sich auf der Erde spiegeln und im Spiegelbilde wieder hinaufdringen in die geistigen Höhen. Lernen wir in diesem Sinne die Geisteswissenschaft erkennen, dann wird sie uns die Geheimnisse der göttlich-geistigen Wesenheiten und des geistigen Daseins offenbaren können, und das Spiegelbild dieser Offenbarungen wird in unseren Seelen leben, Liebe und Friede, das schönste Spiegelbild, das auf der Erde wiedergibt, was ihr aus den Höhen zuströmt.

So können wir uns die Worte des Lukas-Evangeliums zu eigen machen, die ertönen, als der Nirmanakaya des Buddha seine Kraft herunterströmt auf das nathanische Jesuskindlein. Die Offenbarungen ergießen sich aus den geistigen Welten auf die Erde heruntern, und die Offenbarungen spiegeln sich aus den Menschenherzen heraus als Liebe und Friede in dem Maße, als die Menschen sich zu dem entfalten, was das Christus-Prinzip wahrhaftig als den aus dem menschlichen Zentrum, aus dem menschlichen Ich herausfließenden guten Willen zur Entfaltung bringt. Das klingt hell, und das strömt zugleich warm aus diesen Worten heraus, wenn wir das Lukas-Evangelium begreifen:

> «Die Offenbarung der geistigen Welten aus den Höhen und ihr Spiegelbild aus den Menschenherzen heraus bringt den Menschen Frieden, die auf der Erde aus sich heraus den wahrhaft guten Willen im Laufe der Erdenentwickelung entfalten wollen.»

HINWEISE

Textgrundlage: Die Vorträge wurden vom Stenographen Walter Vegelahn, Berlin, mitgeschrieben. Seine Übertragung in Klartext liegt dem vorliegenden Druck zugrunde. Das Originalstenogramm ist nicht vorhanden.

Der vorliegenden Taschenbuchausgabe liegt der Text der 9. Auflage 2001 (GA) zugrunde. Gegenüber dieser Ausgabe wurden die Hinweise etwas erweitert.

Zum Titel des Bandes: Die Vorträge waren angekündigt als «Vortragszyklus über das Lukas-Evangelium». Die 1. Auflage Berlin (Zyklus 10, Manuskriptdruck) trug bereits den seither beibehaltenen Titel «Das Lukas-Evangelium».

Zu den Evangelien-Zitaten: Die Evangelien-Stellen wurden von Rudolf Steiner fast alle nach der Lutherschen Bibelübersetzung wiedergegeben.

Zum Vorwort der früheren Ausgaben: Das früheren Ausgaben vorangestellte Vorwort von Marie Steiner ist jetzt enthalten in Band I der Gesammelten Schriften: «Die Anthroposophie Rudolf Steiners. Gesammelte Vorworte zu Erstveröffentlichungen von Werken Rudolf Steiners», Dornach 1967.

Werke Rudolf Steiners innerhalb der Gesamtausgabe (GA) werden in den Hinweisen mit der Bibliographie-Nummer angegeben. Siehe auch die Übersicht am Schluß des Bandes.

Hinweise zum Text

Zu Seite:

11 *vom Gesichtspunkte des Johannes-Evangeliums aus:* Siehe «Das Johannes-Evangelium», acht Vorträge, gehalten in Basel vom 16. bis 25. November 1907, in «Menschheitsentwickelung und Christus-Erkenntnis», GA 100.

13 «Wie erlangt man Erkenntnisse der höheren Welten?» (1904), GA 10.

28 *Ich habe Ihnen gesagt, wie der Ätherleib des Zarathustra wiedererschienen ist in dem Ätherleibe des Moses:* In dem Vortrage «Reinkarnation und Karma», gehalten am 3. Februar 1909 in Basel, von dem nur mangelhafte Notizen vorhanden sind, abgedruckt in «Das Prinzip der spirituellen Ökonomie im Zusammenhang mit Wiederverkörperungsfragen», GA 109.

39 «Geistige Hierarchien und ihre Widerspiegelung in der physischen Welt. Tierkreis, Planeten, Kosmos». Zehn Vorträge und zwei Fragenbeantwortungen, Düsseldorf 12. bis 22. April 1909 (Zyklus 7), GA 110.

Bodhisattva: Sanskrit; wörtlich «Erleuchtungswesen». Im Mahayana-Buddhismus ein Wesen, das durch Übungen und reinen Lebenswandel Buddhaschaft anstrebt, jedoch auf das Eingehen ins Nirvana verzichtet, bis alle Wesen erlöst sind.

39 *«Der Orient im Lichte des Okzidents. Die Kinder des Luzifer und die Brüder Christi»*. Neun Vorträge und eine Betrachtung zur Goethe-Feier, München 23. bis 31. August 1909 (Zyklus 9), GA 113.

69 *Linga sharira:* Sanskrit; Linga wörtlich «fein», Sharira wörtlich «Leib, Hülle». Im Vedanta die zweite, feinstoffliche Hülle, die aus Denken, Wollen und Empfinden besteht.

82 *Darstellung des Jesus im Tempel:* Die Darstellung Jesu im Tempel durch seine Mutter Maria wird in Luk. 2, 22-24 geschildert. Wenn Rudolf Steiner die Szene mit dem zwölfjährigen Jesus im Tempel (Luk. 2, 41-52) auch als *Darstellung* bezeichnet, so haben das die Herausgeber belassen, da ja aus dem Zusammenhang eindeutig hervorgeht, daß sich hier die Darstellung im Tempel auf den zwölfjährigen Jesus bezieht.

86 «Die Erziehung des Kindes vom Gesichtspunkte der Geisteswissenschaft»: Zuerst erschienen in der Zeitschrift «Lucifer-Gnosis» (1907), viele selbständige Ausgaben; Einzelausgabe zusammen mit einem Vortrag über Pädagogik und den Aufsätzen «Pädagogik und Kunst» und «Pädagogik und Moral», Dornach 1984, entnommen dem Band «Lucifer-Gnosis 1903 – 1908. Grundlegende Aufsätze zur Anthroposophie und Berichte aus den Zeitschriften ‹Luzifer› und ‹Lucifer-Gnosis›», GA 34.

90 *in meiner demnächst erscheinenden «Geheimwissenschaft»:* «Die Geheimwissenschaft im Umriß» (1910), GA 13.

111 *«Das Auge ist am Lichte für das Licht geschaffen», sagt Goethe:* Wörtlich: «Das Auge hat sein Dasein dem Licht zu danken. Aus gleichgültigen tierischen Hilfsorganen ruft sich das Licht ein Organ hervor, das seinesgleichen werde, und so bildet sich das Auge am Lichte fürs Licht, damit das innere Licht dem äußeren entgegentrete.» Siehe «Goethes Naturwissenschaftliche Schriften», herausgegeben und kommentiert von Rudolf Steiner 1884–1897 in Kürschners «Deutsche National-Litteratur», 5 Bände, Nachdruck Dornach 1975, GA 1a–e, Band III, Kapitel: «Entwurf einer Farbenlehre. Didaktischer Teil. Einleitung», S. 88.

116 *Apokryphen des Henoch:* Die Offenbarungen Henochs oder das sogenannte Buch Henoch, Kap. 45–48 und 85–90; Die Apokryphen und Pseudoepigraphen des Alten Testaments, Hrsg. von E. Kautzsch, Nachdruck in der Wissenschaftlichen Buchgemeinschaft 1975.

und eine in den Psalmen: Psalm 110

117 *«Vom Vater hab ich die Statur ...»:* Zahme Xenien VI, 32, in Gedichte 3. Bd., 1. Abt., herausgegeben von H. Düntzer (= Kürschners Deutsche National-Litteratur, Goethes Werke III, 1).

129 *in den Ätherleib gerade dieses Jesuskindes:* In den Auflagen 1949, 1955 und 1968 stand Astralleib statt Ätherleib. Sinngemäß muß es Ätherleib heißen, entsprechend den ersten drei Auflagen.

147 *in der kleinen Schrift «Die Erziehung des Kindes»:* Siehe Hinweis zu S. 76.

148 *in meiner Theosophie:* «Theosophie. Einführung in übersinnliche Welterkenntnis und Menschenbestimmung» (1904), GA 9.

Dante Alighieri, 1265–1321, italienischer Dichter; das große Epos, das von seinen Zeitgenossen den Namen «Divina Commedia» erhielt, schrieb er in seinen Wanderjahren 1307–1321.

Die Griechen zum Beispiel: Rudolf Steiner bezieht sich hier auf Aristoteles, der in «Über die Seele» die genannten Unterscheidungen trifft

153 *daß die Taufe in jenen älteren Zeiten noch etwas ganz anderes war, als sie später geworden ist, wo sie nur ein Symbol ist:* Siehe «Das Johannes-Evangelium im Verhältnis zu den drei anderen Evangelien, besonders zu dem Lukas-Evangelium», GA 112.

160 *diese zwölf Bodhisattvas:* Siehe hierzu auch den Vortrag «Buddha und Christus. Die Sphäre der Bodhisattvas» (Mailand, 21. September 1911) in «Das esoterische Christentum und die geistige Führung der Menschheit», GA 130.

161 *Gedicht «Die Geheimnisse»:* «Die Geheimnisse. Ein Fragment» in Gedichte 3. Bd., 1. Abt., herausgegeben von H. Düntzer (= Kürschners Deutsche National-Litteratur, Goethes Werke III, 1).

183 *wie die Entwickelung der sechzehnblättrigen Lotusblume mit dem achtgliedrigen Pfade zusammenhängt:* Siehe das Kapitel «Über einige Wirkungen der Einweihung» in «Wie erlangt man Erkenntnisse der höheren Welten?» (1904), GA 10.

199 *Und einmal mußte von mir einem solchen Menschen geantwortet werden:* Nach dem Vortrag Kolmar, 21. November 1905, «Die Weisheitslehren des Christentums im Lichte der Theosophie» (keine Nachschrift). Siehe auch die Ausführungen Rudolf Steiners in dem Stuttgarter Vortrag vom 5. März 1920, in «Gegensätze in der Menschheitsentwickelung», GA 197, S. 17f.

201 *Bei Weizsäcker zum Beispiel steht es gerade so:* Rudolf Steiner verwendete auch «Das Neue Testament, übersetzt von Carl Weizsäcker», 3. und 4. revid. Stereotypdruck der 9. Aufl., Tübingen 1904.

208 *«Ex abundantia [enim] cordis os loquitur»:* Diese Worte stehen auch im lateinischen Text des Lukas-Evangeliums 6,45!

218 *in den Vorträgen über das Johannes-Evangelium:* Siehe dazu «Das Johannes-Evangelium im Verhältnis zu den drei anderen Evangelien, besonders zu dem Lukas-Evangelium», GA 112.

NAMENREGISTER

ZU DEN VERÖFFENTLICHUNGEN AUS DEM VORTRAGSWERK VON RUDOLF STEINER

Rudolf Steiner hat seine Vorträge stets frei, also ohne Manuskript, gehalten. Viele seiner Vorüberlegungen hielt er lediglich in Stichworten, manchmal auch in kurzen Sätzen, Schemata oder Skizzen in seinen Notizbüchern fest, ohne daß er sie weiter schriftlich ausgearbeitet hätte. Nur in ganz wenigen Fällen liegen vorbereitete schriftliche Zusammenfassungen vor, die für Übersetzer bestimmt waren. Er hat jedoch der Veröffentlichung seiner Vorträge zugestimmt, auch wenn er selbst nur einige wenige für den Druck vorbereiten konnte.

Die in der Rudolf Steiner Gesamtausgabe veröffentlichten Vorträge basieren in der Regel auf Übertragungen stenographischer Aufzeichnungen, die während des Vortrages von Zuhörern oder hinzugezogenen Fachstenographen angefertigt wurden. Verschiedentlich – und dies gilt für die Anfangsjahre seiner Vortragstätigkeit, etwa bis 1905 – dienen auch schriftliche Ausarbeitungen durch Zuhörer als Textgrundlage. Für die Drucklegung werden die Übertragungen in Langschrift oder Zuhörernotizen von den Bearbeitern (Her-ausgebern) einer eingehenden Prüfung unterzogen, insbesondere hinsichtlich Sinn, Satzbau und Genauigkeit der Wiedergabe von Zitaten, Eigennamen oder Fachbegriffen. Bei auftretenden Komplikationen, wie zum Beispiel nicht entschlüsselbaren Satz- und Wortgebilden oder Lücken im Text, werden, soweit vorhanden, die Originalstenogramme zur Abklärung hinzugezogen.

Weitere Angaben, die Besonderheiten der Textgrundlagen, der Bearbeitung sowie die Entstehungsgeschichte der im vorliegenden Band veröffentlichten Vorträge betreffend, befinden sich am Schluß des Bandes.

Die Herausgeber

RUDOLF STEINER – LEBEN UND WERK

Das Lebenswerk Rudolf Steiners ist überliefert in den geschriebenen Werken und in den Nachschriften seiner stets frei gehaltenen Vorträge. Hinzu kommen zahlreiche künstlerische Arbeiten, von denen die beiden Goetheanumbauten weltweite Beachtung gefunden haben. Seine Ausführungen über Pädagogik, Landwirtschaft, Medizin, Nationalökonomie usw. führten zur Begründung zahlreicher Einrichtungen, die als Bereicherung des öffentlichen Kulturlebens immer mehr Anerkennung finden.

Im Auftrag Rudolf Steiners hat Marie Steiner-von Sivers die Vortragsnachschriften durchgesehen und veröffentlicht. Nach Ihrem Tod (1948) wurde gemäß ihren Richtlinien von der durch sie 1943 begründeten Rudolf Steiner Nachlassverwaltung mit der Herausgabe der Rudolf Steiner Gesamtausgabe begonnen. Diese wird etwa 350 Bände umfassen. In den beiden ersten Abteilungen erscheinen die Schriften und das Vortragswerk, in der dritten Abteilung wird das Künstlerische Werk in entsprechender Form wiedergegeben.

Einen systematischen Überblick über die Gesamtausgabe (GA) gibt der Band «Bibliographische Übersicht. Das literarische und künstlerische Werk von Rudolf Steiner». Über den jeweiligen Stand der erschienenen Bände orientieren die Bücherverzeichnisse und der Gesamtkatalog des Rudolf Steiner Verlages.

Chronologischer Lebensabriß

(zugleich Übersicht über die geschriebenen Werke)

1861 Am 27. Februar wird Rudolf Steiner in Kraljevec (damals Österreich-Ungarn, heute Kroatien) als Sohn eines Beamten der österreichischen Südbahn geboren. Seine Eltern stammen aus Niederösterreich. Er verlebt seine Kindheit und Jugend an verschiedenen Orten Österreichs.

1872 Besuch der Realschule in Wiener-Neustadt bis zum Abitur 1879.

1882 Erste schriftstellerische Tätigkeit.

1882–1897 Herausgabe von Goethes Naturwissenschaftlichen Schriften in Kürschners «Deutsche National Litteratur», 5 Bände (GA 1a–e). Eine separate Ausgabe der Einleitungen erschien 1925 unter dem Titel *Goethes Naturwissenschaftliche Schriften* (GA 1).

1884–1890 Privatlehrer bei einer Wiener Familie.

1886 Berufung zur Mitarbeit bei der Herausgabe der großen «Sophien-Ausgabe» von Goethes Werken.

1888 *Grundlinien einer Erkenntnistheorie der Goetheschen Weltanschauung mit besonderer Rücksicht auf Schiller* (GA 2).

1890–1897 Redakteur bei der «Deutschen Wochenschrift», Wien (Aufsätze daraus in GA 31). Vortrag im Wiener Goethe-Verein: *Goethe als Vater einer neuen Ästhetik* (in GA 30).

1891 Weimar. Mitarbeit am Goethe- und Schiller-Archiv. Herausgeber von Goethes Naturwissenschaftlichen Schriften.

1892 Promotion zum Doktor der Philosophie an der Universität Rostock.

erscheint die erweiterte Dissertation: *Wahrheit und Wissenschaft. Vorspiel einer «Philosophie der Freiheit»* (GA 3).

1894 *Die Philosophie der Freiheit. Grundzüge einer modernen Weltanschauung. Seelische Beobachtungsresultate nach naturwissenschaftlicher Methode* (GA 4).

1895 *Friedrich Nietzsche, ein Kämpfer gegen seine Zeit* (GA 5).

1897 *Goethes Weltanschauung* (GA 6).

Übersiedlung nach Berlin. Herausgabe des «Magazin für Litteratur» und der «Dramaturgischen Blätter» zusammen mit O. E. Hartleben (Aufsätze daraus in GA 29–32). Wirksamkeit in der «Freien literarischen Gesellschaft», der «Freien dramatischen Gesellschaft», im «Giordano Bruno-Bund», im Kreis der «Kommenden» u. a.

1899–1904 Lehrtätigkeit an der von W. Liebknecht gegründeten Berliner «Arbeiter-Bildungsschule».

1900/01 *Welt- und Lebensanschauungen im 19. Jahrhundert,* 1914 erweitert zu: *Die Rätsel der Philosophie* (GA 18). Beginn der anthroposophischen Vortragstätigkeit auf Einladung der Theosophischen Gesellschaft in Berlin. *Die Mystik im Aufgange des neuzeitlichen Geisteslebens* (GA 7).

1902–1912 Aufbau der Anthroposophie. Regelmäßig öffentliche Vortragstätigkeit in Berlin und ausgedehnte Vortragsreisen in ganz Europa. Marie von Sivers (ab 1914 Marie Steiner) wird seine ständige Mitarbeiterin.

1902 *Das Christentum als mystische Tatsache und die Mysterien des Altertums* (GA 8).

1903 Begründung und Herausgabe der Zeitschrift «Luzifer», später *«Lucifer-Gnosis»* (Aufsätze in GA 34).

1904 *Theosophie. Einführung in übersinnliche Welterkenntnis und Menschenbestimmung* (GA 9).

1904/05 *Wie erlangt man Erkenntnisse der höheren Welten?* (GA 10). *Aus der Akasha-Chronik* (GA 11). *Die Stufen der höheren Erkenntnis* (GA 12).

1910 *Die Geheimwissenschaft im Umriß* (GA 13)

1910–1913 In München werden die *Vier Mysteriendramen* (GA 14) uraufgeführt.

1911 *Die geistige Führung des Menschen und der Menschheit* (GA 15)

1912 *Anthroposophischer Seelenkalender. Wochensprüche* (in GA 40, und separate Ausgaben). *Ein Weg zur Selbsterkenntnis des Menschen* (GA 16).

1913 Trennung von der Theosophischen und Begründung der Anthroposophischen Gesellschaft. *Die Schwelle der geistigen Welt* (GA 17).

1913–1922 Errichtung des in Holz als Doppelkuppelbau gestalteten ersten Goetheanum in Dornach/Schweiz. Im gleichen Zeitraum entstanden in Dornach ebenfalls nach Entwürfen Rudolf Steiners mehrere Wohn- und Zweckbauten, so das Haus Duldeck, Haus de Jaager, drei Eurythmiehäuser, Heizhaus, Transformatorenhäuschen, Glashaus, Verlagshaus u. a.

1914–1923 Dornach und Berlin. In Vorträgen und Kursen in ganz Europa gibt Rudolf Steiner Anregungen für eine Erneuerung auf vielen Lebensgebieten: Kunst, Pädagogik, Naturwissenschaften, soziales Leben, Medizin, Theologie. Weiterbildung der 1912 inaugurierten neuen Bewegungskunst «Eurythmie».

1914 *Die Rätsel der Philosophie in ihrer Geschichte als Umriß dargestellt* (GA 18).

1916–1918 *Vom Menschenrätsel* (GA 20). *Von Seelenrätseln* (GA 21). *Goethes Geistesart in ihrer Offenbarung durch seinen «Faust» und durch das «Märchen von der Schlange und der Lilie»* (GA 22).

1919 Rudolf Steiner vertritt den Gedanken einer «Dreigliederung des sozialen Organismus» in Aufsätzen und Vorträgen, vor allem im süddeutschen Raum. *Die Kernpunkte der Sozialen Frage in den Lebensnotwendigkeiten der Gegenwart und Zukunft* (GA 23). *Aufsätze über die Dreigliederung des sozialen Organismus* (GA 24). Im Herbst wird in Stuttgart die «Freie Waldorfschule» begründet, die Rudolf Steiner bis zu seinem Tode leitet.

1920 Beginnend mit dem Ersten anthroposophischen Hochschulkurs finden im noch nicht vollendeten Goetheanum fortan regelmäßig Vorträge und künstlerische Veranstaltungen statt.

1921 Begründung der Wochenschrift «Das Goetheanum» mit regelmäßigen Aufsätzen und Beiträgen Rudolf Steiners (in GA 36).

1922 *Drei Schritte der Anthroposophie: Philosophie, Kosmologie, Religion* (GA 25)

In der Silversternacht 1922/23 wird der Goetheanumbau durch Brand vernichtet. Für einen neuen in Beton konzipierten Bau kann Rudolf Steiner in der Folge nur noch ein erstes Außenmodell schaffen.

1923 Unausgesetzte Vortragstätigkeit, verbunden mit Reisen. Zu Weihnachten 1923 Neubegründung der «Anthroposophischen Gesellschaft» als «Allgemeine Anthroposophische Gesellschaft» unter der Leitung Rudolf Steiners.

1923–1925 Rudolf Steiner schreibt in wöchentlichen Folgen seine unvollendet gebliebene Selbstbiographie *Mein Lebensgang* (GA 28) sowie *Anthroposophische Leitsätze* (GA 26) und arbeitet mit Dr. Ita Wegman an dem Buch *Grundlegendes für eine Erweiterung der Heilkunst nach geisteswissenschaftlichen Erkenntnissen* (GA 27).

1924 Steigerung der Vortragstätigkeit. Daneben zahlreiche Fachkurse. Letzte Vortragsreisen in Europa. Am 28. September letzte Ansprache zu den Mitgliedern. Beginn des Krankenlagers.

1925 Am 30. März stirbt Rudolf Steiner in Dornach.

RUDOLF STEINER GESAMTAUSGABE

Überblick über das literarische und künstlerische Werk

Erste Abteilung: Die Schriften

I Werke

Goethes Naturwissenschaftliche Schriften, eingeleitet und kommentiert von Rudolf Steiner, 5 Bände, Nachdruck Dornach 1975 (GA 1a–e); separate Ausgabe der Einleitungen (GA 1),

Grundlinien einer Erkenntnistheorie der Goetheschen Weltanschauung (GA 2)

Wahrheit und Wissenschaft. Vorspiel einer «Philosophie der Freiheit» (GA 3)

Die Philosophie der Freiheit (GA 4)

Friedrich Nietzsche, ein Kämpfer gegen seine Zeit (GA 5)

Goethes Weltanschauung (GA 6)

Die Mystik im Aufgange des neuzeitlichen Geisteslebens und ihr Verhältnis zur modernen Weltanschauung (GA 7)

Das Christentum als mystische Tatsache u. die Mysterien des Altertums (GA 8)

Theosophie. Einführung in übersinnliche Welterkenntnis und Menschenbestimmung (GA 9)

Wie erlangt man Erkenntnisse der höheren Welten? (GA 10)

Aus der Akasha-Chronik (GA 11)

Die Stufen der höheren Erkenntnis (GA 12)

Die Geheimwissenschaft im Umriß (GA 13)

Vier Mysteriendramen: Die Pforte der Einweihung – Die Prüfung der Seele – Der Hüter der Schwelle–Der Seelen Erwachen (GA 14)

Die geistige Führung des Menschen und der Menschheit (GA 15)

Anthroposophischer Seelenkalender (in GA 40)

Ein Weg zur Selbsterkenntnis des Menschen (GA 16)

Die Schwelle der geistigen Welt (GA 17)

Die Rätsel der Philosophie in ihrer Geschichte als Umriß dargestellt (GA 18)

Vom Menschenrätsel (GA 20)

Von Seelenrätseln (GA 21)

Goethes Geistesart in ihrer Offenbarung durch seinen «Faust» und durch das «Märchen von der Schlange und der Lilie» (GA 22)

Die Kernpunkte der Sozialen Frage in den Lebensnotwendigkeiten der Gegenwart und Zukunft (GA 23)

Aufsätze über die Dreigliederung des sozialen Organismus und zur Zeitlage 1915–1921 (GA 24)

Drei Schritte der Anthroposophie: Philosophie, Kosmologie, Religion (GA 25)

Anthroposophische Leitsätze (GA 26)

Grundlegendes für eine Erweiterung der Heilkunst nach geisteswissenschaftlichen Erkenntnissen. Von Dr. Rudolf Steiner und Dr. Ita Wegman (GA 27)

Mein Lebensgang (GA 28)

II. Gesammelte Aufsätze

Gesammelte Aufsätze zur Dramaturgie 1889–1900 (GA 29)

Methodische Grundlagen der Anthroposophie. Gesammelte Aufsätze zur Philosophie, Naturwissenschaft, Ästhetik und Seelenkunde 1884–1901 (GA 30)

Gesammelte Aufsätze zur Kultur- und Zeitgeschichte 1897–1901 (GA 31)

Gesammelte Aufsätze zur Literatur 1886–1902 (GA 32)

Biographien und biographische Skizzen 1894–1905 (GA 33)

Lucifer–Gnosis. Grundlegende Aufsätze zur Anthroposophie und Berichte aus den Zeitschriften «Luzifer» und «Lucifer-Gnosis» 1903–1908 (GA 34)

Philosophie und Anthroposophie. Gesammelte Aufsätze 1904–1918 (GA 35)

Der Goetheanumgedanke inmitten der Kulturkrisis der Gegenwart. Gesammelte Aufsätze aus der Wochenschrift «Das Goetheanum» 1921–1925 (GA 36)

III. Veröffentlichungen aus dem Nachlaß

Briefe – Wahrspruchworte – Bühnenbearbeitungen – Entwürfe zu den vier Mysteriendramen 1910–1913 – Anthroposophie. Ein Fragment aus dem Jahre 1910 – Gesammelte Skizzen und Fragmente – Aus Notizbüchern und -blättern (GA 38–47)

Zweite Abteilung: Das Vortragswerk

I. Öffentliche Vorträge

Die öffentlichen Berliner Vortragsreihen (Architektenhaus-Vorträge) 1903/04 bis 1917/18 (GA 51–67)

Öffentliche Vorträge, Vortragsreihen und Hochschulkurse an andern Orten Europas 1906–1924 (GA 68–84)

II. Vorträge vor Mitgliedern der Anthroposophischen Gesellschaft

Vorträge und Vortragszyklen allgemein-anthroposophischen Inhalts – Evangelien-Betrachtungen – Christologie – Geisteswissenschaftliche Menschenkunde – Kosmische und menschliche Geschichte – Die geistigen Hintergründe der sozialen Frage – Der Mensch in seinem Zusammenhang mit dem Kosmos – Karma-Betrachtungen (GA 91–244)

Vorträge und Schriften zur Geschichte der anthroposophischen Bewegung und der Anthroposophischen Gesellschaft (GA 251–263)

Veröffentlichungen zur Geschichte und aus den Inhalten der esoterischen Lehrtätigkeit (GA 264–270)

III. Vorträge und Kurse zu einzelnen Lebensgebieten

Vorträge über Kunst: Allgemein-Künstlerisches – Eurythmie – Sprachgestaltung und Dramatische Kunst – Musik – Bildende Künste – Kunstgeschichte (GA 271–292)

Vorträge über Erziehung (GA 293–311)

Vorträge über Medizin (GA 312–319)

Vorträge über Naturwissenschaft (GA 320–327)

Vorträge über das soziale Leben und die Dreigliederung des sozialen Organismus (GA 328–341)

Vorträge und Kurse über christlich-religiöses Wirken (GA 342–346)

Vorträge für die Arbeiter am Goetheanumbau (GA 347–354)

Dritte Abteilung: Das künstlerische Werk

Reproduktionen und Veröffentlichungen aus dem künstlerischen Nachlaß

Originalgetreue Wiedergaben von malerischen und graphischen Entwürfen und Skizzen Rudolf Steiners in Kunstmappen, als Einzelblätter oder in Buchform: Entwürfe für die Malerei des Ersten Goetheanum – Entwürfe für die Fenster des Ersten Goetheanum – Schulungsskizzen für Maler – Programmbilder für Eurythmie-Aufführungen – Eurythmieformen – Entwürfe zu den Eurythmiefiguren – Wandtafelzeichnungen aus dem Vortragswerk u. a.

Die Bände der Rudolf Steiner Gesamtausgabe sind innerhalb einzelner Gruppen einheitlich ausgestattet. Jeder Band ist einzeln erhältlich. Ausführliche Verzeichnisse können beim Verlag angefordert werden: